トピックで読み解く
# 国際貿易論

武智一貴／東田啓作／黒田知宏 ［著］

ミネルヴァ書房

は し が き

　このテキストは，国際貿易に関する様々なトピックを通じて，国際貿易の問題を自分で考えて解決できるようになることを目的としている。国際貿易は様々な問題に直面している。国際貿易の環境への影響，移民問題，自由貿易協定の影響，貿易紛争など枚挙にいとまがない。我々自身が問題の解決策を考える必要がある。

　「自分で考えて」というのは「自分勝手に」という意味ではない。社会科学の考え方という制約に基づいて考えるという非常に不自由なやり方である。例えて言うならば，建物を築き上げることと同じである。建物を築き上げる場合も，自分で好き勝手なデザインに作ることができる訳ではない。自分で勝手に考えた構造の建物が，そもそも建たなかったり傾いてしまったりしては役に立たず意味がないだろう。

　国際貿易論も同じである。役に立たない自分勝手な議論をするのではなく，社会科学の考え方という制約を使いこなし，妥当な分析を行う必要がある。そのためには，様々なトピックを統一的に分析するという学習が必要である。本テキストで国際貿易の問題を統一的に考える訓練を行うことで，経済学の制約の下で自由な発想をめぐらせるきっかけになることができれば素晴らしい。

　本テキストは基本編と応用編と分けられており，基本編では社会科学である国際貿易論がどう現象を捉えるか，また，データから客観的にどう分析を行うかについて学ぶことを目的としている。基本編では経済学の知識を前提としておらず，限界効用や社会的余剰といった経済学の基本的な概念も解説をしている。よって，経済学の学習者に限らず，国際政治や国際関係を学ぶ方なども本テキストのみで読み進められるようになっている。すでに基本的な経済学を学んでいる読者は基本的な概念については復習として読み進んでほしい。

　また，基本編の各章は国際貿易論における重要なトピックをカバーしている。なぜ我々はそもそも貿易を行うのか？といった根源的な問いに対する答えや，貿易政策の影響，環境問題や経済紛争に対するアプローチなどについて紹介し

ている。それに対し応用編では基本編よりも進んだトピック・複雑な構造を取り扱っている。大学院レベルの進んだトピックを扱っている部分もあるが，これらも経済学の統一的な論理の延長として学べるように配慮してある。

　本書では国際貿易・社会問題についての因果関係を認識し，データを用いて確認するということを強調している（第1章）。それは，そのスタイルで自分で問題を見つけ検証して欲しいからである。因果関係の問題は社会的に重要であることが多い。例えば，国際貿易が原因となり自然環境を結果として悪化させていないだろうか？（第14章）　日本は様々な国と自由貿易協定を締結しているがそれらは貿易を実際に拡大しているのだろうか？（第10章）　国際貿易は経済成長にプラスの影響を及ぼして我々の生活を豊かにできているのだろうか？（第11章）　これらは原因と結果を考えて，その原因と結果が本当に因果関係であるかどうかを検証するに値する重要な問いである。

　一朝一夕には重要な因果関係の問いを考えることはできないので，日々のニュースやデータに触れつつ，考え続けるということが重要である。そして，自分なりの問いを考えることができれば，その問いをデータを使った分析で確かめるという作業に移る。貿易額のデータや各地の大気汚染のデータ，経済成長や関税率のデータなどは公開されていて入手できる。入手すれば表計算ソフトなどを用いてグラフにしたり，共分散を計算して相関を調べたり，回帰分析を行って関係性を明らかにしたりすることができる（第1章）。因果関係は原因と結果という2つの物の関係であり，共分散の考え方が最も重要である。第1章で詳しく紹介している共分散のイメージを忘れないでほしい。

　ぜひ自分で検証したい関係性を見つけ，データを用いて確かめるというプロセスを楽しんで欲しい。その関係性はこの世の中で誰も思ったことがない重要な点を含んでいるかもしれない。その関係性を明らかにすることでこの社会をよりよいものにするヒントが見つかるだろう。国際貿易論のような社会科学を学ぶ者は社会の問題・疑問を明らかにするという使命を負っている。皆さんが情熱を燃やせるような問題に出会うことができることを切に願う。

　本テキストの執筆には多くの人に助力を頂いた。ミネルヴァ書房の本田康広氏には本書の企画から大変お世話になった。武智ゼミの学生の人たちには原稿に目を通してもらい様々なコメントを頂いた。記して感謝致したい。また，筆

## はしがき

者らは故・池間誠教授，故・清野一治教授の薫陶を受けた。両先生ともに優れた研究者であっただけでなく，教育についても熱心であった。池間先生は「すべてグラフで説明できる」「古典を読みなさい，古典から学べることはたくさんあるんです」「教壇に立つものはスーツを着て規律正しく行うべき」という考えを持たれており，清野先生も研究者でなく教員になりたかったというだけに，「貿易の効果はすべて余剰分析で説明する」「貿易利益は結局は交易条件の改善」「学部の国際経済学にヘクシャー・オリーンはいらない」などポイントを押さえた教育について明確なビジョンを持たれていた。両先生ともに酒好きで，夕方の講義の後で（先生が）へべれけになるまで飲んだのも楽しい記憶である。本テキストも両先生の影響を色濃く受けている。学生に対して愛情溢れていた先生のような優しさをテキストから伝えることは難しいが，皆さんに本テキストを通じて出会えたことは筆者たちの喜びである。

2025年1月

著者一同

トピックで読み解く
国際貿易論

目　次

はしがき

---
## 基礎編
---

第1章　原因と結果を明らかにするとは？　　　　　　　　　　2
　　　　[因果関係という我々の思考方法]

第2章　国際貿易を始めると何が起きるのか？　[交易条件効果]　14

第3章　あなたは最近買って嬉しかった外国産の物を覚えているか？　22
　　　　[余剰分析]

第4章　あなたが人より得意なことは何か？　　[比較優位]　　33

第5章　貿易は簡単に減らせるのか？　　[貿易政策]　　　　43

第6章　貿易は簡単に減ってしまうのか？　　[貿易コスト]　　51

第7章　国内で威張っているかれらにプレッシャーを与えるには？　61
　　　　[独占市場と貿易]

第8章　貿易でもたらされる豊かさとは？　　　　　　　　　67
　　　　[製品差別化と独占的競争]

第9章　大企業は世界でどう競争しているのか？　　　　　　73
　　　　[寡占市場と戦略的貿易政策]

第10章　貿易しやすくすると貿易は増えるのか？　[自由貿易協定]　86

第11章　貿易すると経済は成長するのか？　[貿易と経済成長]　95

第12章　なぜ自分の国で作らないで外国で作るのか？　[直接投資]　103

第13章　我々は世界経済の食物連鎖のどこにいるのか？　　112
　　　　[グローバル・バリューチェーン]

第14章　貿易は環境を破壊するのか？　[環境と貿易]　　　122

第15章　貿易すると資源は枯渇するのか？　[資源と貿易]　134

目　次

第16章　移民は貿易を代替するのか？　[移民と貿易と少子化]　　144

第17章　輸入関税はなぜ他国への攻撃となるのか？　[近隣窮乏化政策]　　155

第18章　世界貿易機関がなぜ近隣窮乏化政策を防ぐのか？　　162
　　　　[世界貿易機関の役割]

第19章　なぜ日本は世界貿易機関で負けたのか？　　168
　　　　[世界貿易機関のルール]

──　応用編　──

第1章　経済的な世界地図を描くには？　[一般均衡の考え方]　　178

第2章　証拠を鑑定するにはどうすればいいのか？　　188
　　　　[国際経済データとグラビティモデルと識別]

第3章　特許の保護を強化することは途上国の役に立つのか？　　200
　　　　[知的財産権保護と貿易]

第4章　貿易政策は常に有効なのか？　　208
　　　　[レント移転と政策のルールと裁量]

第5章　ゴミは世界をめぐる？　[廃棄物貿易]　　215

第6章　労働は国境の壁を越えられるか？　　223
　　　　[オフショアリング, タスク, タイムゾーン]

第7章　サプライチェーンの分断と再構築は誰の利益・損失
　　　　となるのか？　[グローバル・サプライチェーン]　　230

第8章　誰が貿易政策を決めているのか？　[貿易政策の政治経済学]　　239

第9章　国際経済紛争はどう処理されるのか？　　251
　　　　[世界貿易機関の判決の影響]

第10章　経済安全保障とは一体何なのか？　[自由貿易と安全保障]　　257

第11章　貿易均衡とは何か？　［世界のつながりを意識する］　262

　参考文献　267
　読書案内　272
　索　引　274

基 礎 編

# 第 1 章

# 原因と結果を明らかにするとは？
[因果関係という我々の思考方法]

キーワード：因果関係　識別　共分散　回帰分析

　我々は世の中の現象を解き明かす際に，原因と結果という観点から捉える。「勉強すると成績が上がる」は勉強が原因で成績が結果であるし，「台風で豪雨になると土砂崩れがおきる」は台風の豪雨が原因で土砂崩れが結果である。

　経済現象も同様で，「貿易を行うと経済が成長する」は「貿易」が原因で「経済成長」が結果である。このように原因から結果という一方向の因果関係を捉えることが，経済・社会現象の解明の第一歩であり，様々な政策を考える際の基礎となる。実際に世界の貿易額と経済規模（国内総生産 Gross Domestic Product（GDP））を見ると，貿易額と経済規模が同じように増加しており，貿易が経済成長を引き起こしていると見える（図表1-1）。

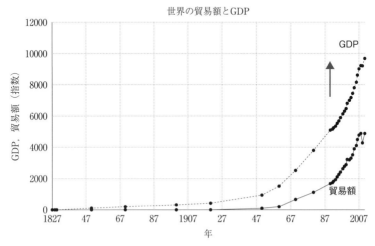

図表1-1　世界の貿易額と GDP
注：2017年価格の実質 GDP および1913年を100とする1913年価格の実質輸出額指数
（出所）Our World in Data（https://ourworldindata.org）より筆者作成

「貿易を行うと経済成長が進む」という因果関係があると解明されれば，国際貿易を促進する政策を行って貿易を促進すれば経済成長につながるという経済政策の有効性を主張することができるのである。

貿易を促進する政策 → 貿易↑ → 経済成長↑

しかし，注意すべきは，もしかしたら経済成長している国が貿易を行うようになっただけではないかという点である。

経済成長 → 貿易

もし経済成長が貿易を引き起こす因果関係が重要なら，貿易を促進する政策などは不要なのである。あなたならばどちらの因果関係があると考えるだろうか。この因果関係を明らかにすることを識別と呼び，経済分析を行う際に注意しなくてはいけない点である。

そして，現実経済では単純な一方向の因果関係だけでなく，様々な影響が相互に依存しあっている。そういった様々な方向の影響がバランスしている状態を「均衡」状態と呼ぶ。

例えば，消費者がどの程度消費するかを表す需要と，生産者がどの程度生産するかを表す供給が経済学では重要な役割を果たす。第3章で詳しく見るが，消費者の好みなどを原因として消費者が需要量という結果を生むという因果関係がある。生産者の費用などを原因として生産者が供給量という結果を生むという因果関係がある。

消費者の好み → 需要量 → 取引量・市場価格 ← 供給量 ← 企業の費用
　（原因）　　　（結果）　　　　　　　　　　　　（結果）　　　（原因）

これらの需要と供給の力が，ちょうどバランスする状態を均衡状態と呼ぶ。

単なる需要と供給のバランスだけでなく，国際的な需要と供給という点でも世界的にバランスが取られる。日本とアメリカと中国を例にとれば，それらの国の世界でバランスする状態が均衡である（図表1-2）。

基 礎 編

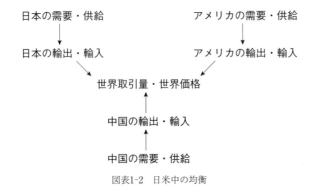

図表1-2　日米中の均衡

　均衡については第3章，第17章，応用編第1章，応用編第11章などで詳しく考える。
　先ほどの貿易と経済成長の一方向の因果関係の問題に戻ろう。貿易が経済成長に与える影響という因果関係の分析はどういった時に可能だろうか。1つは唐突であるが「パラレルワールド」を考えられる時である。パラレルワールドとは，今我々がいる世界と似ているけどどこか違う世界のことであり，映画などではおなじみのシチュエーションである。例えば，世界と貿易を行っているのが現在の日本であるが，仮に日本が貿易を行っていないという世界が存在したとすれば，それがパラレルワールドである。
　もし日本が貿易を行っていないという点以外はすべて同じ世界であれば，現実に貿易を行っている状態のGDPと，パラレルワールドで貿易を行っていない状態のGDPを比べれば，貿易がGDPをどう変化させるかの因果関係の分析ができることになる。

　　　　現実で貿易ありのGDP　＞　パラレルワールドで貿易なしのGDP

　もし現実でのGDPの方が，パラレルワールドのGDPよりも大きいならば，貿易でGDPが上昇するということになる。
　このような，仮想的な状況を考えることで，「何かが起きた時」と「起きなかった時」の違いを調べれば，その違いが「何か」が生み出した因果関係として捉えることができるのである。先の例では，「何か」は貿易のことである。
　しかし，実際貿易を行っている時には，貿易を行わなかった状況について観

察することはできない。したがって，パラレルワールドを考えて因果関係を知ることは不可能に思えるが，このパラレルワールドを別の言い方で言おう。「たまたま」ある国が貿易をする国になって，「たまたま」同じような別の国が貿易をしないままの国になった状況，と言ってみよう。たまたま貿易をする国たちは，たまたま貿易をしない国たちに十分なりうる。したがって，たまたま貿易をした国たちと，たまたま貿易をしなかった国たちを比べれば，平均的には違いがない，平均的なパラレルワールドを考えることができる。

そのように平均的に同じ2つのグループで，貿易しているグループと貿易していないグループを比べれば，

$$貿易しているグループのGDP - 貿易していないグループのGDP$$
$$= 貿易のGDPに与える影響$$

となり，この違いが貿易が原因となって生み出したGDPの違いである。

これはランダム化比較試験（randomized control trial）と呼ばれる考え方で，例えば医薬品の有効性をテストする治験に用いられる。100人の患者を集めて，それらの人をランダムに薬を投与する人（処置群）と投与しない人（対照群）に分ける。何かが行われた・起きたグループを処置群，行われなかった・起きなかったグループを対照群と呼んで区別する。これによりたまたま投与された処置群の人とたまたま投与されなかった対照群の人の違いを見て，効果があったかどうか判断する。平均的に同じ患者達によりパラレルワールドを比べるのである。

しかし，ランダムに対象を分けるというのは一般的には社会科学では難しい。貿易する国と貿易しない国をランダムに分けるというのは不可能である。そこで，このランダムに分けるという言い方を別の角度から見てみる。すなわち，「自分では選んでいない」，「強制的に分けられる」，「外部の力で分けられてしまう」，と言い換えてみる。すなわち，患者をランダムに分けるというのではなく，患者は自分で選ばず，強制的に薬を投与される患者と，投与されない患者に分けられるということである。貿易と国の関係で言えば，強制的に貿易を行わせる国が存在するという状況がこれに対応する。

このような対象にとって外部からの影響で変化が生み出される状況を，「自

基礎編

然実験」と呼ぶ。自然実験の状況があれば，そこで因果関係の分析ができるのである。

例えば，江戸時代から明治時代の日本を考えよう。貿易をしていない日本が自らは貿易を始める気がなかった時に，外部からの影響で強制的に貿易を始めなくてはならなくなった状況である。この場合，貿易を開始する前と後で，経済の状況を比較すれば，貿易が経済にもたらす影響を因果関係として捉えることができるのである。

強制的に開国 → 貿易の開始 → 経済成長 ?

すなわち，経済成長により貿易を開始しようとしたといった逆の因果関係は，強制的に開国という状況では起こらない。よって「強制的に開国」というイベントを通じて貿易が開始されたならば，貿易から所得への一方向の因果関係を取り出すことができるのである。

まとめるならば，我々の興味は，経済で「何か起きた → 別の何かを増やすか↑？減らすか↓？」という因果関係である。貿易が増加 → 経済成長↑であれば，増やす動き＝プラスの影響である。

これに対し貿易に課される税である関税が上昇した時に貿易が減少するならば，

関税の上昇 → 貿易量↓

となり，減らす動き＝マイナスの影響である。関税によりモノの価格が上昇した場合に取引量は減少すると考えられるからである。グラフ図表1-3にあるように，関税が上昇する時には世界の貿易は減っているように見える。

原因はしばしば外生的要因（政府の政策や自然条件など），結果は内生変数（我々の選択や均衡としての状態）と呼ばれる。原因と結果の一方向の因果関係の識別により，外生的要因である原因が内生変数にプラスの結果を生み出すかマイナスの結果を生み出すかを明らかにすることが我々の目的である。

そして，因果関係の分析もしくは均衡分析から，例えば，仮説「関税は貿易を減少させる」が考え出されたとする。次にやるべきことは，関税額と貿易額のデータを収集し，関税と貿易に本当にマイナスの関係があるのか調べること

第1章　原因と結果を明らかにするとは？

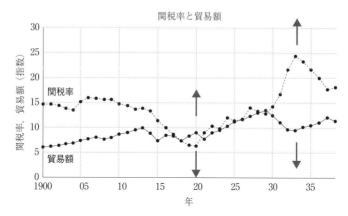

図表1-3　平均関税率
（出所）Our World in Data（1913年を100とする1913年価格の実質輸出額指数）およびCEPII（http://www.cepii.fr/CEPII/en/）TRADHISTデータより筆者作成

である。

その手法として3つ挙げられる

・グラフ…散布図

・関係性の数値…共分散

・関係性のモデル…回帰分析

仮想的な例として，アメリカ，中国，インドに対して日本が輸出している状況を考える（図表1-4）。それぞれの国が日本からの輸入に税金を課していて，アメリカ10％（0.1），中国60％（0.6），インド80％（0.8）だとする。それぞれの国の輸入額はアメリカ15億ドル，中国12億ドル，インド3億ドルとする。

データの関税率と輸入量にマイナスの関係があるかどうかみるには，まずは「散布図」というグラフを描くことで分かる（エクセルによるグラフの描き方などについては縄田（2020）などを参照）。2つの間の関係なので，二次元のグラフで描かれる。横軸をX，縦軸をYとすると，そのグラフ上の点は，(X, Y)＝(関税額，貿易額) の組み合わせ

|  | 輸入関税率 | 輸入額（億ドル） |
| --- | --- | --- |
| アメリカ | 0.1 | 15 |
| 中国 | 0.6 | 12 |
| インド | 0.8 | 3 |

図表1-4　日本の輸出状況

7

基礎編

で表される。すなわち，(0.1, 15) の点は，アメリカが関税率0.1（10パーセント）で，輸入額が15億ドルということを表している（図表1-5）。

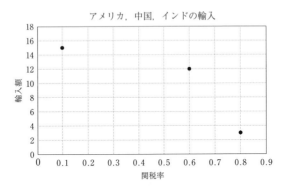

図表1-5　3ヵ国の関税率と輸入額の仮想例

ではこれらの2つの間にどういった関係があると言えるのだろうか。グラフを見ると，右下がりの関係があるように見える。横軸の関税が増加すれば縦軸の輸入額が下落するというマイナスの関係に見える。散布図を描くことが2つのものの間の関係を知る第一歩である。

ではより厳密にマイナスの関係があるか確認するにはどうすればよいだろうか。それは「共分散」が最も重要な概念である。共分散は貿易額と関税率それぞれの値の平均を求めて，その平均からのズレをみるという方法である。

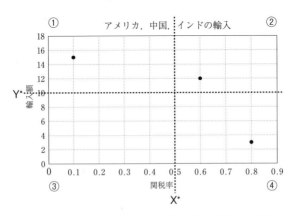

図表1-6　横軸と縦軸の平均の値（$X^*$と$Y^*$）で領域を分けた図

第1章　原因と結果を明らかにするとは？

　垂直な点線と水平な点線がそれぞれの平均であり，$X^*$，$Y^*$と表す（横軸の関税の平均$X^*$は0.5，縦軸の貿易の平均$Y^*$は10）。これによりグラフは4つの部分に分けられる（図表1-6）。では平均からの各点のズレはどうなっているだろうか。左上の1の部分のアメリカのデータは，Xは平均よりも小さいがYは平均よりも大きい。

（アメリカの関税 − 平均関税）＝ 0.1−0.5＜0　⊖

（アメリカの貿易 − 平均貿易）＝ 15−10＞0　⊕

したがって，「平均からのズレ」という意味では，

$$(X-X^*)<0 \qquad (Y-Y^*)>0$$

となる。これらを掛け合わせると，プラスとマイナスを掛け合わせることになるのでマイナスである（図表1-7）：$(X-X^*)\times(Y-Y^*) = -0.4\times10<0$

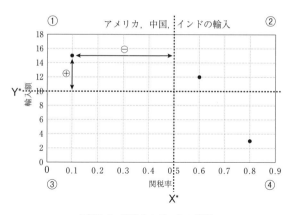

図表1-7　領域1のデータの性質

　では右下の4の部分のインドはどうか。Xは平均よりも大きい。Yは平均よりも小さい。よって，

$$(X-X^*)>0 \qquad (Y-Y^*)<0$$

となる。これらを掛け合わせると先ほどの左上のデータのアメリカと同様にマイナスである：$(X-X^*)\times(Y-Y^*) = 0.3\times(-7)<0$。

　では右上の3の部分のデータの中国はどうなるだろうか。Xは平均より高く，Yも平均よりも高い。

基礎編

$$(X-X^*)>0 \qquad (Y-Y^*)>0$$

よって，これらを掛け合わせるとプラスになる。

$$(X-X^*)\times(Y-Y^*)=2\times0.1>0$$

ここではデータとしてはないが，左下にデータがあった場合はどうなるだろうか。この場合，XもYも平均より小さい値なので，

$$(X-X^*)<0 \qquad (Y-Y^*)<0$$

となり，これらを掛け合わせると，マイナスとマイナスなのでプラスになる

$$(X-X^*)\times(Y-Y^*)>0 。$$

すなわち，平均で区切った線からみて，アメリカやインドの左上や右下のデータは，平均からのズレを掛け合わせたもの（$(X-X^*)\times(Y-Y^*)$）がマイナスになり，逆に右上や左下のデータはプラスになることが分かる。これは，XとYの2つの関係を表している。つまりグラフで左上や右下のデータが多い場合には右下がりの関係が多くなるため，XとYの間にマイナスの関係があると言える。逆に右上や左下のデータが多い場合にはXとYの間にプラスの関係があると見えるのである（図表1-8）。

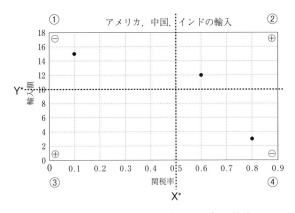

図表1-8　各領域のデータの平均からのズレの符号

データ全体の傾向を見るために，平均からのズレを掛け合わせたものをすべて足してみる。

アメリカの$(X-X^*)\times(Y-Y^*)$＋中国の$(X-X^*)\times(Y-Y^*)$＋インドの$(X-X^*)\times$
$(Y-Y^*)=-0.4\times5+0.1\times2+0.3\times(-7)=-2+0.2-2.1=-3.9$

となる。すなわち、平均からのズレが、グラフで左上にズレているアメリカはマイナスの値（-2）、右下にズレているインドもマイナスの値（-2.1）、右上の中国はプラスの値（0.2）である。よってこれらを足し合わせる時に、左上や右下のものが多い場合には、この値がマイナスになりやすいのである。

そして、平均からのズレの平均をとったもの（-3.9/データの数＝-3.9/3＝-1.3）を共分散と呼び、共分散がマイナスならその2つにマイナスの関係、プラスならプラスの関係があると言う（標本や母集団といった統計的概念は単純化のため捨象する）。共分散で2つのものがプラスかマイナスの関係なのか分かる。

なぜ共分散と呼ぶかというと、それは分散という概念が元である。分散は、ある1つの変数の値の散らばり具合を表したもので、例えば関税率の分散は、先ほどと同じようにそれぞれの関税率と平均とのズレである。

(アメリカ関税－平均関税)$^2$＋(中国関税－平均関税)$^2$＋(インド関税－平均関税)$^2$
$=(0.1-0.5)^2+(0.6-0.5)^2+(0.8-0.5)^2=0.26$

ズレを2乗しているのは、先ほど見たようにズレはプラスにもマイナスにもなりうるので、プラスでズレを評価するために、2乗してすべてのズレの値をプラスにしている（絶対値でもよいが2乗の方が計算上扱いやすい）。このズレの平均をとったもの（0.26/3）が分散である。ある1つの変数Xについての散らばりを分散、XとYの2つの間の散らばり具合を見るためのものは共分散と呼んでいるのである。

最後に、2つの間にある関係を取り出す方法が回帰分析と呼ばれるものである。これは、2つの間に以下のような関係があると想定する。

$$Y=a+bX$$

すなわち、YとXの関係に切片aで傾きがbの直線の関係があると想定するのである。Yが貿易額でXが関税率の時、もしこの傾きがマイナスの値（$b<0$）ならば、関税と輸入額の関係はマイナスと言える。ではどうやって切片と傾きを決めるのだろうか。現実のデータでは、関税と貿易の関係が完全には

基礎編

直線の関係で表せないため，ズレ（e）を考慮する。
$$Y = a + bX + e$$
　YとXのデータがこの直線にできるだけ近い関係になる切片や傾きを求めるためには，ズレeが一番小さくなるようにaとbを決めるという方法を考えればよい。このことを回帰分析と呼ぶ。回帰分析により求めたこの点線の直線が，ズレが一番小さくなった直線である（図表1-9）。

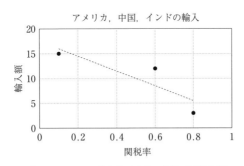

図表1-9　データに最も当てはまる直線（回帰直線）

　では傾きbの値は具体的にはどうなるのか。これは先ほどみた共分散であるとほぼ言ってよい。ただし，単なる共分散ではなく，共分散をXの分散で割ることで標準化した形であらわされる。

　b' = Cov(Y, X)/Var(X) = 関税と貿易の共分散/関税の分散
　　 = 関税と貿易の平均からのズレ/関税の平均からのズレ
　　 = －3.9/0.26 = －15

　よって，この直線の傾きは－15であり，マイナスの関係があると言える（正確には統計的有意性を調べる必要もあるがここでは捨象する）。関税の散らばり具合で基準化して，関税が1単位動いた時に，どれくらい貿易も動くかという動きの程度の大きさを表していると考えるのである。単に貿易が大きく動くだけではだめで，その時に関税がもっと大きく動いていては関税が貿易に与える影響は大したことない。関税の動きで基準化して初めて貿易の動きの大きさが分かるのである（回帰分析の詳しい説明は山本（2022）など参照）。

　以上みてきたように，経済現象を因果関係，均衡分析の観点から捉え，デー

タを用いて確認するという作業を通じて、現象の解明を行う。そして、データと照らし合わせて、考えた因果関係（仮説と呼ぶ）がデータと合わない場合には仮説を設定し直すという作業を行うのである（Friedman 1953）。これが我々の思考プロセスである。

### 考えてみよう
一見すると原因と結果の関係がなさそうなことを思いつくことができるだろうか。「風が吹いたら桶屋が儲かる」ということわざがあるが、社会現象で同じような例を考えられるだろうか？

第 2 章

# 国際貿易を始めると何が起きるのか？
［交易条件効果］

キーワード：国際貿易　交易条件　江戸から明治の開国

　現代の我々は意識することなく国際貿易に関与している。普段使っているペンが国産であれ，その原料や部品は輸入していることが多い。国際取引がない世界を今から想像するのは困難である。しかし，だからこそ想像してみよう。国際貿易のない世界を。そしてその時我々の社会・経済はどうなっているだろうか。

　日本を例にとってみよう。貿易がないならばすべての衣食住は国内でまかなう必要がある。生産に必要な労働者は確保できるかもしれないが，設備などは日本でもわずかに算出される金属を用いて生産することになり，十分な確保は難しいだろう。医薬品なども原料が国内で製造できないならば入手困難となる。

　今から300年前の江戸時代の日本はそのような状況だったかもしれない。鎖国の下ではほぼすべての生産は国内で行われていた。明治の開国によって，日本経済は国際貿易を大規模に行うようになった。問題は，鎖国から開国によって日本経済に何が起きたのかという点である。現代とは技術も環境も大きく異なる江戸から明治の時代であるが，輸入や輸出を通じて経済活動を行うという点において，現代の国際貿易と違いはない。したがって，江戸から明治の時代を調べることは国際貿易の影響の重要な検証になりうるのである。

　国際貿易が行われて何が起きるかについて，ここでは価格に注目しよう。海外で国内と同じものが安く販売されているなら，貿易によって海外から購入したいと思うはずである。すなわち，貿易前に国内で販売されている価格と，海外で取引されている価格を比較し，もし海外で取引されている価格の方が低ければ，輸入が起きるのであると言える。逆に，国内で販売されている価格よりも，海外で取引されている価格が高ければ，海外でより高い価格で販売・輸出を行うということが起きる。すなわち，貿易を開始すると，低価格で輸入でき

るようになり，消費者の経済状態は改善する。そして，高価格で輸出できるようになり，生産者の経営は改善する。

　しかしながら，本当に貿易が価格の変化を生み出しているのだろうか。現代の我々にとって，すでに貿易が行われている状況では，貿易によって我々の購入する価格もしくは企業が販売する価格が変わっているのか判断は難しい。企業の戦略によって価格が変化するだろうし，商品を検索する情報の有無で国内と外国でどういった価格で購入するかは変化しうるだろう。

　すなわち，貿易とは別の価格に影響する要因が存在しうるわけである。企業の戦略や情報の有無以外にも，国際紛争や経済政策など様々な要因が，輸入する産品や輸出する産品の価格に影響を与える。そのため，因果関係として，貿易が輸入財の価格を下げ，輸出財の価格を上げたと識別するのが難しいのである。

　これは第1章で考えた因果関係の識別の問題である。いったいどのようにして貿易とは別の要因を考慮するのか。「別の要因が低価格や高価格を生み出し，その結果として貿易が行われたのではないか？」といった意見に対してどう答えればよいだろうか？

　　　　　貿易　　　　　　？⇒　　　　低価格で輸入・高価格で輸出
　　　　　↑　別の要因（企業戦略，情報，紛争・国際政治）　↑

　ここで，江戸から明治の時代の日本を考える意味がある。江戸から明治に鎖国を辞めた理由は，アメリカから開国を求められたためである。日本自ら貿易を求めて鎖国を終了させたわけではない。すなわち，外部からの力で・強制的な形で，国際貿易が開始されたのである。1853年にペリーが浦賀に来航し開国を要求し，その後日本との交渉が行われ，1859年7月4日に鎖国が終了した。また，開国に際し不平等条約が締結され，関税自主権がなかったことは，ほぼ貿易に関税がなかったという特殊状況を生み出す。当時は輸入関税は2〜3.5セント，輸出関税も3〜4％であった（Berforhen and Brown 2005）。

　鎖国から自由貿易という外生的な極めて特別な変化があった日本を用いれば，開国による国際貿易の開始で，世界価格に直面し世界価格で輸出，輸入が行わ

基礎編

れるようになったという貿易から価格への因果関係を考えることができる。

　第1章では，外生的な要因・強制的な要因で生じた社会的変化を用いた分析を自然実験を用いた分析として述べた。日本の江戸から明治への開国は，日本が自発的に貿易を開始したのではなく，外国の強制力に対して開国・貿易の開始を行ったため，江戸から明治の開国を自然実験と考えられるのである。開国によって日本経済に生じた影響を，直前の鎖国時代をいわば貿易をしなかったパラレルワールドとして比較対象にし，開国前と開国後で価格の変化を調べれば，貿易が価格に与える影響を取り出すことができるのである。

　住民の嗜好や技術がまだ変化しきらない幕末1850年代から1870年代（1870年代中期以降に外国人技術者招聘といったことがなされたため）において，突如開始された開国に伴う国際貿易がもたらす経済活動の影響は，開国という変化が劇的であればあるほど，開国そのものの影響を取り出すことができる。実際，開国後10年ほどで1人当たりの輸入額は100倍になった（国民1人当たりの輸入額が1840年代は0.6セント，開国後の1873年には79セントへ増加）と言われており，その経済への影響は劇的である（Bernhofen and Brown 2004）。

　はたして，日本の江戸・明治の開国による貿易の開始は，輸入価格下落・輸出価格上昇をもたらしたのだろうか。Huber（1971）やBerhohfen and Brown（1995）は江戸明治期の日本の輸入財と輸出財の価格をしらべ，貿易開始後に輸入財価格が下落したか，輸出財の価格が上昇したか検証した（図表2-1）。

|  | 1846-55年 | 1871-79年 |
|---|---|---|
| 輸出財：生糸 | 3.3ドル | 4.95 |
| 輸出財：茶 | 19.7セント | 28.2 |
| 輸入財：鉄 | 9.65セント | 3.81 |
| 輸入財：綿製品 | 65.1セント | 36.8 |
| 輸入財：砂糖 | 5.39セント | 3.38 |

図表2-1　Huber（1971）より筆者作成

　当時の日本は，絹や茶を輸出し，鉄や綿織物，毛織物などが輸入財であった。絹は主要輸出品で，当時の輸出の40％ほどを占めており，綿製品の輸入はこれも輸入の40％ほどであった。Huber（1971）では1846〜55年と1871〜79年の比

較で，生糸に1.5倍の価格上昇があったことを観察している。他に石井（1945）でも，主要な輸出品である生糸は2倍，茶も2.3倍の上昇を確認している。国際貿易の点からは，世界の価格とのギャップが縮まるかという点も重要である。すなわち，高く販売できる世界価格で，貿易を開始した国が実際に販売しているかという点である。その同期間にロンドンで取引されている中国やインドの生糸は20％ほどの上昇であり，日本の生糸価格の上昇の方が大きく，世界価格に近付いていると言える。また，Miyamoto et al（1965）では，1861年と1867年の生糸の横浜とロンドンの価格の比率が，47％から70％まで近づいている点も示されている。

輸入財価格については，Huber（1971）では，鉄は1846-55年から1891-79年にかけて63％下落し，同時期にロンドンで取引されている世界価格についてはほとんど変化がなく，輸入財価格についても世界価格に近付いていることがみられる。綿織物についてもほぼ同様の変化で，53％の下落がみられ，ほぼマンチェスターで取引されている世界価格と同様の水準になっている。同様の輸出財，輸入財の価格変化がBerhofen and Brown（2004）でも示されており，輸出財である絹は2倍の価格上昇，輸入財である綿製品はおよそ30％価格が下落している。

したがって各種の経済史的調査より，貿易を開始した結果，輸出財の価格は開始前に比べて高い世界価格に近付く形で上昇し，輸入財の価格は開始前に比べて低い世界価格に近付く形で下落していると言える。したがって，貿易により輸入可能な産品の価格は下落し，輸出可能な産品の価格は上昇するということが引き起こされたという因果関係があったと言える。

このことを第1章のようにデータとグラフで見るためにはどうすればよいか。価格が開国前と開国後でどう変わったかを見たいので，価格の情報と，開国前後という情報が必要である。価格の情報は先に見たように鉄の価格が9.65ポンドから3.81ポンドに変化したと分かる。開国前後の情報を見るためには，1つは年を考える。すなわち，開国前は1850年として，開国後は1875年とする。これにより，開国前後で価格が下落していることが分かる（図表2-2）。

基礎編

| 年 | 鉄 | 砂糖 |
|---|---|---|
| 1850 | 9.65 | 5.39 |
| 1875 | 3.81 | 3.38 |

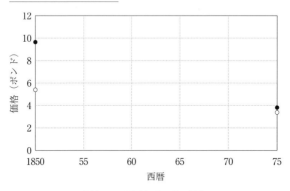

図表2-2　西暦とその時の価格

　また，年ではなく，開国前を0とし，開国後を1とする指標で開国前後を表すこともできる。

　　開国していない＝0
　　開国している＝1

| 開国 | 鉄 | 砂糖 |
|---|---|---|
| 0 | 9.65 | 5.39 |
| 1 | 3.81 | 3.38 |

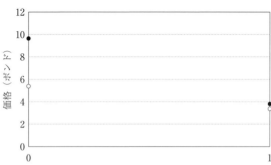

図表2-3　開国前後の価格

0と1を用いるやり方は何かが起きる前と何かが起きた後を数値的に表すのに便利な方法である（図表2-3）。時間の前後だけでなく，例えば自由貿易を締結している（第10章）か否かといった状態の違いについて，締結している＝1，締結していない＝0，として表すことができる。0の時の値と1の時の値を比較することで，何かが起きた時の効果を見ることができるのである。

このように，貿易を開始して輸入財価格が下落し，輸出財価格が上昇することはどういった意味を持つだろうか。国全体を取引を行っているひとりの人と考えれば，輸入価格すなわち買う価格が安くなって，輸出価格すなわち売る価格が高くなれば，今までと同じ量を取引しても，高い収入を得てそれをつかって安い製品を多く買うことができる。つまり外国との取引の条件がよくなったと言える。輸出価格と輸入価格の比率である，

$$輸出価格 / 輸入価格$$

を交易条件と呼び，これが上昇する（改善する）ことによりその国の経済は改善するのである。

Huber (1971) では1840-50年代から，1870年代にかけて交易条件が3.4倍に改善していると示しており，Yasuba (1995) では1857年から1865年にかけて交易条件が2.8倍に改善し，1875年にかけては約5倍の改善を見ていると明らかにしている。例えば交易条件が4倍改善したというのは，外国と取引する際に，1個1円のモノを輸出して，1個1円のモノを輸入していた状態が，同じものであっても，輸出は1個2円で売れるようになり，輸入は1個0.5円で済むようになったということである。いわば，より高い所得とより安い支払いでよくなったということである。

交易条件効果は，新しいアイディアや技術が生まれたり，何か他の経済構造に変化がなくても，単に国際貿易を行うだけで発生する便益である。これほど手軽に経済状況を改善させる政策を考えることは難しいだろう。国際貿易を行う理由はここにある。経済全体の状況を改善することができる政策として，国際貿易の促進があるのである。

 考えてみよう 
日本の開国は交易条件効果を引き起こすことをみたが，交易条件が変化する他の出来事

を考えることができるだろうか。技術革新はどうだろうか？　外国における国際紛争はどうだろうか？

---

### コラム▶▶自由貿易という考え方・政策の歴史

　本章では，貿易を行うことで交易条件効果を引き起こして経済によい影響を与えるという可能性が示された。この交易条件効果を初めて認識した経済学者が誰かという点については，イギリスの経済学者マーシャルの1923年の著作に交易条件が議論されているものの，実はよく分かっていない（Deardorffs' Glossary of International Economics https://public.websites.umich.edu/~alandear/glossary/intro.html）。しかしながらこの交易条件が貿易の影響を考える上では極めて重要な概念となっていることは本章からわかるだろう。

　自由貿易を行うことが社会にとって，望ましいという考え方自体は，交易条件という概念が考えられた時点よりも以前にさかのぼることができる。例えば1215年に制定されたイギリスのマグナカルタには商人の出入国の自由の保障が記されている。自由貿易という考え方の重要性が認識されていたと言えるかもしれない。

　その後，自由な取引（自由貿易）について多くの思想家がその役割を議論している。例えば，モンテスキューは商業を通じた平和の達成を述べている（シャルル‐ルイ・ド・モンテスキュー Charles-Louis de Montesquieu，法の精神（The Spirit of Laws, De L'esprit des lois（1748））"… natural effect of commerce is to bring peace"

　また，ジョン・スチュアート・ミル（John Stuart Mill）は，「経済学原理」において自由貿易が平和につながることを述べている。Principles of Political Economy with Some of their Applications to Social Philosophy（1848）

　　国際貿易の大規模な拡張と急速な増加は，世界平和の主要な安全保障手段であることにより，人類の思想と諸制度と性格との不断の進歩に対する偉大な永久的保証である，と言っても誇張にはならないであろう（岩波文庫）

"And it may be said without exaggeration that the great extent and rapid increase of international trade, in being the principal guarantee of the peace of the world, is the great permanent security for the uninterrupted progress of the ideas, the institutions, and the character of the human race."

自由貿易は経済的な観点からだけではなく，社会の平和を促進するという観点か

ら望ましいと考えられていたのである。

では実際に各国が自由貿易を促進するという政策という観点から重要なものは何だろうか。イギリス・フランスの間で締結された1860年の The Cobden-Chevalier 条約（英仏通商条約）が重要である。この条約では相互主義（Reciprocity）が採用され，フランスは関税を20％に引き下げ，イギリスはワインと蒸留酒以外の関税撤廃が行われた。そして最恵国待遇の採用が行われた。最恵国待遇とは，ある国と関税を引き下げて自由貿易を行った場合には，別の国とも同様に自由貿易を行うというルールである。本書でも世界貿易機関についての第19章でこれらの概念が紹介されるが，各国がお互い自由貿易を追求するという相互主義と貿易相手国を差別する事なく自由貿易を行うという最恵国待遇は現代に連綿と続く重要な貿易政策の概念である。

第一次世界大戦後にも自由貿易が追及され，1919年ベルサイユ条約（Versailles Treaty）により設立された The League of Nations（国際連盟）では，1927年に国際連盟で自由貿易に関する条約が議論されたが不成立に終わっている。その後の1930年代の大恐慌時代は自由貿易から乖離した時代である。1930年にアメリカで Hawley-Smoot Tariff Act ホーレイ・スムート法が成立（関税引き上げ法）した事をきっかけに，各国が関税を引き上げる状況となった。

しかし，大恐慌後，第二次世界大戦中にはあらたな自由貿易の流れが発生している。アメリカでは Reciprocal Trade Agreements Act 互恵的通商協定法（1934年）が制定され，大統領に対して，諸外国政府と互恵的に関税を引き下げる権限（1934年7月時点の関税率を最大限50％まで引き下げることができる），およびその他の貿易制限を緩やかにする通商協定を結ぶ権限が与えられた。そして，Atlantic Charter 大西洋憲章（1941年）はルーズベルト大統領とチャーチル首相の会談により成立し，第二次世界大戦後の自由貿易による繁栄の認識がなされている。

第二次世界大戦終結後には関税と貿易に関する一般協定（General Agreement on Tariffs and Trade（GATT））の下で自由貿易交渉が進められ，1995年には世界貿易機関（World Trade Organization, WTO）が設立され，現在に続いている。

# 第3章

# あなたは最近買って嬉しかった外国産の物を覚えているか？
[余剰分析]

キーワード：限界効用　限界費用　消費者余剰　生産者余剰

　国際貿易の動機の大きな要因として外国産のものを嗜好するというものがある。フランスのワインが好きな人やアメリカの自動車が好きな人はそれらは日本では生産されていないから外国から輸入するのである。

　筆者が好きな外国産のものに「コーヒー」がある。1日何杯でも飲めるが，その嬉しさはその日の1杯目が最も高い。おかわりをした2杯目は嬉しいけれど1杯目ほどではなく，まあまあ嬉しい。その嬉しさを金額で表すのは難しいが，コーヒー1杯目がどれくらい嬉しいか言えば，450円くらいかもしれない。おかわりの2杯目は全く同じコーヒーだが嬉しさは300円くらいだろうか。この消費から得られる満足を我々は「効用」と呼んでいる。

　効用は，同じ1杯でも消費が進むにつれて小さくなっていく。筆者の好きな例にビールがある。酒好きの経済学者は，ビールは1杯目が一番美味い，おかわりの2杯目はそれほどでもなく，飲むにつれておかわりの1杯は美味しくなくなるという，効用の「増え方が減っていく」法則を実感している（西村・室田 1990）。

　この「増え方が減っていく」ことを逓減と呼ぶ。逓減の法則は，2つのパターンで理解される。1つは1人の個人の限界効用が逓減していくという考え方である。限界効用の「限界」とは，「追加的な1単位」という意味であり，「おかわり」のことである。ビールをすでに1杯飲んでいる人が，そこから2杯目を飲むならば，その2杯目は1杯目からの追加的な1単位と考えられる。ビールを何も飲んでいない状態から最初にのむと非常にうれしい場合はその効用は1000円くらいかもしれない。しかしその1杯を飲んだ後に飲む追加的な1単位，すなわち2杯目はそこまで嬉しくないだろう。もしかしたら600円くらいかもしれない。別にぬるくて悪い品質のビールが2杯目に出てきたわけではない。

我々の感じ方として2杯目からの効用，限界効用は小さくなるということなのである。

限界効用が逓減していくパターンについて，もう1つの考え方は多数の消費者がいて，効用が高い順に市場で購入していくというものである。すなわち，ビールが大好きで1杯で1000円分嬉しくなる人は最初に店に来て飲む。次に来る人はそこまで好きではないがまあまあビール好きで1杯につき600円嬉しくなる人が店に来る。といった形で効用が高い人から市場に入ってくるという見方である。

ここで，効用が高い順に市場に参加するというケースでビールの市場を考えてみよう。消費者が3人いて，それぞれ1杯のビールを市場で買うか，買わないか決定する。消費者の好みはバラバラなので，Aさんは1000円分嬉しい，Bさんは600円分嬉しい，Cさんは300円分嬉しい人だとする。こうして並べたグラフは限界効用曲線と呼ばれ，階段状で右下がりのグラフになる（図表3-1）。

ちなみにビールならばこのような右下がりのグラフで表されるかもしれないが，酒好きの経済学者ならば，日本酒は逆で，飲めば飲むほどおかわりの追加的な一杯が美味しくなるので限界効用が増えていくと感じるだろう（西村・室田 1990）。しかしそういったケース例外的であるため，本書では右下がりのケースのみを考える。

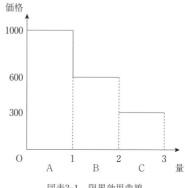

図表3-1　限界効用曲線

この時，消費者はどういった消費行動をとるだろうか。ここでは競争的市場，すなわちライバルが多いので出し抜いて自分だけ安く買ったり，高く売ったりできない状況を考える。言い換えれば，市場で価格が決められていて，その価格で買うか否か，売るか否かを決定するというルールの市場を考える。そういった消費者や生産者をプライステイカー（価格受容者）と呼ぶ。

市場でビール一杯が350円だとする。どの一杯を買っても同じ350円の価格であるから，グラフでは価格は350円の高さの水平の線で表される。この時，消

基礎編

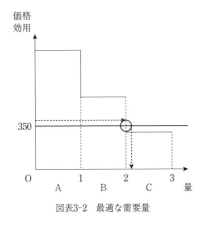

図表3-2 最適な需要量

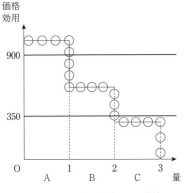

図表3-3 限界効用曲線と需要曲線

費者Aは購入すれば1000円嬉しく，350円分だけ支払うので不幸せになるが，純粋にみて1000－350＝650円分幸せになるからこのビールを買うだろう。同様にBさんも買いに来る。Cさんは購入すると300円しか嬉しくならないのに350円も払って300－350＝－50円と損をするので買わない。よって市場価格が350円の時は350円の水平線とこの限界効用曲線が交わるAとBが買う2単位のところまで需要が発生する（図表3-2）。

この論理は価格が1200円でも，900円でも同様に考えられる。もし900円であれば，Aさんは買うけれど，Bさんは買わないので市場では1単位の需要が発生する。すなわち，グラフで言えば，縦軸の価格にこの消費者の評価の線が対応するところまで，横軸であらわされた量が消費されるということである。

すべての価格に対して同様のことを考えて需要量を求めていくと，この限界効用曲線の上で，価格に応じた需要量があらわされていることが分かる。これらの点を繋げば，その曲線は価格と需要量の関係を表すものになる。すなわち，この消費者の評価の線は，そのまま需要を表す需要曲線と呼ばれるものになる（図表3-3）。

つまり，我々の限界効用と需要曲線は同じ形をしているのである。また，この需要曲線の導き方からも分かるように，このグラフは縦軸の価格からスタートして，その高さでどれくらいの需要が起きているかを横軸で見るという縦から横に見ていくという見方をする必要がある。単に右下がりというだけでなく，需要量がどう決定されるかを表しているグラフなので，価格からスタートして

結果としての量を見るという見方をする必要があるのである。

次に供給側である国内のビール醸造者を考えよう。大企業でなく、ミニブリューワリーでビールが供給され、企業D、企業E、企業Fが一杯だけ供給できるとする。消費者は効用が異なっていたが、生産者にとって重要な特徴は費用であるから、各企業は費用が異なっているとする。企業Dは100円、企業Eは200円、企業Fは700円の費用が掛かるとする。そして、費用が低い効率的な企業から先に市場に参入すると考える。よって、最初に企業Dが参入した後で、この市場に「追加的な一単位」を供給するのは企業Eであり、この企業の費用は「追加的な一単位」供給に必要な費用なので「限界」費用と呼べる。費用が低い順に参入すれば、限界費用曲線は階段状の右上がりのグラフとして描ける（図表3-4）。

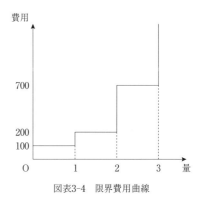

図表3-4　限界費用曲線

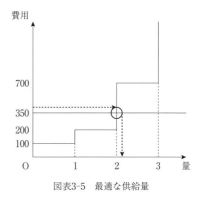

図表3-5　最適な供給量

先ほどと同様に競争的市場であるならば、企業は他を出し抜いて価格を吊り上げたりできない。市場でついている価格を見て、供給するか否かを決定することになる。もし市場で350円という価格がついているならば、企業Dは350円で販売して100円の費用しか掛からないので250円の利潤を獲得するから、生産を行う。企業Eも同様に利潤をあげられるが、企業Fは生産すると損失がでてしまうので生産しない。よって企業は企業Eまで供給する。市場価格と限界費用曲線が一致するところまで供給が行われる（図表3-5）。

これを350円だけでなく、すべての価格に対応する供給量の点をつなげると、供給曲線が導かれる。すなわち、企業の限界費用と供給曲線は同じ形をしているのである。価格にたいしてどれくらい供給が行われるか、という企業行動の

基礎編

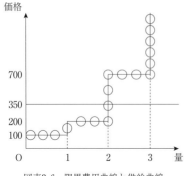

図表3-6 限界費用曲線と供給曲線

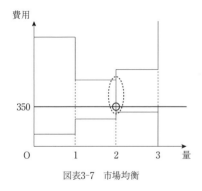

図表3-7 市場均衡

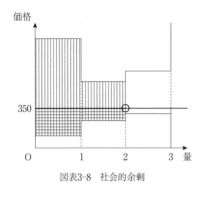

図表3-8 社会的余剰

導出も消費者の需要行動の導出と同じような形でできる（図表3-6）。

これが第1章で見た，消費者の限界効用と価格を原因として需要量という結果を生み出し，生産者の限界費用と価格を原因として供給量という結果を生み出すというメカニズムである。では価格はどう決定されるだろうか。それは市場の役割であり，需要量と供給量が等しくなるように決定するのである。

需要量＝供給量

これがバランスしている状態であり，均衡と呼ばれる。グラフでは需要曲線と供給曲線が交わるところが需要量と供給量が等しくなるところであるから，需要量と供給量が一致する300円から600円のいずれかを市場価格として決定し，結果消費者，生産者は2単位を需要，供給することになる（図表3-7）。

ここでは先ほどの議論を踏襲して，市場では350円という価格がついたとする。この時，消費者の評価と企業の費用の差額分だけ社会に余剰が生み出されている（縦線と格子状の部分）。これが経済活動から享受される金額である。この額を社会的余剰と呼ぶ。この社会的余剰が大きいほど市場取引から生み出される我々の生活水準は高くなると言える（図表3-8）。

消費者が消費から得られる純便益の合計を消費者余剰と呼ぶ。Aさんは消費することで1000円の効用を得て，350円の支払いの分だけマイナスの効用に

なるので，純粋にみて A さんは1000－350＝650円の純便益を得る。同様に B さんは600－350＝250円，C さんは消費してないから 0 円，A と B と C の合計は900円であり，グラフでは消費者余剰は需要曲線と価格の線の間の面積になる（図表3-9）。価格の上の上澄みの部分なので余剰と呼ぶ。

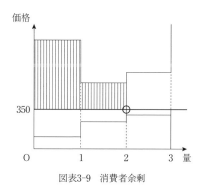

図表3-9　消費者余剰

生産者は，売上が350円で，企業 D は100円の費用なので，利潤が350－100＝250円となる。企業 E の利潤150，企業 F は販売してないから 0 と合計すると400円が生産者が享受できる余剰，生産者余剰と呼ばれるものになる（図表3-10）。

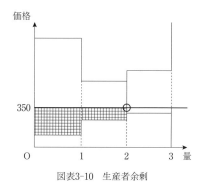

図表3-10　生産者余剰

消費者余剰と生産者余剰を足した大きさが社会的余剰であり，経済活動・経済政策の評価になるのである（図表3-8）。この貿易前の状況を自給自足と呼ぶ。

では貿易がはじまると何が起きるのだろう。この余剰はどう変化するのだろうか。ここで，我々の国がビールの市場において小国であるという仮定を置く。すなわち，我々の国は小さいので，世界の市場で取引されている価格に影響を及ぼすことができないという想定である。よって，世界の価格で買

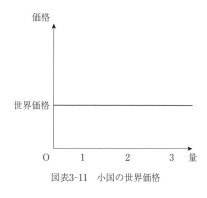

図表3-11　小国の世界価格

うか，売るかどうするかを決めるという決定をする。第 2 章で見たような江戸・明治期の日本は小国であったと想定してよいだろう。

基礎編

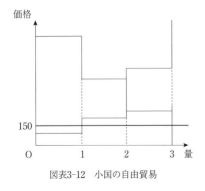

図表3-12　小国の自由貿易

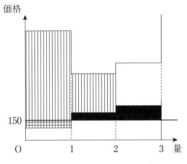

図表3-13　自由貿易時の社会的余剰

したがって，貿易をするとは一定の世界価格に直面するということであり，グラフでは，水平な世界価格の線に基づいて，買うか売るかの決定をするという形でとらえられる（図表3-11）。

もし世界価格が一杯150円であれば，国内生産者の供給量は1，国内消費者の需要量は3となる。結果，3－1＝2単位を海外から輸入する（図表3-12）。

この時の余剰は，消費者余剰が（1000－150）＋（600－150）＋（300－150）＝1450となり，生産者余剰は50となる。したがって，合計の社会的余剰は大きくなる。この社会的余剰が増えたことを貿易からの利益と呼ぶ。黒塗りの部分が貿易によって増えた余剰の部分であり，貿易の利益である（図表3-13）。

また，自給自足時に比べ消費者余剰は増加し生産者余剰は減少しているから，国際貿易に関して消費者と生産者の対立が起きうることも見て取れる。この点も実際には貿易を促進することが社会全体には望ましいが，貿易を阻害する政策がとられる理由の1つと言える。すなわち，生産者にとっては，利潤は企業の生存に不可欠なものであり，帳簿などの記録に残るものである。これに対し，消費者の嬉しさは記憶なので，記憶から記録を差し引いた純粋な嬉しさをいつまで記憶してられるだろうか。支払いはレシートなどで確認できるように記録に残っているが，我々の消費の評価はどの程度実感されているだろうか。経済活動の便益は我々消費者の取引から得た消費の評価にすべてかかっている。

消費者が貿易をどう考えているかについて，日本の1万人に対してアンケート調査を行い自由貿易などに対する意見をまとめたことがある（冨浦他 2013）。「いろいろな品物が安く買えるように輸入を自由化すべき」という意見に賛成

した人は過半数を超えており，消費者として貿易をどう意識しているかが分かる。また，その人が従事する産業で分類すると，輸入自由化に反対する傾向が高いのは農林水産業であった。生産者余剰という観点から，農林水産業は輸入自由化が進んだ場合に損害を受ける可能性が高いと考えられるため，そういった意見が多いと言える。

しかしながら，貿易自由化が議論される時は，農林水産業からに限らず多くの反対意見が表明される（椋 2020）。果たして消費者は貿易自由化からのメリットをちゃんと記憶しているのだろうか。輸入が消費者余剰の増加を生むという事実と，それを記憶して享受できるとかという人間の認識とにはズレがあるのだろう。この章でみた余剰分析は貿易の効果についての認識を明確にする点からも重要である。

最後に，この均衡分析のグラフはよりシンプルに描くことができることを紹介する。実際の経済では，この章で見たように消費者の数は3人ではなく，無数にあり，企業も多く存在する。消費者や企業が多い場合は，市場全体に比べて1人ひとりの需要量や供給量1単位は非常に小さい。よって1人ひとりの消費量1単位は，市場全体から見るとわずかな幅もしくは点で表される。市場全体からみるとわずかな消費量の多数の消費者が市場に順々に参加していくと，3人の消費者のケースと同じように右下がりに効用が描かれ，需要曲線も描かれることになる（図表3-14）。

3人の時と違い1人の消費量がわずかな幅で表されるため，俯瞰で見れば階段状ではなくスムーズな曲線もしくは直線に見える。顕微鏡で拡大すれば

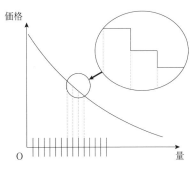

図表3-14 多数の消費者が存在する市場の需要曲線

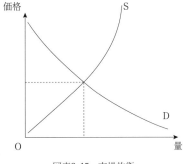

図表3-15 市場均衡

基 礎 編

そこは今まで通り階段状で表されている。各消費者は価格と対応する点まで需要し，生産者は供給する。均衡は需要と供給が等しくなる点で市場により決定されるのも同じである（図表3-15）。

　滑らかな需要曲線や供給曲線の特殊ケースとして，それらが直線の場合がある。その時には，計算問題として，需要関数と供給関数が与えられ，市場価格を求めさせるものがある。例えば需要量D，供給量S，市場価格がPの時に，需要関数D＝10－P，供給関数S＝Pが与えられ，均衡価格を求めよというものである。「関数」とは何かを投入したら，別のものを産出する関係を表すもののことである。需要関数とは，「価格」を投入したら消費者が考えて「需要量」を産出するという行動を表している。

　これは単にD＝10－PとS＝PとD＝Sから成る連立方程式を計算をするという以上に，我々に市場の役割を果たさせるという意味がある。すなわち，市場では消費者と生産者が価格を見て需要と供給を決定している。先ほどの需要関数は消費者が価格をみて需要量を決めるという行動を示しているから，より分かりやすくは，

　　D ← 10－P

という意味合いである。供給も同じで

　　S ← P

ということである。価格に応じて量を決定しているイメージである。では価格はどう決まるのか。価格は消費者や生産者には決められない。市場の役割として需要と供給が一致する点を見つけるのである。したがって，我々が市場となって需要と供給が一致する価格を見つけてあげるのである。

　　D＝S

という式は，バランスする（均衡する）ということを言い換えている。つまり等号がバランスの表し方なのである。

　D＝S⇔10－P＝Pであるから，10－P＝Pを解いてP＝5という均衡価格を求めるという作業は，単なる計算問題ではない。価格しかみえない消費者と生産者に対して，市場の役割として，需要と供給が一致するところを見つけ出してあげて消費者と生産者に提示して，均衡を成立させてあげるという問題なのである。

第3章　あなたは最近買って嬉しかった外国産の物を覚えているか？

**考えてみよう**

余剰分析を現実の市場でできるだろうか？例えば日本でビールの1年間の消費量をおよそ200万キロリットルとする。1リットルあたり1000円だとすると，1年間のビールの売り上げは1000円×200万キロリットル＝2兆円となる。もし需要曲線が直線で，グラフでの切片が2500円だとする。すなわち1リットルあたり2500円になると誰もビールを買わないという状況である。この時，消費者余剰は三角形の面積である（2500－1000円）×200万キロリットル÷2＝1.5兆円となる。何か自分で市場を見つけて計算してみよう。

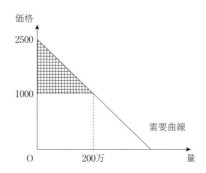

## コラム▶▶計算問題

余剰分析は貿易利益の計算の練習問題としてもよく用いられる。例えば第2章の最後の直線の需要関数と供給関数のケースを考えよう。

需要関数：$D = 10 - P$

供給関数：$S = P$

グラフでは需要関数はD，供給関数はSで表されている。自給自足時は需要量＝供給量の点で均衡するため，自給自足価格は5となり，取引量も5である。需要関数や供給関数が直線（線形と呼ぶ）であるから，消費者余剰は水玉の三角形の面積になる。底辺の長さが5，高さが5の三角形だから，$5 \times 5 \div 2 = 25/2$ が消費者余剰の面積である。生産者余剰も同様に縦線の部分の三角形の面積として求められる。

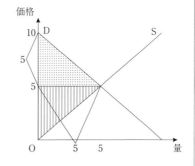

ここでもし世界価格が3であって，貿易が行われたとしよう。自給自足価格よりも世界価格の方が低いので輸入が生じる。消費者は世界価格に直面して行動するか

基 礎 編

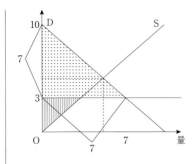

ら，結果として7単位の需要を行う。消費者余剰は需要曲線と世界価格の間の三角形の面積となり，これは底辺が7，高さが7の三角形だから，$7 \times 7 \div 2 = 49/2$ となる。輸入の際は消費者余剰が自給自足に比べて増加することが分かる。生産者余剰も同様に縦線の三角形の部分の面積として求められる。

　こういった計算は，単なる計算ではなく，市場取引から社会が得ている便益を明示する重要な確認作業であり，経済学を学ばない限り見逃されがちな点である。

# 第4章

# あなたが人より得意なことは何か？

[比較優位]

キーワード：比較優位　絶対優位　貿易パターン

---

あなたが野球とサッカーのチームを保有しているクラブチームのオーナーだとする。そして，とにかく観客をたくさん集めたい！と考えている。野球とサッカーの試合の合計の観客動員数があなたの関心事である。

そしてある時，野球チームとサッカーチームに助っ人を契約することができた。「明日と明後日の2日間だけの契約」ではあるが，「メッシ選手」と「大谷選手」と契約ができたとする。

その契約は，1日につき1試合の出場だが，大谷選手が2日とも野球をやりメッシ選手がサッカーを2日ともやるパターンだけでなく，明日は大谷選手は野球だが，明後日はサッカーをやってもらうこともできるし，逆にメッシ選手に明日はサッカーで明後日は野球をやってもらうということも可能である。

明日と明後日の，各選手の出場した場合と観客数は以下のようになる（図表4-1）。

| 明日 | メッシ選手 | 大谷選手 |
| --- | --- | --- |
| 野　球 | 1万人 | 5万人 |
| サッカー | 5万人 | 2万人 |

| 明後日 | メッシ選手 | 大谷選手 |
| --- | --- | --- |
| 野　球 | 1万人 | 5万人 |
| サッカー | 5万人 | 2万人 |

図表4-1　明日と明後日の観客動員数

明日と明後日の表の中の数字は同じである。ではあなたはどういう契約を結ぶべきだろうか？　どちらにしろ大きな観客動員が見込めるし，メッシ選手が野球したり大谷選手がサッカーしたりするのも見たいと思ったので，野球とサッカー交代で明日と明後日出場してもらったとする。

基礎編

明日：メッシ＝野球……1万人　大谷＝サッカー……2万人
明後日：メッシ＝サッカー……5万人　大谷＝野球＝5万人
野球＝合計6万人，サッカー＝合計7万人

　素晴らしい観客動員数である。しかし，観客動員数について，大谷選手はどちらが得意だろうか？大谷選手は，野球は5万人，サッカーは2万人を集客できるから，その比率をとると，野球／サッカー＝2.5であり，野球の観客動員の方が2.5倍「得意」と言える。
　同様に，メッシ選手は野球は1万人，サッカーは5万人であるから，野球／サッカーの比率は0.2となり，野球の観客動員はサッカーの0.2倍得意，つまり得意でないと言える。すなわち野球をやってもサッカーの20％の観客しか呼べないということである（当然ながらサッカーがどれくらい得意かで見れば，サッカー／野球＝5となり，サッカーの観客動員は野球の5倍得意と言える）。
　よって，「相対的に」得意な方は大谷選手はメッシ選手に対して野球であり，メッシ選手はサッカーと言える。相対的に得意な方に集中してもらうなら，メッシ選手＝明日も明後日もサッカー，大谷選手＝明日も明後日も野球となり，
明日：サッカー5万人，野球5万人
明後日：サッカー5万人，野球5万人
結果として集客は野球合計＝10万人，サッカー合計＝10万人となる。

　相対的に得意な方に集中することで，全体の観客動員数も13万人から20万人に大幅に増加する。この相対的に得意ということを「比較優位」と呼ぶ。比較優位のある活動に集中することで，全体として大きな便益を得ることができるのである。
　それぞれが自分の相対的に得意なことに集中することで世界全体が向上するというこのアイディアが比較優位のアイディアの根本である。あらゆる人は自分の絶対的でなく相対的に得意なことが異なっている。多様な我々が自分の得意なことを見つけることが社会に貢献することになるのである。
　この考え方を国同士の得意なことと，その取引である国際貿易で考えよう。得意というのは「生産性が高い」もしくは「費用が安い」と考えることができ

る。野球とサッカーでなく、「自動車」産業と「ソフトウェア」産業で考えてみる。そして日本とアメリカでそれぞれ労働者1人当たりどの程度生産できるか、その生産性を表してみる（図表4-2）。

|  | 日本 | アメリカ |
|---|---|---|
| 自動車 | 5 | 1 |
| ソフトウェア | 2 | 5 |

図表4-2　日本とアメリカの生産性

この表からは、日本は相対的に自動車の生産がアメリカに比べ得意ということが分かる。

　　自動車／ソフトウェア＝5/2＝2.5

逆にアメリカは相対的にソフトウェアが得意ということが分かる。自動車／ソフトウェア＝0.2であるから、自動車が相対的に苦手であり、ソフトウェア／自動車で考えると5/1＝5であり、ソフトウェアが相対的に得意と言える。

　各国に労働者が2人いて、日本とアメリカが全く取引をしない、すなわち自給自足の時を考えよう。日本もアメリカも自動車もソフトウェアも必要な産品であるから、1人は自動車を生産し1人はソフトウェアを生産すれば貿易しなくてもすべてまかなえることになる。結果、日本は自動車5、ソフト2、アメリカは自動車1、ソフト5を生産する。

　これに対し、それぞれの国が相対的に得意な方に集中して国際貿易を行う場合はどうなるだろうか。日本が労働者2人とも自動車を製造すれば合計10、アメリカは労働者2人ともソフトウェアを生産すれば合計10となる。先ほどの自給自足の時は世界全体で自動車＝6、ソフト＝7であったから世界全体の生産が拡大している。

　そして、日本の自動車4とアメリカのソフト4を交換すれば、日本は自動車6、ソフト4を得られ、アメリカは自動車4、ソフト6を得られるから、両方の国が自給自足の時よりも自動車もソフトウェアも多くを得られるのである。すなわち、貿易からの利益が生じている。比較優位をもつ財に生産を集中（特化）して貿易を行うことで、各国の経済状態が改善しているのである。

　時折国産ということが尊ばれるが、野球とサッカーの例と、この自動車とソフトウェアの例は全く同じである。世界の国は多様で異なっているから得意な産業も異なる。相対的に得意な生産に集中して貿易するということが世界全体だけでなく自分の国にも望ましいという原理を認識しておく必要がある。

基 礎 編

|  | 日本 | アメリカ |
|---|---|---|
| 自動車 | 1/5 | 1 |
| ソフトウェア | 1/2 | 1/5 |

図表4-3 日本とアメリカの実質的な費用を表す投入係数

図表4-2は，労働者1人当たりの生産量という生産性を表していたが，これを費用という観点から表すこともできる。すなわち，1単位生産するのに必要な人の数を考える。例えば日本は労働者1人で5台生産できるから，1台生産するには1/5人だけの費用でよいということである。よって先ほどの表を書き直すと図表4-3のようになる。この表の数値は「投入係数」と呼ばれ，一単位の生産に必要な生産要素の量を表している。この値が小さいほど必要な資源（ここでは労働）の量が少なくて済むため，費用が低い，生産性が高いと考えられる（図表4-3）。

これを用いて相対的な費用を考えると，日本の自動車/日本のソフト＝0.2/0.5＝0.4となる。これに対し，アメリカの相対的な費用は自動車/ソフト＝1/0.2＝5である。よって，日本は自動車はソフトに比べ40％の費用で済むが，アメリカでは自動車はソフトの5倍の費用がかかる。すなわち，相対的に日本は自動車の費用が安いから自動車に比較優位を持つとも言えるのである。

投入係数で考えることが便利な理由の1つとして，市場での均衡を想定して貿易の発生を考えられる点がある。ここで市場として競争的市場を考える。競争が激しい市場であるため，企業は収入と費用がちょうど同じ所でしか生産できない。1単位当たりの収入と費用で考えると，収入は価格×生産量であるから，生産量が1ということは1単位当たりの収入は価格と等しくなる。1単位生産にかかる費用は先の表の投入係数に賃金をかけたものになる。

投入係数×賃金

貿易を行う前には日本もアメリカも両方の財を生産するので，日本の市場は，

日本の自動車　価格＝費用　⇔　自動車価格＝(1/5)×賃金

日本のソフトウェア　価格＝費用　⇔　ソフト価格＝(1/2)×賃金

が成立する。賃金がどちらかの産業が高い場合には労働者はすべてそちらに移動してしまうから，両方の財が生産されている時は賃金は同一である。

よって，日本の自動車価格/日本のソフトウェア価格という相対価格は(1/5)/(1/2)＝2/5となる。同じことをアメリカでも考えると，アメリカの自動車価格/アメリカのソフトウェア価格＝5となる。すなわち，貿易を行う前

に日本とアメリカを比較すると，相対的に日本の自動車価格の方が安いことが分かる。したがって，相対的に安い財に生産を集中し，輸出するということが発生する。日本は自動車を輸出し，アメリカはソフトを輸出するという比較優位に従った行動がとられるのである。

　この例はあくまで比較優位の概念であり，実際の経済が比較優位に従って生産・貿易が行われているということではない。実際の経済でこのことを確かめるには，自給自足から自由貿易への変化を見る必要があるが，現代においては自給自足状態の国はほぼない。そこで，第2章でみた江戸から明治の日本を考える。鎖国という自給自足から開国という自由貿易に転換した際に，比較優位に従った貿易を行ったのだろうか。先の例から，自給自足時に価格が安い財を輸出し，自給自足時に価格が高い財を輸入しているかを確認することで，比較優位に従っているかどうか検証できる。

　データから

　　貿易時の価格 − 自給自足時の価格 ＞ 0

なら自給自足時の価格は安いから，

　　純輸出 ＝ 輸出 − 輸入 ＞ 0

になるはずであり，逆に

　　貿易時の価格 − 自給自足時の価格 ＜ 0

なら自給自足時の価格は高いから，

　　純輸出 ＝ 輸出 − 輸入 ＜ 0

となるはずである。

　すなわち，「貿易時の価格―自給自足時の価格」と「輸出―輸入」はプラスの関係にあるはずである。このことを，横軸は輸出−輸入，縦軸は貿易時の価格−自給自足時の価格とするグラフに表すと，横軸が大きい財は縦軸も大きい，横軸が小さい財は縦軸も小さいという右上がりの関係になるはずである。

　実際に輸出品であった絹（Silk），茶（Tea）や輸入品であった綿糸（Cotton Yarn），鉄（Iron）のデータをグラフに描くと，右上がりのプラスの関係が見て取れる。比較優位の原則に従って貿易が行われていることが確認される（図表4-4）。

基礎編

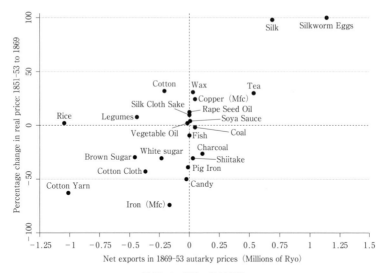

図表4-4 貿易の比較優位

（出所）Microeconomics Insights https://microeconomicinsights.org/gains-trade-evidence-nineteenth-century-japan/ （Bernhofen and Brown 2004）
縦軸：貿易価格―自給自足価格，横軸：輸出―輸入

|  | 日本 | アメリカ |
|---|---|---|
| 自動車 | 2 | 3 |
| ソフトウェア | 1 | 4 |

図表4-5 日本とアメリカの生産性

　ここまで比較優位という相対的な生産性を考えてきたが，絶対的な生産性はどういう役割を果たしているだろうか。実は絶対的な水準では生産性が低くても，特化して貿易することでより多くを保有できることがある。生産性の低い国で労働者が多い時にそういったことが可能であることを次の例で考える。1人当たりの生産性で日本はアメリカよりも両方とも低い。ただし日本は労働が4人，アメリカは2人存在するとする（図表4-5）。

　日本の労働者が4人，アメリカは2人であるから，自給自足で均等に産業ごとに労働を割り振ると日本は自動車を2×2人＝4生産，ソフトを1×2人＝2生産する。アメリカは自動車3×1人＝3生産，ソフト4×1人＝4生産となる。

　これに対して，比較優位がある産業に特化するならば，日本は自動車2×4＝8生産，アメリカはソフトを4×2＝8生産する。これで日本の自動車3.9とア

38

メリカのソフト3.9を交換するならば、日本は自動車4.1、ソフト3.9を得て、アメリカは自動車3.9、ソフト4.1を得ることになり、自給自足よりも多い状態が達成され、貿易により経済状態が改善する。絶対優位がない状態であっても比較優位にしたがって生産し貿易することの利益があるのである。

ここまで見てきた例は2つの財、2つの国という例であり、比較優位の始祖であるリカード（1817）の枠組みである。しかし現実には多数の国が多数の財を輸出・輸入している。財が2財よりも多いと比較優位のパターンが数多く表れて複雑化してしまうが、多数国・多数財で順序づけられた比較優位の表し方としてCostinot（2009）の方法がある。

先の例では、日本における自動車の生産性は2である。生産性が国の特徴と財の特徴に依存しているから、生産性Aを国と財の特徴の関数として表すと、

　　A（日本、車）＝2

となる。したがって、アメリカがソフトウェアに比較優位を持つというのは、相対的に生産性がアメリカではソフトウェアが高いということで、

　　A（アメリカ、ソフト）/A（アメリカ、車）＞ A（日本、ソフト）/ A（日本、車）

と表される。

ここで、財の表し方を、「ソフト」という形ではなく、数値で表すとして、$c$で示す。例えば$c$（ソフト）＝5、$c$（車）＝2というような順序がつく表し方をする。同様に、国についても、数値で表し、例えばアメリカは$d$＝3、日本は$d$＝2であらわされるとする。こちらも順序がつけられる番号である。

生産性がこの国の番号と産業の番号の関数であり、以下のような比較優位の性質を満たすとする：$c'>c$で$d'>d$の時、

　　A（$d'$, $c'$）/A（$d$, $c'$）＞A（$d'$, $c$）/A（$d$, $c$）

先ほどの例で言えば、$c'$＝ソフト、$d'$＝アメリカ、$c$＝車、$d$＝日本ということである。

これは、高い$d$の国は高い$c$の産業の生産性が相対的に高いということであり、比較優位の概念を表している。そしてこの性質は、2つの国と2つの産業で考えるだけでなく、どんな国を2つとってきて、どんな産業を2つとってきても成立する（（中国、バングラデシュ）（鉄鋼、繊維）など）。このような比較

優位の性質を満たす関数 A を，対数スーパーモジュラー関数と呼ぶ。

この対数スーパーモジュラー関数を最大にする値 c を c* とすれば，c* は d に関して増加関数であるという性質がある。すなわち，d＜d' ならば，それに対応する c*(d)＜c*(d') が成立する。これは高い d の国は高い c を持つという先ほどの比較優位の言い換えでもある。

なぜこの c* が増加関数という性質が重要かというと，市場が競争的である場合には，市場の均衡は利潤最大化によってもたらされるからである。産出1単位当たりの収入は価格×A で表され，生産性 A が対数スーパーモジュラー関数であると価格×A も対数スーパーモジュラー関数であるという性質がある。市場均衡では，競争的市場であるため，プラスの利潤を得ることができない。

$$利潤 = 価格 \times A - 費用 \leq 0$$

よって，利潤を最大にする時は利潤＝0 が均衡で成立する。すなわち，価格×A＝費用が成立する均衡でこの対数スーパーモジュラー関数は最大化されており，結果として A を最大にする c が d に関して増加関数になるのである。単なる比較優位の技術構造だけでなく，経済主体の行動からもたらされる市場均衡においても，高い d の国は高い c を生産するという状態が示されるのである。

では多数の国が存在し，多数の産業・財が存在する現実に，この比較優位のアイディアは当てはまるのだろうか。生産性が相対的に低い財は生産せず，相対的に高い財を生産するという比較優位に基づいた行動がとられているのだろうか。このことを確かめるには，本来は再びパラレルワールドを考える必要がある。生産性は生産が行われているから計測できるのである。生産性が低いから生産していない財の生産性が本当に低いか知るためには，生産が行われていない財の生産性を仮に生産していたらどうか？という形で計測する必要がある。相対的な生産性や生産量がデータとして存在しないため，通常こういったパラレルワールドの生産性は計測できないが，コスティノとドナルドソンは農作物に焦点をあてて，この生産性の計測を行った (Costinot and Donaldson 2012)。自然条件などから科学的に各地域の農産物の生産性を推定し，その生産性と実際の自然条件のデータから生産量を計算した結果，相対的に高い生産性の農産

第4章 あなたが人より得意なことは何か？

物を，相対的に多く生産しているという比較優位が成立していることが判明している。無数の財が存在する世界であっても，比較優位の考え方が重要なのである。

### 考えてみよう
日本が外国に比べて比較優位を持っている産業はなんだろうか？他の国ではどうだろうか？インドネシアやジブチが比較優位を持っている産業を考えることができるだろうか？

---

### コラム▶▶比率

　割り算とは常に嫌なものであり分子と分母どっちを気にすればいいのか混乱する。投入係数の比率 a1/a2 を見た時に，いったい1の係数を見ているのか，2の係数を見ているのか，分からなくなって嫌になる。

　しかし，普通に見れば分子に乗っている方を見るだろう。分母は下にあっていろいろ逆に考えなければならなくて難しいから。分子は a1 だから，この比率も基本的には1の投入係数を見ているのである。

　ではなぜ割っているのか。それは割っている方（分母）を基準としているからである。とりあえず物差しとして a2 を置いといて，a1 を考えましょうと比率は見ればよい。この基準とすると考え方は我々が通常やっている方法である。「3個で450円」と「2個で400円」という広告を見た時に，自然に「1個150円か」，こっちは「1個200円」と考えられるのは，450/3 と3個で割る，もしくは 400/2＝200 とする，すなわち個数1に基準化して考えているからである。

　a1/a2＝5 と a*1/a*2＝2 を比べたときに，a1 は（相対的に）a1* よりも大きいから投入がたくさん必要で費用が高いと考える。逆にしたら a2/a1＝0.2 で a2*/a1*＝0.5 であり，今度は分子が a2 だから2は自国は（相対的に）小さいから費用が低いとなる。

　比率で1つの値で2つのものを考慮できるのは便利である。しかし分子と分母をひっくり返すのは混乱しそうだ。これが為替レートではよく起きる。本書ではほとんど触れないが，為替レートとは通貨の交換比率であり，例えば1ドルに対して100円が交換されるなら，1ドル100円という為替レートになる。これはドルを基準にした比率である￥100/$。つまり2ドルを200円で交換できるならドルを基準に分母にすると ￥200/$2＝￥100/$1 となるからである。これは分子が自国（日本）の通貨で表しているから自国通貨建ての為替レートと呼ばれる。

41

基 礎 編

　これが逆になっても為替レートとして通用する。円を基準にした場合は，$1/¥100$であるから，$1/¥100＝0.01$という，0.01ドル1円という為替レートになる。外国（ドル）の通貨が分子で，自国通貨が分母で基準としているから，外国通貨建て為替レートと呼ばれる。

　為替レートはその変動が自国通貨建ての時には表記が増える，例えば1ドル100円が200円になると円安（減価）と呼ばれ，逆に1ドル50円と減る場合には円高と呼ばれる点も面倒である。円安は円の価値が安くなるという意味で，1ドルを基準としたときに1円1円の価値が安くなると1ドルを得るのに100円集めてきただけでは足りなくなり，200円分集めないと交換できないという意味合いがある。為替レートの場合は比率と基準という点と，変化の呼び方という点にも注意が必要である。

# 第5章

# 貿易は簡単に減らせるのか？

[貿易政策]

キーワード：輸入関税　死荷重損失　政治経済　操作変数法

---

　国際貿易は，社会の効率性を高め，社会的余剰を自給自足の時よりも大きくするという効果を持っていることを第3章で見た。しかしながら現実には様々な政策が貿易に関与し，貿易を阻害している。

　最も典型的な国際貿易政策は，輸入関税である。関税は国境を越える際に課される税であり，輸入関税は輸入した時に課される税金のことである。我々は，自給自足と自由貿易の状態を知っているが，現実に広く用いられている関税の影響についても知っておく必要がある。

　輸入関税の目的は，外国からの輸入財に対して税金を課し，国内に入った後の取引価格を上昇させることにある。これにより，外国産の商品を価格的に不利にして，国内の産業を保護するということが可能になる。歴史的な推移を見ると，世界の平均関税率と世界の貿易額は逆の関係にあることが分かる（図表5-1）。

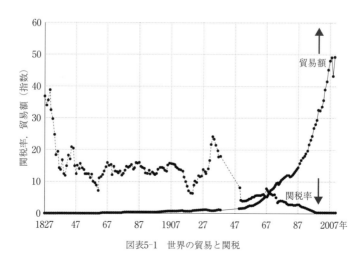

図表5-1　世界の貿易と関税

43

基礎編

　特に，1930年代ではその関係が顕著で，関税が下がった時期には貿易が上昇し，関税が上昇した時期には貿易が下落している（図表5-2）。

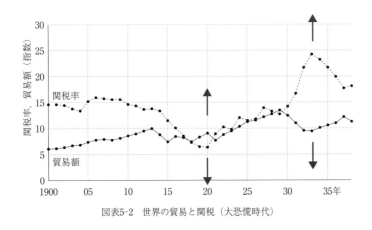

図表5-2　世界の貿易と関税（大恐慌時代）

　ここでは関税率と言う形で表現しているが，関税には2つのタイプがある。従価型と従量型である。従価型は商品の価格の一定割合を税として課すタイプである。1個100円の商品に10％の関税を課すと言うのは，1個につき100円×0.1＝10円の税がかかるということである。これに対し従量型は商品の量に対して課されるタイプであり，1キログラムにつき10円の関税ということは，1個10キロの商品があれば，その商品は1個につき10キロ×10円＝100円の関税を支払うということである。

　では，輸入関税を課したら社会全体には何が起きるのだろうか。輸入は減少するのか？　我々は第3章で用いた余剰分析を再び用いて，関税の影響を見ていく。消費者の需要と生産者の供給，そして世界価格の下で需要と供給が決定され，輸入（もしくは輸出）が決められる。ここでは，第3章の消費者や生産者が3人や3社といったケースではなく多数存在するケースを考える。

　消費者と生産者はこれまで通り価格を見て，売るか買うかを決める。自由貿易時には世界価格がPwであれば，輸入量がQd－Qs＝Mと決まる。需要曲線と世界価格の間の縦線の部分が消費者余剰，供給曲線と世界価格の間の黒塗りの部分が生産者余剰である（図表5-3）。

　ここで，この国が輸入関税を課したとする。ここでは従量型の関税を考える。

Pwは輸入1個につきの価格なので、一個につきT円の税を課したとする（従価型の関税，すなわち消費税のように商品価格のパーセントで税率を考える場合は，s＝0.1が10％で(1＋s)Pwとなる）。すなわち，国内で消費者や生産者がアクセスできる価格はPwそのものではなく，Pw＋T＝Pという価格になるのである。この価格の下で，消費者と生産者は需要量と供給量を決定する（図表5-4）。

いま消費者が直面しているのが関税込みの国内価格Pなので，消費者余剰は国内価格と需要曲線の間の面積であらわされる（図表5-5）。
生産者余剰も同様に，国内価格と供給曲線の間の面積である（図表5-6）。

関税を課すと，政府は関税からの税収を得られる。これは政府の余剰であるので，経済の余剰としてこの関税収入もカウントする。関税余剰は輸入量×関税率で求められるため，国内価格と世界価格の差が高さで，輸入量が底辺の長さの四角形の部分になる（図表5-7）。

輸入関税により輸入量が自由貿易の時に比べ減少していることが分かる。また，関税を課す前と比較すると，誰の余剰にもなっていない部分があることが分かる。これは関税を課して社会

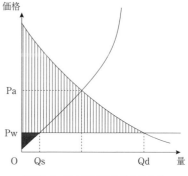

図表5-3 自由貿易時の社会的余剰

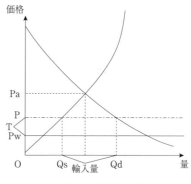

図表5-4 関税下の均衡

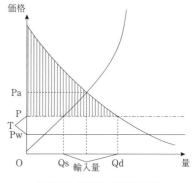

図表5-5 関税下の消費者余剰

基礎編

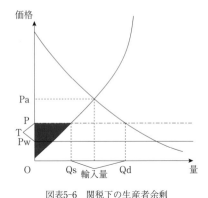

図表5-6 関税下の生産者余剰

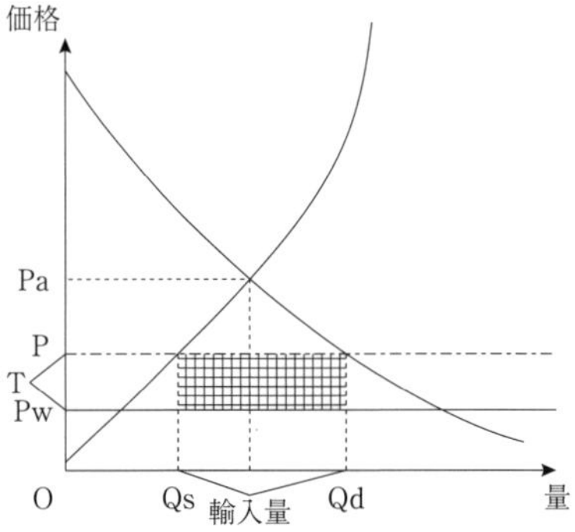

図表5-7 関税収入

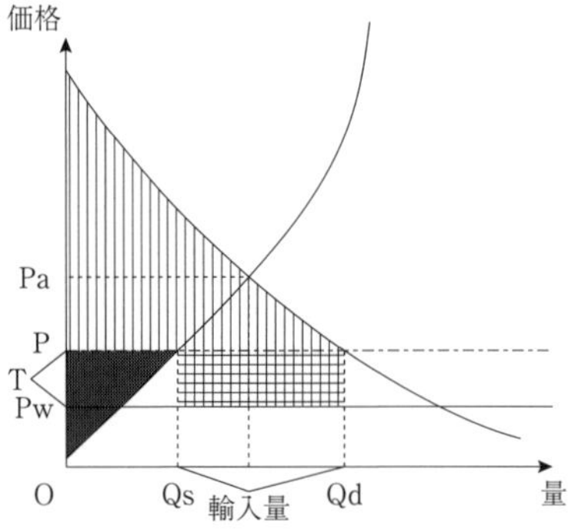

図表5-8 関税下の社会的余剰

の中から消えてしまった余剰の部分であり，社会にとっての損失である。このことを死荷重損失と呼ぶ。自由貿易から関税を課すことで，死荷重損失を生み出し，社会全体では効率性が低下することが分かる（図表5-8）。

図表5-9では死荷重の部分が2ヵ所表されており，左側は関税により非効率的な生産が拡大したことによる余剰の減少分である。右側は消費者がより高い価格で購入する必要が生じたことの非効率によるものである。

このような悪影響があるにもかかわらず，現実には輸入関税は世界で採用されている。主な理由として，途上国にとっては関税収入が重要な税収である点が挙げられる。また，他の要因として，政治的な活動が挙げられる。上の余剰分析から，輸入関税を課すことで，輸入からの競争にさらされていた企業は利潤が回復している。輸入関税による保護が機能していることが分かる。したがって，輸入競争を避けたい産業・企業は輸入関税をできるだけ高くしたいというロビー活動・政治活動を行うのである。

ロビー活動・政治活動と貿易障壁，貿易の関係を明らかにした研究としてTrefler (1989) がある。トレフラーはアメリカにおける貿易保護（関税や数

量制限（ある一定量しか輸入を許可しない）など）と貿易額の関係をしらべ，それらの間にマイナスの関係があるものの，非常に小さいことを確認した。すなわち，関税率が上昇したり，数量制限が導入されたりして，貿易保護の水準が上昇しても，貿易額はあまり下落しないという状態である。

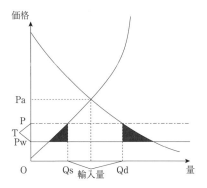

図表5-9　関税による死荷重損失

具体的には，貿易保護の水準として，非関税障壁が課されている製品の比率を考えている。すなわち，数量制限などの非関税障壁が課されている製品の比率が高い産業ほど貿易が保護されている，保護の水準が高いと考えるのである。例えば1983年の時に製造業で日本は7.7%の割合で非関税障壁が課されており，アメリカでは17.1%に課されている（木村・小浜 1995）。この指標を用いて，自由貿易の状態から現状（1983年時点）の保護の水準まで引き上げたとしても，輸入は2.5%しか減らないというのである。

このことは，貿易保護政策はそれほど気にしなくてもよい政策であるという結論を生みかねない。貿易保護として輸入関税を課したり，数量制限を行ったりしたとしても，その影響が小さいのであれば，好き勝手にそれらの政策を行ってもよいではないかと考えられかねないのである。データを見た時に実際に影響が小さいのであれば，保護政策について関心を持つ必要はないのかもしれないのである。

しかし，データを見たままで信じていいかという第1章の識別の問題がある。データにおけるプラス・マイナスの関係はそのままでは正確でない関係を表すことがある。そのことを，第1章と同じ，関税と輸入の関係でみよう。ここでの問題は，同時決定もしくは逆の因果関係と呼ばれる現象が存在することである。すなわち，輸入が多い産業ほど，貿易保護をもとめた政治活動により，貿易の保護水準を高く設定させる傾向にあるというものである。輸入の圧力に反応して国内産業が政治活動を行うならば，高い輸入関税や数量制限が導入されるであろう。

基 礎 編

　　関税↑ ⇒ 輸入額 ↓ （マイナスの関係）
　　輸入↑ ⇒ 政治活動 ⇒ 関税↑ （プラスの関係）
結果として，関税率と輸入額のマイナスの関係が弱められるという可能性がある。

第1章の関税と貿易の仮想例を思い出そう。

|  | 輸入関税率 | 輸入額（億ドル） |
| --- | --- | --- |
| アメリカ | 0.1 | 15 |
| 中国 | 0.6 | 12 |
| インド | 0.8 | 3 |

図表5-10　3ヵ国の関税率と輸入額（仮想例）

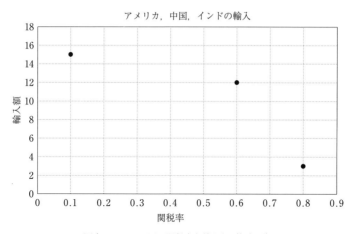

図表5-11　3ヵ国の関税率と輸入額（仮想例）

　上のグラフを見た時に，マイナスの関係がありそうではあるが，それほどはっきりしないと考える人もいるかもしれない。果たして正しい関係は何なのか，プラスなのか，マイナスなのか，それとも無関係が正しいのか，それを検証したい。
　第1章や第2章では自然実験というものを考えたが，他にも因果関係の識別の方法として操作変数法というものがある。これは，原因と結果がある時に，

# 第5章 貿易は簡単に減らせるのか？

「結果には直接影響しないが原因には影響する要因」を用いることである。ここでは，輸入に直接影響しないが関税に影響する要因を見つけ出すことである。これにより，関

|  | 輸入関税率 | 輸入額（億ドル） | 企業の数 |
|---|---|---|---|
| アメリカ | 0.1 | 15 | 18 |
| 中国 | 0.6 | 12 | 15 |
| インド | 0.8 | 3 | 3 |

図表5-12　3ヵ国の関税率と輸入額と大企業数（仮想例）

税にのみ直接影響する要因を用いることで，関税を通じて輸入に影響する経路のみを取り出すということを行うのである。

$$関税 \Leftrightarrow ? 輸入額$$

$$操作変数 \longrightarrow 関税 \longrightarrow 輸入額$$

　操作変数法で最も困難なことは，操作変数を見つけ出すことである。貿易保護に影響するが，輸入には直接影響しない要因は何だろうか？これは自分が分析対象としている国・産業・企業の歴史や制度を詳細に知らなければ見つけられないものである。トレフラーが考察した操作変数の1つは，大企業の数である。すなわち，大企業が少数存在している産業は，貿易保護を求める政治活動を協力して行いやすいだろう。これに対し輸入は消費者の行動の影響が大きいから，大企業の数そのものは直接は輸入額に影響しないと考えられる。

　　　企業の集中（大企業）⇒ 政治活動 ⇒ 関税 ⇒ 輸入減

そこで，仮想例としてアメリカ，中国，インドの大企業数を第4列に挙げる。そして，この企業数が関税率を通して輸入に与える影響を取り出すのである。企業の数という操作変数$Z$を用いて，関税$X$が輸入$Y$に与える影響

$$Z \longrightarrow X \quad Y$$

を取り出す操作変数法の結果は以下のように表される

　　$b" = \text{Cov}(Y, Z)/\text{Cov}(X, Z) =$ 貿易額と企業数の共分散／関税率と企業数の共分散

すなわち，企業数$Z$を通じて貿易額$Y$に与える影響と，企業数$Z$の関税率$X$との共分散との比率で，関税率が貿易額に与える影響を捉えるのである。これは第1章で見た回帰分析の直線の傾きとよく似ている。回帰分析の場合は，関税と輸入額の共分散がプラスかマイナスの方向・大きさを決定づけていた。

基 礎 編

ここでは，操作変数と輸入額の共分散で輸入額への影響を捉え，分母の関税と操作変数の共分散でその経路を捉えていると見てもよいだろう。

第1章の回帰分析では $Y=a+bX$ という関係を Y は貿易額，X は関税率としてこの直線の傾き b で捉えた。第1章の数値例ではこの関税と輸入額の関係は $-15$ であったが，操作変数法を用いると $-20.625$ と，よりマイナスの関係が強くとらえられることが分かる。

$$b'' = \frac{Cov(Y, Z)}{Cov(X, Z)} = \frac{[(貿易額-平均貿易額)\times(企業数-平均企業数)の合計]}{[(関税率-平均関税率)\times(企業数-平均企業数)の合計]}$$

$$= \frac{[(15-10)\times(18-12)+(12-10)\times(15-12)+(3-10)\times(3-12)]}{[(0.1-0.5)\times(18-12)+(0.6-0.5)\times(15-12)+(0.8-0.5)\times(3-12)]}$$

$$= -20.625$$

したがって，正しい関税の影響は，単に関税と輸入額の関係を見ただけでは弱く，操作変数法を用いることで，関税が大きく輸入額を下落させるというマイナスの影響が本当は強かったという結果が取り出せたと言える（操作変数法の詳しい説明は山本（2022）など参照）。

トレフラーは操作変数法を用いて（正確にはトービット二段階最小二乗法という操作変数法），貿易保護と輸入の関係を検証し，貿易保護が輸入を大きく下げる点を明らかにした。保護貿易の水準の同時決定を考えない時は，自由貿易から現状の貿易保護の水準に引き上げることで輸入額は2.5％しか減少しなかった。しかし，この同時決定の問題を考慮すると，輸入額は25％減少することが明らかになっており，貿易障壁の影響が極めて大きいことが分かっている。

**考えてみよう**

自分が消費している財の関税を知っているだろうか？税関のホームページで検索してみよう（実行関税率表の税率）。牛肉の関税はどれくらいか，衣料品の関税はどれくらいだろうか。

# 第 6 章

# 貿易は簡単に減ってしまうのか？

[貿易コスト]

キーワード：関税　氷山型コスト　輸送費

---

　貿易コスト（費用）とは，ある地点から別の地点に財やサービスを移動させる時に必要となる費用のことである。費用が高ければ移動の障壁となり，移動量すなわち貿易量は低くなるだろう。また，貿易費用が高ければ，たとえ同じ商品であっても，貿易費用を反映した価格は地点ごとに大きく異なるだろう。

　これらは地域間・国家間の効率的な資源の配分の障壁となりうる。それでは，いったいどういった要因が貿易コストに影響を与えるだろうか。貿易コストの要因として

　・輸送費

　・関税

　・保険料

　・情報収集

　・為替変動リスク

といったものがあげられる。輸送費は物理的に商品を移動する際にトラックや船舶を利用すればその運賃が費用となる。関税は第5章で見たように国境を越える際に課される税金であり，国家間の商品の移動の際に課されれば，費用と考えられる。また，商品を移動させる際に破損などに対応する保険の保険料も費用となる。情報収集というのは，別の国や別の地域の市場に商品を供給する際には，自国の市場に供給する際には必要とならないマーケティングなどの費用がかかるため，貿易コストとして情報収集費用が考えられるためである。これらの貿易コストがどういった大きさなのか，どういった影響をもたらすか知ることが，貿易の規模・変動を把握する上では非常に重要となる。

　貿易コストの推移として，海運の運賃を例にとれば，産業革命以後の輸送技術の革新が大きな影響を与えたものとして挙げられる。1870年から，グローバ

リゼーションの第一期と呼ばれる時代が起きたが、それは輸送技術の革新による貿易コストの低下が原因と考えられている。それまでは帆船で物資を輸送していたが、蒸気汽船により風に依存せず大規模な輸送が可能になった。結果として輸送運賃の下落が1915年ごろまで続き、貿易の拡大に寄与したと考えられている。

実際に、輸送運賃が下落する1870年代から1915年ほどまでの期間は貿易が拡大している。その後第一次世界大戦の影響で輸送運賃の急激な上昇と貿易の下落を見ているが、その後は再び輸送運賃の減少傾向と貿易の増加傾向が見られる（図表6-1）。

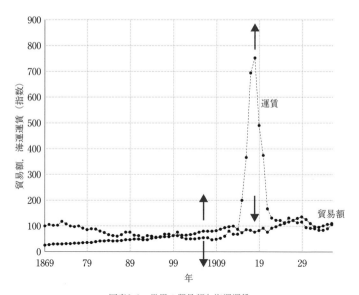

図表6-1　世界の貿易額と海運運賃
注：1869年を100とする不定期貨物線運賃指数と貿易額
（出所）Isserlis（1932）より筆者作成

また、第二次世界大戦後は、海運運賃の下落に対応して、世界の貿易は拡大している。様々な海運輸送運賃の指標では、原材料費・燃料価格の上昇や港湾の混雑などを反映して、それほど海運輸送運賃が下落していないという指摘もあるが、コンテナ船の登場により輸送時間の短縮などが可能になったため、単

なる輸送運賃の下落以上の効果が貿易にあったということも考えられている（図表6-2）。

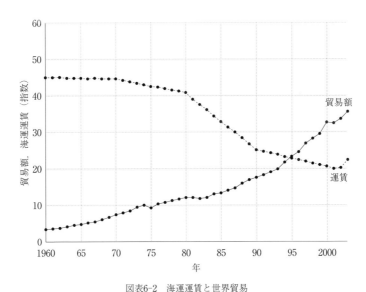

図表6-2 海運運賃と世界貿易
（出所）Our World in Data（https://ourworldindata.org/grapher/real-transport-and-communication-costs）より筆者作成

　これらから示唆されることは，貿易コストの低下と貿易の上昇が関係しており，貿易コストが国際貿易の重要な要因となっているということである。
　詳しく貿易コストの影響を見る前に，貿易コストのタイプを分類しておく。関税の分析を行った第5章では，従量型と従価型という関税のタイプを紹介した。貿易コストも同様に考えることができる。価格の割合として表される従価型は，高価な商品は貿易コストが高くなる性質を表しており，例えば保険料などはそういった特徴を持つ。運賃については，例えば一トン当たりの運賃が定められていれば，量に応じて決まる従量型の貿易コストと考えることができる。
　そして，この従価型という特徴を持った貿易コストの表し方として，氷山型という特殊な表し方がある。これは氷山が移動する間に溶けてなくなってしまうという類似から名付けられていて，例えば日本からアメリカに輸送すると20％溶けてなくなってしまうことを貿易でかかった費用と捉える方法である。つ

基礎編

まり，日本で1個作った財をアメリカに輸送すると，20%溶けて，80%しか届かないという状況である。

1個　→　0.8個

これがなぜ貿易費用として考えられるかというと，例えば自動車を1台100万円で販売しているとする。すると，1台100万円で出荷したものの，アメリカに着いた時は0.8台分しかないので，0.8台分を100万円で売ることになる。しかし0.8台分では売れないので1台分に直すと，0.8を1.25倍すれば1になるので

　0.8台分＝100万円：

　1台分＝125万円

1台分は125万円になるということである。この25万円は輸送の際に上乗せされた金額であるので，輸送にかかった貿易コストとして考えることができるのである。

　1台（100万円）→　0.8台届く　（100万円）……1台につき125万円

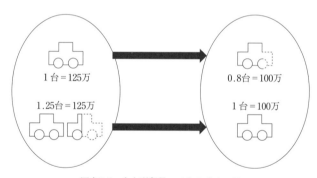

図表6-3　氷山型貿易コストのイメージ

　同じことであるが，1台100万円の自動車を1.25台分だけ作ったとする。1.25台分なので125万円である。アメリカに輸送している間に1.25台分の20%すなわち0.25台分だけ溶けると，届くのは1台分であり，100万円で販売できる

　1.25台　→　1台届く　……　1台100万円

　つまり，輸出している日本での価格に，(1/0.8)＝1.25をかけたものが，輸

入国アメリカでの価格になり，25％だけ価格が高くなった分が貿易費用である。一般的には，「g」だけ貿易時に届く（先の例では0.8）とすると，送った先での価格はその貿易コストの分，すなわち1/g倍だけ高くなる（1/0.8＝1.25）

$$\frac{P_{日本}}{g} = P_{アメリカ}$$

輸出国での価格はしばしばFOB（Free On Board）価格と呼ばれ，輸入国の価格はCIF（Cost Insurance Freight）価格と呼ばれ，$P_{日本}$がFOB価格，$\frac{P_{日本}}{g} = P_{アメリカ}$がCIF価格であるということもできる。

輸出国の価格が1.25倍といった形で上乗せされる価格の変化は，金額に対して課される関税である従価税としても解釈できる。すなわち，自動車の関税が25％，すなわち100円あたり25円かかるとするならば，日本で100万円の自動車は，アメリカに輸送されると関税がかかって125万円になるからである。一般に関税率を$\tau$（タウ）で表し，$\tau=1.25$ならば25％の関税という形で考えるならば，先ほどの氷山型と同じように表すことができ，$\tau=1/g$と言える。すなわち，$P_{日本}$がFOB価格で，$P_{日本}\tau = P_{アメリカ}$はCIF価格ということである。

このFOBとCIFの違いは，企業の収入の点から見ることもできる。企業は価格×量だけの収入を得る。収入について

$$\frac{P_{日本}}{g} \times X$$

という表し方では，$\frac{P_{日本}}{g}$が輸送されて溶けた分を1台分になおした価格を表し，Xは輸送先でのアメリカでの販売量を示している。もしg＝0.8であれば，P日本/g＝125万円であり，125万円で1台販売して収入を得るということになる。もちろん溶けた分は収入にはならないので，125万円で販売しているが，そのうち25万円分は費用である。

同じものを（1/g）の位置をずらして

$$P_{日本} \times \frac{X}{g}$$

とすると，1台100万の価格で（1/0.8）＝1.25台分だけ生産したという読み方

に対応する。すなわち，日本で $(1/g)$ 台分だけ作って（1.25台分だけ作って），0.25台分は溶けて1台分を売るということである。こちらも0.25台分は溶けてなくなっているので，その分は費用に対応している。非常に変わった形での貿易費用の表現ではあるが，経済分析の際に便利であるとしてこの氷山型という表し方はしばしば用いられる。

貿易コストの影響の分析に戻ろう。貿易コストの分析には重要な点が2つある。それは貿易コストの測定の問題と，貿易コストの影響の識別の問題である。

ポイント1　どうやって貿易の費用を測定するのか
　　輸送運賃だけでない様々な観測できない費用
ポイント2　貿易コストが貿易額に与える影響をどう識別するのか
　　因果関係は明らかか？

当然ながら貿易コストの要因は輸送費だけではない。したがって，世界各国の運賃のデータなどを収集するだけでは不十分である。では2点間の取引にかかるコストを表すにはどうすればよいだろうか。2つの地点の間を表すものとして，2点間の距離がある。この距離を貿易コストを代理するものとして考えるのである。距離が遠ければ輸送費は当然高くなると考えられるが，同時に情報収集などに人材を派遣するといったことを行えば，より遠距離の方が費用がかかる。したがって，輸送費に限らず一般的な貿易コストを距離は反映すると考えられるのである。

応用編第2章で詳しく紹介するグラビティモデルは，二国間の貿易額が，各国の経済規模に比例し，距離に反比例するという関係を基本としている。すなわち，距離が貿易コストを反映しており，距離が遠い＝貿易コストが高いため，貿易額はその際には下落すると想定するのである。具体的には国iと国jの間の貿易額は各国のGDPのa乗（もしくはb乗）に比例し，距離のc乗に反比例する。

$$貿易額_{ij} = \frac{GDP_i^a \, GDP_j^b}{距離_{ij}^c}$$

例えば，東京—ニューヨーク間の大圏距離（球体である地球上を移動する時の最短距離）は1万872キロであり，東京—北京間は2100キロである。当然ながら東京から北京の方が近いので，貿易コストは低いと考えられるのである。

貿易額と距離の関係を表したグラビティモデルの多くの研究では，距離が1％伸びると貿易は1％減るという関係を示しており，距離の影響が大きいことが分かる。輸送技術や情報通信技術の革新により，遠隔地との交流は容易になったと考えられるため，距離の影響が大きいことは不思議な現象と考えられる。したがって，距離が単なる輸送費などの貿易費用だけでなく，文化の違い・制度の違いといった点も反映している可能性もある。歴史的に距離が近い国は文化的・制度的な関係も近いが，距離が遠い国はそういった点も異質であると，貿易する際にも追加的な障壁になりうるのである。

距離で多くの貿易コストを表すことができるとしても，距離の影響が正しく識別できているかという問題がある。貿易コストが低い国同士で貿易額が高いという関係は，貿易費用が原因であり，貿易額が結果である。

貿易費用↓ → 貿易額↑

しかしながら，貿易が経済に好影響を与えるとするならば，各国は貿易費用を下げて貿易を活性化するかもしれない。

貿易を多く行いたい → 貿易費用を下げる

したがって，同時決定もしくは因果関係が逆である可能性がある。実際に，関税の引き下げや通関手続きの簡素化，鉄道や橋の建設，港湾の整備といった政策により貿易を促進するために貿易コストの削減を実施している国も多い。

そのため問題は，因果関係をどうやって取り出すかという点である。第1章や第2章でみたように，因果関係を捉えるためには，外生的な要因を考える必要がある。すなわち，貿易費用が貿易とは関係ない要因で急変した例が存在すればよい。

外生的に貿易費用が急変 → 貿易額の変化

これにより，逆の因果関係や同時決定の問題がなく，貿易コストの貿易額への影響を考えられる。

貿易コストの外生的な変化を考えたものとして，中東エジプトのスエズ運河での，軍事紛争による運河の閉鎖の例がある。スエズ運河は1869年に開通した

基礎編

ヨーロッパとアジアを繋ぐ重要な運河である。これにより南アフリカの喜望峰を回ることなくヨーロッパからアジアに船舶が通行することが可能になった。ロンドンからシンガポールまで喜望峰を経由（破線）すると約2万5000キロかかるところが，スエズ運河を利用（点線）すると約1万5000キロに短縮された。

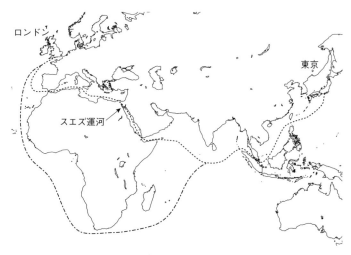

図表6-4　スエズ運河経由と経由しないルート

　このスエズ運河が経済的でない要因で閉鎖されたことがある。エジプトなどアラブ諸国とイスラエルが6日間戦争と呼ばれる紛争を1967年6月5日～10日に経験し，エジプトがスエズ運河を閉鎖するという事態に陥った。その後1975年6月5日に再開されたが，閉鎖された間は海運での輸送距離は急増した。結果として費用（燃料，人件費，保険料）や運送に必要とする時間がかさんだのである。そしてこれは，経済的要因からは外生的なものと考えられるため，

　　貿易コストの変化（↑）　→　貿易額の変化

という貿易コストの影響を識別するのに適しているのである。
　ではスエズ運河の閉鎖により貿易額がどう変化したのだろうか。スエズ運河ではなく南アフリカを回って移動するため貿易の距離が拡大した結果，1％距離が伸びると0.5％貿易額が減ることが明らかにされたのである（Feyrer 2021）。
　現代では，グローバリゼーションの第2期（第1期は1870年以降）と言われ，

第6章　貿易は簡単に減ってしまうのか？

国際的な取引が拡大すると同時に，海運だけでなく航空輸送の発展もそのグローバリゼーションに寄与していると考えられている。1980年以降のアメリカ発着の航空輸送運賃は下落傾向にあり，より高額で配送時間の短縮が重要な商品の航空輸送が進んだ（図表6-5）。

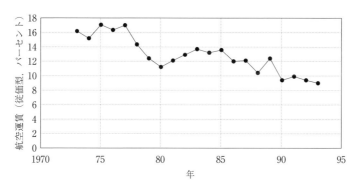

図表6-5　航空運賃（従価型，パーセント）
（出所）Hummels（2007）より筆者作成

また，物理的な移動手段の技術革新のみならず，情報通信技術の発展と普及は，情報コストに関連した貿易コストを下げ，貿易の拡大に繋がっていると考えられる。遠隔地の情報を容易に獲得できるデジタルデータの移動は，貿易の拡大に寄与すると考えられると同時に，プライバシー保護などを理由に国際的なデータ移動を制限する政策も考えられる。貿易コストの問題は，物理的移動のみならずデジタルな対象物の移動についても考える必要がある。

*考えてみよう*

情報技術の発展により遠隔地とのコミュニケーションは容易になった。このことが貿易コストに与える影響を考えることができるだろうか。今後どういった技術革新があれば貿易コストが低下するだろうか？

---

コラム▶▶帆船と蒸気船

海運の貿易コストの影響については，蒸気汽船の発明が19世紀後半の貿易の拡大

をもたらしたとも言われている（Pascali 2017）。19世紀後半に蒸気汽船が導入された後も輸送運賃はそれほど低下しなかったため，蒸気汽船の影響はそれほど重要でないという考え方もあるが，蒸気汽船と輸送運賃の関係には除外された変数が多く存在する。輸送能力の高まりに応じて輸送需要が急上昇すれば運賃はむしろ上昇圧力を受けるだろう。また，輸送会社間のカルテルの存在により運賃が下落しないという可能性もある。

そのため，帆船と蒸気船の違いに着目することで蒸気汽船の影響を取り出す事ができる。帆船の場合は風向きに依存した経路で長期間の輸送時間がかかったのに対し，蒸気汽船ではそういった問題がない。蒸気汽船により輸送時間がどう下落したかに着目すると，輸送時間はほぼ半分に短縮された。その影響が貿易の拡大に寄与したことは疑いなく，19世紀後半の貿易の拡大の半分は蒸気汽船の発明がもたらしたと考えられる。

## 第7章

# 国内で威張っているかれらにプレッシャーを与えるには？
[独占市場と貿易]

キーワード：限界収入　低供給量と高価格　死荷重損失

　第3章では市場取引の分析を通じて，国際貿易が経済にどういう影響をもたらすか明らかにした。具体的には，消費者余剰・生産者余剰といった概念を用いて，国際貿易により社会的余剰が増大することを示した。

　本章ではその際の前提条件について考えよう。何が前提条件だったか。実は様々な前提条件があったが，そのうちの1つに完全競争市場というものがあった。消費者や生産者は，市場の価格を見て，買うか買わないか，売るか売らないかを決定した。これは，「完全競争＝競争が激しい」ので他の人を出し抜いて安く買ったり高く売ったりすることができないため，市場価格を受け入れるという受け身の立場であるという前提である。

　しかし，現実には企業は受け身ではなく価格を釣り上げたりすることが可能である。ではそういった市場はどうやって分析すればよいのだろうか。ここでは独占市場という市場の分析の方法を見よう。

　独占市場とはある市場で生産者が一社だけの状態を言う。実際に独占市場である例としては，1995年以前の電力やガスが挙げられる。地域で電力やガスを供給できる企業は1社のみとなっていた。したがって，競争相手が多く競争が激しい完全競争市場とは真逆の状態と言えるだろう。独占市場で供給する生産者を独占企業と呼ぼう。競争相手がいない独占市場では，独占企業は自由に価格を設定することができる。ただし，消費者の行動を無視することはできない。独占企業は消費者の行動を考慮に入れて，自分の利潤を最大化するように価格と販売量を設定するのである。

　消費者の行動を考慮に入れると言うのは当たり前のように聞こえるが，重要な経済学的概念を用いる必要がある。それは「限界収入」である。第3章で「限界費用」と言った用語で，「限界」については見た。「限界」が意味するこ

とを述べると，それは「どこかを基準としてそこから追加的な一単位」と言う意味である。よって「限界収入」は追加的な一単位から得られる追加的な収入のことである。

なぜ「限界収入」が重要か。それは独占企業の生産量の決定を決める要因だからである。ステップ・バイ・ステップで独占企業は最適な生産量を決めようとする。すなわち，ある生産量から追加的な生産を行うべきかどうかを考える。その時の限界費用は追加的な生産にかかる費用である。その追加的な生産から得られる収入が限界収入である。よってもし，限界収入＞限界費用であるならば，追加的生産から得られる収入の方が費用よりも高いので，利潤が得られる。利潤が得られるのであれば当然生産を拡大する。よって，限界収入がどうなっているかが独占企業には大問題なのである。

では限界収入を見てみよう。消費者が3人の市場を考えてみる。第1単位目の消費者Aは1000円で購入，第2単位目の消費者Bは600円，第3単位目の消費者Cは300円で購入すると考える。限界収入とは，「ある基準から追加的な生産による追加的収入」であるから，まず基準として生産していない所，生産量＝0を考える。ここから追加的生産を行うということは，一単位を生産して，消費者Aが購入するから1000円の収入が得られるということである。

　　追加的生産からの収入－基準での収入＝1000－0

であるから，限界収入は1000円である（図表7-1））。

ステップ・バイ・ステップで，1単位生産している状態から2単位目を生産するかどうか考える。この時，独占企業は右下がりの需要曲線に直面している。すなわち，2単位販売するためには，価格を600円まで下げる必要があるのである（前提として生産者側はAさんBさんどちらが高い限界効用を持つ消費者か外見からは分からないと言うものがある）。

つまり，独占企業はライバル企業はいない代わりに，消費者の行動を考慮に入れて価格を低く設定する必要がある。では2単位目の限界収入はどうなるだろう。

　　2単位生産からの収入－1単位生産からの収入＝600×2－1000＝200

となる。すなわち，2単位目を売る時の一個あたりの価格である600円よりも限界収入は低いのである。これは，販売量を増加させるためにはこれまで販売

していたもの（Aさんに販売していた量）の価格も下げる必要があるという影響から生じている。

では3単位目の限界収入はどうだろうか。3単位目を販売するためには一個あたり300円で販売する必要があるので，

　　3単位生産からの収入 − 2単位生産からの収入 ＝ 300 × 3 − 1200 ＝ − 300

となる。よって限界収入はマイナスの値となる。限界収入曲線は図の点線で表されている。限界収入曲線は需要曲線よりも下に位置していることが分かる（最初の1単位目の限界収入曲線は正確には需要曲線と重なっている（図表7-1））。

独占企業はこの限界収入と自分の限界費用を比較して，ステップ・バイ・ステップでどの程度生産するか決定するのである。グラフに表されているように，限界費用は1単位目は100円，2単位目は300円，3単位目は700円であるとする（図表7-2）。

まずそもそも第1単位目を生産することで利潤を挙げられるであろうか？

　　1単位目の限界収入 − 1単位目の
　　限界費用 ＝ 1000 − 100 ＞ 0

プラスの利潤を獲得できるため，1単位目を生産するだろう。

では独占企業は第2単位の生産を行うべきだろうか？

　　2単位目の限界収入 − 2単位目の限界費用 ＝ 200 − 300 ＜ 0

よって2単位目を追加的に生産することで，追加的な利潤は得られない。であれば2単位目は生産するべきではない！　よって独占企業は1単位だけ生産するのが最適となる（図表7-3）。

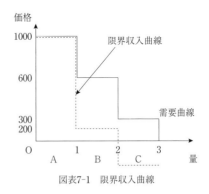
図表7-1　限界収入曲線

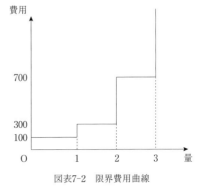
図表7-2　限界費用曲線

基 礎 編

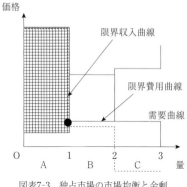

図表7-3 独占市場の市場均衡と余剰

すなわち，グラフでは限界収入曲線と限界費用曲線が一致する黒丸の部分で生産を行うのである。

注意すべきは，価格はどうなるかという点である。独占企業は利潤を最大にしようとする。よって，販売できる最大の価格を設定しようとする。生産量が１の場合にどの価格が最大かというと，それは1000円である。よって，この独占市場では，１単位の生産が行われ，価格は1000円となる。生産者余剰は1000円－100円となり，900円。消費者余剰は1000円払って1000円の効用を得るから０円であり。社会的余剰は900円になる。グラフの格子状の部分が生産者余剰の部分となる。

この市場が仮に競争的であれば何が起きただろう。競争的市場では，需要と供給が等しくなる所で市場価格が決定され，その価格で取引が行われる。よって需要と供給は２単位の時に一致し，その時の価格は例えば500円となる。消費者余剰はＡさんは1000－500＝500，Ｂさんは600－500＝100となる。この合計が消費者余剰であり，グラフの縦線の部分で表されている。生産者余剰は500－100と500－300となり，グラフの格子状の部分である。よって独占により余剰は300円分小さくなるのである。このように余剰を比較することで，独占市場の弊害が明らかになる。独占市場は独占企業が利潤を最大化するために，売り惜しみをして価格を釣り上げるということを行っている。結果として余剰も小さくなる。独占のケースの余剰の大きさと比較してみれば，競争的市場ならば社会余剰となっている部分が独占では死荷重として失われてしまっていることが分かる（図表7-4）。

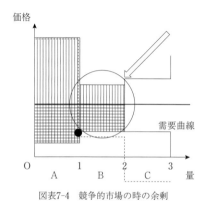

図表7-4 競争的市場の時の余剰

ではこの市場で貿易を開始するとど

うなるだろうか？　仮に世界価格が150円だとしよう。この企業は国内では独占市場であるが，世界市場は大きく世界価格でいくらでも売り買いができる状況である。よって世界価格が150円であれば，その価格で輸入が起きる。消費者はもう独占企業から高い1000円という価格で購入する必要はない。国内独占企業は貿易が開始されると1000円という価格で販売できず，消

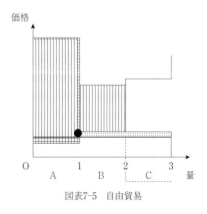

図表7-5　自由貿易

費者は世界価格より高い価格では購入してくれないから，競争的市場の企業のように150円という価格に直面して行動することになる（図表7-5）。

　結果として貿易により，競争的市場が貿易により得る貿易からの利益（水玉の部分）に加え，独占の弊害で失っていた死荷重の部分まで貿易で解消されることになる。よって国内独占の市場は貿易を開始することで得る利益が競争的市場の時よりも大きいのである。国内独占企業にプレッシャーを与え，市場の効率性を達成するために貿易はよい手段である。

　最後に，独占市場を考える際に便利な特徴のある市場を考える。それは需要関数が線形，すなわち需要曲線が直線のケースである。縦軸が価格（P）で横軸が量（Q）のグラフなので，$P = a - bQ$ という逆需要関数を考える（需要＝の式は需要関数と呼び，その逆である価格＝の式で表される需要関数は逆需要関数と呼ぶ）。切片が a で傾きが $-b$ で表される直線である。このような需

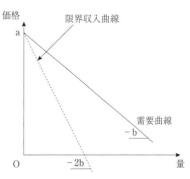

図表7-6　線形の需要関数の時の限界収入曲線

要曲線が直線の時には，限界収入曲線は切片が同じで傾きが2倍となる。よって $MR = a - 2bQ$ となる（図表7-6）。

　もし限界費用が一定の独占企業を考えるならば，$MC = 1$ の独占企業は，MC

65

基礎編

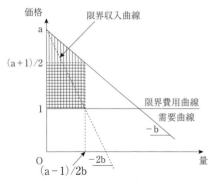

図表7-7 線形の需要関数の時の独占市場の均衡と余剰

＝MRの所で供給量を決定するため，$Q=(a-1)/2b$ となる。そしてその時の価格は $a-b(a-1)/2b=(a+1)/2$ となり，計算問題として使われうるものである。この時の消費者余剰はグラフでは縦線の部分であり，生産者余剰は格子状の部分である。これらも三角形や四角形の面積として容易に求められる（図表7-7）。

> 考えてみよう

市場をただ1社で供給しているという市場を見つけることはできるだろうか？概念としては明確な独占市場というものを現実に見つけることができるだろうか？

---

### コラム▶▶直線の需要曲線の時の限界収入

なぜ直線の需要曲線の時は限界収入が逆需要曲線と切片同じで傾き2倍になるかというと，収入を微分したものが限界収入であるためである。収入は価格×量であるから，

　　収入 $= PQ = (a-bQ)Q = aQ-bQ^2$

となる。これを微分すると

　　限界収入 $= dPQ/dQ = a-2bQ$

となる。もともとの逆需要曲線が $P=a-bQ$ であったから，$MR=a-2bQ$ となり，切片が同じで傾きが2倍となる。

## 第8章

# 貿易でもたらされる豊かさとは？
### [製品差別化と独占的競争]

キーワード：差別化財　独占的競争　バラエティの拡大

　第2章や第3章で我々は貿易の効果について見てきた。交易条件が改善する，社会的余剰が増加するといった効果が貿易にあり，我々の経済状態を改善することを確認してきた。そこでの前提条件は，貿易をしていない状態で消費・生産している財を貿易開始後も消費・生産し続けるというものであった。

　貿易の影響はそれに留まらない。貿易によって我々はこれまで消費できなかった新しい製品が入手できるようになるという効果も享受できる。例えば食事について，和食だけでなく，中華やフレンチ，イタリアン，インド料理など様々な料理を楽しむことで我々はより豊かな生活を送ることができる。車であってもトヨタとホンダだけでなく，メルセデスやヒョンデといった車を好みそれらが入手できることで便益を得るだろう。様々な商品をバランスよく消費することで我々の経済状態は改善するのである。

　このことは，ほどほどがよい我々の選好・好みから生じている。第3章で右下がりの需要曲線を見た時に，限界効用の逓減という消費者の選好の特徴を見た。多く消費すればするほど，追加的な消費から得られる効用は小さくなる。よって，あまり1つのものを消費しすぎるのではなく，バランスよく消費することでトータルの効用を高めることができる特性を持つ。

　国内と海外で同じものを生産・供給している時は，貿易の効果は第3章のような余剰分析で測ることができる。そして国内と海外の財が別のものであれば，それぞれの財をバランスよく購入することで便益が生じるのである。よって，多様な財の効果を見る際には，我々は別々の財，すなわち「差別化された財」を考えていることになる。それぞれの差別化された財のまとまりをバラエティ（variety）と呼ぶ。バラエティが大きいほど，より細かくバランスよく消費することになり，我々の効用・便益は高まる。

基礎編

　企業にとっては，差別化された財は文字通り他の財とは別のものであるから他の財よりも価格が高くてもすべて顧客を奪われるわけではない。すなわちある程度の独占力を自分の財に持つということが言える。とはいえ完全な独占市場とは異なり，似たような商品を作っているライバルが存在するので，差別化財の市場は独占的競争と呼ばれる市場構造を持つと考えられる。

　独占的競争は独占と呼ばれているように企業が価格支配力を持ち，価格を操作できる状態である。しかし別の差別化財を生産している企業と競争しているので，基本的にはプラスの利潤を生むことが難しい。もしプラスの利潤が生まれているならば，その産業に競争相手が参入してくるからである。よって市場の分析のグラフは独占に非常に近いが，利潤がゼロという状態を考えている点が違う。利潤がゼロという状態は，収入＝費用という状態である。

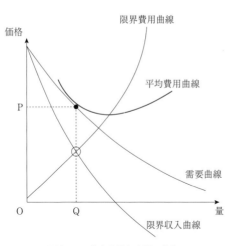

図表8-1　独占的競争市場の均衡

　市場分析のグラフでは縦軸に価格，横軸に数量で表すので，この利潤ゼロの関係式を両辺数量で割ることで，収入／数量＝費用／数量となり，これは価格＝平均費用という関係になる。よって，独占的競争企業は限界費用曲線と限界収入曲線が一致する白丸の所で生産量を決定し，それに対応する黒丸の部分の高さの価格を設定する。そして，平均費用を平均費用曲線として表すと，価格と平均費用が一致する黒丸の所で均衡となる。差別化財のそれぞれの市場ではこのような状態が達成されると考えるのである（図表8-1）。

　そうは言っても，例えば食事では，ご飯と梅干しであればほどほどではなくていくらでも食べられる，という人もいるだろう。そのような考え方をする場合であっても多様性からの利益は生じうる。それは貿易によって増える新商品を，あたかも新商品が生み出されたと考えることで分かる。余剰分析の消費者

の行動を考えよう。消費者は価格を見て，どれくらい消費するか決定し，直面する価格と需要曲線の間の面積が消費者余剰であった。もし価格が高すぎると，消費者の需要はゼロになりうる。この消費者の需要がゼロになる価格を留保価格と呼ぼう。

貿易をしていない状況では，いわば外国の新商品は財を消費できない状況であったと言える。よって価格が留保価格の水準で需要が0というのが貿易をしていないスタートラインの状況となる。ここから，貿易によって需要がプラスとなるというのは，価格が留保価格よりも下がって消費者がプラスの消費をするよ

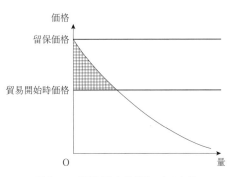

図表8-2　留保価格と新商品による余剰

うになったと捉えられる。したがって，貿易前に比べると，社会の余剰は増加しており，経済状態が改善したと言えるのである（図表8-2）。

では実際に貿易によってバラエティは拡大し，経済状態は改善したと言えるのだろうか。図表8-2はひとつひとつの財が利用可能になったことで消費者の便益が実現するという効果を表している。現実には多数の財を輸入しており，貿易全体でどの程度の効果を持つかについては，何らかの形でバラエティ拡大の効果を集計する必要がある。

この点について，貿易データの価格を集計する方法として，物価指数を用いたものがある（Feenstra (1994), Broda and Weinstein (2006)）。物価指数とは我々の生活で購入している無数の財に対する平均的な支払いを示している。そして，「指数」とは，実際に支払った金額ではなく，ある基準を作りその基準からどの程度変化したかを表したものである。

$$物価指数 = 今の生活費 / 基準時の生活費$$

例えば先月の生活費が20万円であって，今月は生活費が30万円かかったとする。先月を基準とすると今月の生活費は30/20＝1.5と1.5倍になっている。パーセントで表すために100をかけると先月に比べ今月の生活費は150，すなわち

50％上昇したと表される。この150を先月を基準（基準＝100）とした物価指数と呼ぶ。よって，もし物価指数が例えば90となれば，基準よりも生活費が低くなり，消費者の生活水準は向上したと言えるのである。

　貿易でも同様に，ある2時点を取りその2時点で貿易に関する物価指数が下落すれば，集計された形で貿易の消費者へのプラスの影響を確認できる。そして，その際に重要なポイントが，貿易によるバラエティの拡大の影響である。通常の物価指数では基準の生活費と今期の生活費を計算する際の商品は同じモノである。しかし，貿易によってバラティが増えたり（もしくは減ったり）するため，バラエティ増減の効果を考慮する必要がある。そこで，ある年の貿易にかかる生活費を考える際に，単なる生活費ではなく，

　　生活費の指標＝生活費×（常に輸入している財への支出／その年にだけ輸入
　　できる財への支出）

という支出割合も考える。もしある年にだけ輸入できる財への支出が多いならば，この支出割合の値は小さくなり，全体の生活費の指標は小さくなる。バラエティが拡大することで，以前利用できた財から，利用できなかった財に支出が移動するため，この支出割合の値は小さくなるのである。よってバラエティ拡大の便益が反映されるのである。そして，物価指数の形で貿易の利益を測定するので，例えば

　　今年の生活費の指標／基準年の生活費の指標

を考えることで，バラエティの数が変化した時の影響を考慮した物価指数の変化が分かり，基準年に比べて今年は貿易によりどの程度利益が生じたか検証できるということになる。Broda and Weinstein（2006）はアメリカの1978年から2001年のデータを用いて，バラエティの変化を考慮しない物価指数に比べ，バラエティの変化を考慮すると，28パーセントもの物価の下落があったことを明らかにし，GDPの約3パーセントに当たる貿易の利益を，バラエティの拡大から得たとしている。

　このようなバラエティの拡大による貿易利益は消費者の便益という形で実現したと考えられるが，バラエティの拡大の影響は生産者にも及ぶと考えられている。1つは輸入の中間財のバラエティの拡大が企業の生産性の向上に寄与しているという発見であり，もう1つは生産性が高い，所得が高い国ほど多くの

バラエティを輸出しているという観察である。

　企業の生産には原材料や労働や資本だけでなく，部品といった他の企業が生産した中間財を利用することが多い。それらを組み合わせて生産をするのであれば，中間財のバラエティが拡大することで，いわば新しい技術にアクセスできるようになり生産性が高まると考えられる。そして，先ほどと同様に新しいバラエティの利用が進むことが価格指数の下落につながるならば，貿易による中間財輸入の拡大は企業の費用条件を改善することにもつながるだろう。貿易と財の種類の拡大の影響は消費者の便益にとどまらない。

　また，貿易の財のバラエティと輸出という観点からは，新しいバラエティを輸出し始めるのか，すでに輸出している財の量を増加させるのかという違いがある。貿易統計は細かく商品のタイプで分類がされている。そのすべての分類の中でいくつ商品を輸出しているかを見ることで，「輸出する」か「輸出しない」かという大きな輸出パターンを見ることができる。この「輸出する＝貿易がプラス」か「輸出しない＝貿易がゼロ」という違いを「貿易の外延（extensive margin）」と呼ぶ。バラティの違いと言ってもよい。

　これに対し，貿易統計の分類の中で各国が同じように輸出している分類に限定し，輸出している分類においてある国の輸出がどの程度を占めるか，を考えることもできる。輸出を行っているバラエティは同じで，量がどの程度違うかという見方である。この，バラエティは同じで貿易量の違いを「貿易の内延（intensive margin）」と呼ぶ。Hummels and Klenow（2005）は，生産性が高い国ほど貿易の外延，すなわち輸出しているバラエティが多いことを示した。したがって，本章で考えている貿易と製品差別化というテーマは，輸入に限らず輸出についても重要な見方を与えてくれるのである。

　貿易と製品差別化，バラエティの拡大を考える際の注意点としては，ここまでの議論では国内のバラエティは貿易によって影響を受けないという前提がある。すなわち，国内企業たちは貿易の影響を受けないで同様のバラエティを生産し続けているため，貿易によって輸入のバラエティが拡大すれば，消費者たちはよりよい経済状態を達成できたのである。もし輸入によってバラエティが拡大することで国内のバラエティが減少もしくは置き換えられたならば，貿易によるバラエティ拡大の良い影響は弱められる（Hsieh, et al 2020）。

基 礎 編

**考えてみよう**

皆さんが1週間で消費した商品の種類の数はどれくらいだろうか？ 1週間であっても相当な量になっていないだろうか。コーヒーであってもスターバックスのコーヒーとドトールのコーヒーは別のものである。バラエティの数を考えてみよう。

第 9 章

# 大企業は世界でどう競争しているのか？
[寡占市場と戦略的貿易政策]

キーワード：戦略的状況　ゲーム理論　ナッシュ均衡

　国際的な経済活動の多くが大企業によって行われている。それらの大企業は国内企業同士だけでなく，外国企業とも競争している。トヨタはホンダをライバルとして市場で競争するだけでなく，ドイツのメルセデスとも競争するし，韓国のヒョンデともライバルである。

　この競争は完全競争市場のような市場価格だけ考える多数のライバルの顔の見えない競争ではなく，ライバルの行動を考慮しつつ自らの行動を決定するという状況での競争である。また，当然ながら市場に自分しかいない独占市場でもない。よって，完全競争でも独占でもない少数のライバルの間で競争する市場構造を考える必要がある。そういった市場を「寡占」市場と呼ぶ。

　寡占市場の特徴は，企業が相手の行動を考慮して自分の行動を決定するという「戦略的」な状況にあると言う点である。したがって，戦略的状況を分析する必要がある。戦略的状況を分析する手法としてゲーム理論がある。本章ではゲーム理論を簡単に解説し，それを用いた国際貿易政策の分析を考える。

　ゲーム理論はフォンノイマンとモルゲンシュテルンによって社会状況を分析するために開発された。戦略的状況とは相手の行動を考慮して自らの行動を決定する状況であるから，様々な社会的状況が当てはまる。各国が，自国の軍事力の規模を決定するのは，敵性国家の軍事力に依存するだろう。よって国同士の軍事拡張競争は戦略的状況である。将棋や囲碁，麻雀といったものも，相手の行動を考えて自分の行動を決める戦略的状況であるし，ジャンケンだってそうである。また，スーパーの価格付けも，ライバルのスーパーの卵の価格を考慮して自分の店の価格を決定することもあるだろう。経済活動の多くが戦略的状況である。

　戦略的状況の分析に必要な情報は 4 種類ある。

基礎編

**情報１：プレーヤー（登場人物）**
まず誰が戦略的状況の登場人物か知る必要がある。ジャンケンであれば「自分」と「相手」だろう。スーパーの価格付であれば「スーパー三和」「スーパーアルプス」「イトーヨーカ堂」が登場人物である。また，国際的な旅客機の製造で言えば「ボーイング」と「エアバス」になるだろう。

**情報２：戦略（取りうる行動）**
次に登場人物がどういった行動を取るかという情報が必要である。じゃんけんで言えば「グー」「チョキ」「パー」である。現実には大声を出す，逃げるなど様々な行動が取りえる。しかしここではジャンケンという戦略的状況のことを考える。ジャンケンという戦略的状況のルールの下では，取りうる行動である戦略は「グー」「チョキ」「パー」となる。

**情報３：タイミング（情報）**
登場人物と取りうる行動である戦略が分かれば，あとはこの登場人物にどう動いてもらうかである。映画のように登場人物の動きを見ていく。すなわち，どういったタイミングで登場人物が行動するかというのが重要な情報である。このタイミングは大きく分けると２つしかない：「同時」と「逐次」である。「同時」とは文字通り同時に行動するものであり，「逐次」はプレーヤーが順番に動く，戦略をとるケースである。

　ジャンケンは「同時」でなければ成立しない戦略的状況である。「ジャンケンぽい」と同時に出すことでジャンケンはジャンケンとして成立している。もし「逐次」でよいならそれはただのじゃんけんではなく「後出しジャンケン」という別の戦略的状況と言えるだろう。

　この「同時」にじゃんけんで手を出すというのをもう少し丁寧に考えると，相手が何を出してくるか分からない状態で自分の手を出すという状態である。すなわち，相手の戦略の情報が分からない下で，自分の戦略を決定するということである。すなわち，タイミングが同時とは相手の戦略の情報を知らないという事であり，逆に逐次とは相手の戦略の情報を知っているということである。

そのため情報3：タイミング（情報）と述べているのである。

**情報4：利得（結果）**
そして映画のように登場人物が時間に沿って行動して，エンディングとなる。このエンディング，結果を我々は利得という形で表す。例えばじゃんけんで言えば「買ったほうが100円得る」「負けた方は100円支払う」というものである。

この4つの情報を用いて，国際的な競争を行っている産業を考えよう。国際貿易の分野で伝統的に用いられる例に旅客機製造のアメリカ企業ボーイングとEUに基盤を持つエアバスの競争がある。ここではボーイングとエアバスが旅客機を製造し，日本市場に供給しようとしている。例えば全日空が旅客機を購入する際にボーイングかエアバスからかどちらからか購入しようとしていると考える。

　情報1：プレーヤー「ボーイング」「エアバス」
　情報2：戦略「生産する」「生産しない」
　実際の旅客機製造の戦略は，新機体の開発や様々なプロモーションなど複雑となりうるが，ここでは単純に生産して売り込むか，生産しないかという2択とする。
　情報3：タイミング「同時」
　タイミングについても，もし新型機の開発がどちらかが大きく進行すればそちらが先に生産するということも考えられるが，ここではやはり単純化のため同時に生産するかしないかを決定すると考える。
　情報4：利得
　利得はライバルとの競争で決定される。もし片方の企業だけ生産し，もう片方は生産しないとなれば，全日空はいわば独占企業からの購入という形になる。よって高価格での販売が考えられ，旅客機製造企業側からすれば高い利潤が得られるだろう。高い利潤の水準を100とする。
　これに対しもし両方の企業が生産するとどうなるか。この時はどちらの企業も全日空に購入してもらうために値下げ競争を強いられると想定する。結果と

基礎編

して，極端であるが−10，すなわち損失が出てしまうとする。

最後にどちらも生産しなければ，今回の日本市場からの利潤は0となる。

以上の情報を表にまとめたものが以下の利得表と呼ばれるものである。表の左端の縦の列はボーイングの戦略，上端の横の行はエアバスの戦略である。

| ボーイング＼エアバス | 生産する | 生産しない |
|---|---|---|
| 生産する | −10, −10 | 100, 0 |
| 生産しない | 0, 100 | 0, 0 |

図表9-1 標準形ゲーム

表の中はそれぞれ左がボーイングの利得，右がエアバスの利得を表している。例えばボーイングが生産し，エアバスが生産しない右上の部分では，ボーイングは100の利得，エアバスは0の利得を得ることが表されている。この利得表は，プレーヤー，戦略，利得があり，タイミングが「同時」であれば戦略的状況の分析に必要なすべての情報が網羅されている。このような利得表で表される戦略的状況を「標準形ゲーム」と呼ぶ。

ではこの「標準形ゲーム」では何が起きるのだろうか？ 実際にプレーヤーたちはどういった行動をとるのだろうか。これは各プレーヤーの行動基準を考えて，それに基づいて考えればよい。そして各プレーヤーの行動基準とは「最適反応」と呼ばれるものである。

最適反応とは，「相手の行動を予測して，その予測に基づいて自分にとって最もよい戦略」のことである。戦略的状況であるので，1人よがりに最適な行動とは決まらない。ライバルがどういう行動をとるかが自分の最適な行動を変えうるのである。よってすべてのプレーヤーについてこの最適反応が何かを考える必要がある。

まず皆さんがボーイングの人だとして最適反応が何か考えよう。ボーイングはエアバスが「生産する」か「生産しない」かどちらかを選ぶと知っている。まず最適「反応」であるから，『エアバスが「生産する」』と予想してそれに対する対処を考えよう。『エアバスが「生産する」』と予想するということは，表の網掛けの部分である左側に状況を限定するということである

第 9 章　大企業は世界でどう競争しているのか？

| ボーイング＼エアバス | 生産する | 生産しない |
|---|---|---|
| 生産する | −10, −10 | 100, 0 |
| 生産しない | <u>0</u>, 100 | 0, 0 |

図表9-2　「エアバスが「生産する」」と予想した時のボーイングの最適反応

　この時の反応を考えるのだが，「最適」な「反応」を考えよう。「最適」とは最も高い利益を生むという意味である。よって，ボーイングは自分が「生産する」を選べば−10，生産しないを選べば0になるから，最適な選択肢は「生産しない」になる。最適反応はあくまで戦略だから「生産しない」であるが，予想に応じた最適反応がどれかを分かりやすくするために，最適反応「生産しない」に対応する利益0に下線をひいておく。

　状況はそれで終わりではない。今度は『エアバスが「生産しない」』と予想する。状況を右側に限定することになる。右側に限定した時に，最適反応はどうなるだろうか。ボーイングは「生産する」を選べば100,「生産しない」ならば0になるから「生産する」が最適反応になる。最適反応「生産する」に対応する利益の所に下線を引いておく。

| ボーイング＼エアバス | 生産する | 生産しない |
|---|---|---|
| 生産する | −10, −10 | <u>100</u>, 0 |
| 生産しない | <u>0</u>, 100 | 0, 0 |

図表9-3　「エアバスが「生産しない」」と予想した時のボーイングの最適反応

　分析はまだ終わりではない。当然ながらエアバスも同じようにボーイングの行動を予測して最適反応を取ってくる。

| ボーイング＼エアバス | 生産する | 生産しない |
|---|---|---|
| 生産する | −10, −10 | 100, <u>0</u> |
| 生産しない | 0, 100 | 0, 0 |

図表9-4　「ボーイングが「生産する」」と予想した時のエアバスの最適反応

基礎編

　エアバスは,『ボーイングが「生産する」』と予想し,それに対する最適反応を考える。『ボーイングが「生産する」』と予想するのは状況を上の行に限定することである。この元で,エアバスは「生産する」を選ぶと-10,生産しないと0なので生産しないが最適反応である。エアバスの最適反応「生産しない」に対応する利益のところにやはり下線を引いておく。

　そして最後に,エアバスは,『ボーイングが「生産しない」』と予想した場合を考えよう。この時は下の行に状況を限定した場合である。よって最適反応は「生産する」となる。

| ボーイング ＼ エアバス | 生産する | 生産しない |
|---|---|---|
| 生産する | -10, -10 | 100, 0 |
| 生産しない | 0, 100 | 0, 0 |

図表9-5 「ボーイングが「生産しない」」と予想した時のエアバスの最適反応

　以上で各プレーヤーの最適反応を求めることができた。そして,各プレーヤーは最適反応を選ぶという行動を取ろうとし,結果として各プレーヤーがお互いに最適反応をしている状況が生じる。上の例で言えば,お互いに最適反応をしている状態とは最適反応に対応した利得に下線がお互いついている所である。それは,(ボーイングは生産する,エアバスは生産しない)という状態と(ボーイングは生産しない,エアバスは生産する)という状態である。

　この最適反応を行っている状態からは各プレーヤーは行動を変える気がないというのが重要なポイントである。すなわち,最適反応を選んでいるならば,そのプレーヤーはその戦略を自ら進んで選ぶ,つまりその状況が現実に発生する状況であると言えるのである。この各プレーヤーがお互いに最適反応をしている状況を「ナッシュ均衡」と呼ぶ。我々は戦略的状況で何が起きるかについて,ナッシュ均衡を見つけ出すことで予測することができるのである。

　さて,この状況はアメリカ政府やEU政府の立場から考えるとどうだろうか。このナッシュ均衡は2つあり,1つはアメリカのボーイングのみが生産して高い利潤を得るが,もう1つのナッシュ均衡ではヨーロッパのエアバスのみが高い利潤を得ることになる。そしてどちらが発生するかは分からないのである。

第9章　大企業は世界でどう競争しているのか？

アメリカ政府からすればそんな不安定な状況は好ましくないだろう。ボーイングに常に生産を行って利潤を上げて雇用を確保してほしいと考えるだろう。そこで，アメリカがボーイングに輸出補助金を出すという政策を取ると考える。

アメリカがボーイングが生産して輸出すれば20の補助金を供与するという政策を取るとしよう。ボーイングとエアバスの戦略的状況について考えると，プレーヤーも，戦略も，タイミングも変わりはない。唯一変化するのは結果である利得である。

| ボーイング＼エアバス | 生産する | 生産しない |
|---|---|---|
| 生産する | −10＋20, −10 | 100＋20, 0 |
| 生産しない | 0, 100 | 0, 0 |

図表9-6　アメリカ政府の補助金のケース

ボーイングが生産するならば20の補助金がプラスされるから，上の行のボーイングが生産する時の利得が＋20されているのが分かる。よってアメリカ政府の補助金により利得表の中身が変更されている。

ではこの時のナッシュ均衡はどうなるだろうか。ボーイングは『エアバスが「生産する」』と予想した時には最適反応は「生産する」になる。また，『エアバスが「生産しない」』と予想した時には，同様に最適反応が「生産する」になる。ではエアバスはどうだろうか。エアバスは『ボーイングが「生産する」』と予想した時は最適反応は「生産しない」になり，『ボーイングが「生産しない」』と予想した時は最適反応は「生産する」になる。

| ボーイング＼エアバス | 生産する | 生産しない |
|---|---|---|
| 生産する | <u>10</u>, −10 | <u>120</u>, 0 |
| 生産しない | 0, <u>100</u> | 0, 0 |

図表9-7　アメリカ政府の補助金の時のナッシュ均衡

よって，お互いがお互いに最適反応している状態は（ボーイング生産する，エアバス生産しない）のみとなるのである。アメリカ政府の補助金により，ボーイングが常に生産できる状況を生み出している。アメリカの国全体の厚生を考えた場合，アメリカの国全体の厚生＝ボーイングの利潤−補助金額であるから，

79

基 礎 編

120 − 20 = 100 が常に達成され，アメリカにとって望ましい状態が生まれる。このような戦略的状況で採用される貿易政策を戦略的貿易政策と呼ぶのである。

では戦略的貿易政策は今見たように国の厚生を改善する望ましい政策なのだろうか。このことを考えるためには，今の分析の前提を問う必要がある。前提は，EU 政府は何も行わないというものであった。ではアメリカの政策に対抗して EU も同様に補助金をエアバスに供与するとどうなるであろうか。今度はエアバスの利得が「生産する」を選んだ時に変化する

| ボーイング＼エアバス | 生産する | 生産しない |
| --- | --- | --- |
| 生産する | 10， −10 + 20 | 120， 0 |
| 生産しない | 0， 100 + 20 | 0， 0 |

図表9-8　EU も補助金のケース

ではこの時のボーイングとエアバスの最適反応はどうなるだろうか。ボーイングの最適反応は『エアバスが「生産する」』，『エアバスが「生産しない」』どちらの予想の下でも「生産する」である。エアバスの最適反応も今度は『ボーイングが「生産する」』，『ボーイングが「生産しない」』どちらの予想の下でも「生産する」である。よってナッシュ均衡は（ボーイング生産する，エアバス生産する）となる。

| ボーイング＼エアバス | 生産する | 生産しない |
| --- | --- | --- |
| 生産する | 10， 10 | 120， 0 |
| 生産しない | 0， 120 | 0， 0 |

図表9-9　アメリカ政府・EU の補助金の時のナッシュ均衡

一見両方が生産できて望ましいように見えるが，一国全体の厚生を考えよう。アメリカも EU も，一国全体の厚生は　航空機会社の利益 − 補助金額 = 10 − 20 = −10 となってしまう。よって，戦略的貿易政策をどちらも取らなかった自由貿易の場合には 0 か 100 であったから，そちらの方が望ましかったということになるのである。すなわち，戦略的貿易政策は，相手国の報復を考慮すると望ましくない政策になるということが言えるのである。

最後に戦略的貿易政策を考える上で重要な点を，戦略的状況を分析するのに

第9章 大企業は世界でどう競争しているのか？

必要な情報の3，タイミングという観点から考えよう。もしボーイングが何らかの要因で先に生産できるとする。そして取りうる戦略は生産するか生産しないかなので，その戦略を枝分かれの図で表す（図表9-10）。

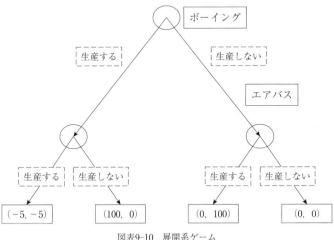

図表9-10 展開系ゲーム

　ボーイングが先に「生産する」か「生産しない」かを選んだ後で，エアバスが戦略を選ぶ。よって枝分かれの先がエアバスの意思決定の場所である。左側ではエアバスはボーイングが生産するを選んだ世界での自分の意思決定の場所であるし，右側ではボーイングが生産しないを選んだ世界に対応している。

　それぞれの世界でエアバスは「生産する」か「生産しない」かを選ぶ。その戦略は枝分かれした図で表される。すべてのプレーヤーが戦略を選んだ結果が一番下の数字の所であり，左側にボーイング，右側にエアバスの利潤を表す。このように枝分かれした図をゲームの木と呼び，ゲームの木で表される戦略的状況を展開系ゲームと呼ぶ。

　展開系ゲームにより，どちらが先に行動し，後から行動する方は先に行動したプレーヤーの戦略が何か分かった（取った戦略の情報を得た）後で行動するという構造を表すことができる。戦略が分かったということが，エアバスの行動する際の左と右の丸で分けられていることで示されている。この丸を情報集合と呼ぶ。すなわちこの情報集合で分けられている場所はプレーヤーは区別でき

基礎編

るということである。同じような構造を図表9-11の展開系ゲームで表してみよう。

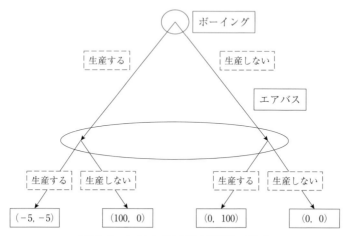

図表9-11　タイミングが同時の展開形の表し方

　違いは，エアバスの意思決定の左と右の2つの場所が，1つの丸で囲まれている点だけである。すなわち左と右が1つの情報集合の中にあるということである。同じ情報集合にあるということは，左と右が区別できていない，区別できる情報がないということである。これは，エアバスが，「ボーイングが「生産した」」か「ボーイングが「生産しなかった」」か区別できていないということを意味する。すなわち，ボーイングの戦略についての情報がないということであり，その下で自分の戦略を選ぶ必要があるということである。これはタイミングが同時の時である。つまり展開系ゲームでは，タイミングが逐次でも，同時でも表現することができるのである。

　ではタイミングが逐次の場合には何が発生するだろうか。標準形ゲームでタイミングが同時の時と同じように各プレーヤーの最適反応を求めてナッシュ均衡を求めよう。ただし逐次の場合には決まった解き方がある。それは「後ろ向き帰納法」と呼ばれる解き方である。「後ろ向き」とは最後にプレーするプレーヤーの最適反応から求め，次に最後から2番目にプレーするプレーヤー，最後から3番目にプレーするプレーヤーと戻っていくという意味である。そして

「帰納法」とは１つずつ順番にという意味である。よって最後のプレーヤー，最後から２番目のプレーヤーと１人ずつ順番に最適反応を求めていき，最初にプレーするプレーヤーの最適反応まで求めていくという方法をとる。

エアバスとボーイングの例では，最後にプレーするのはエアバスであるからエアバスの最適反応から求めよう。そしてもう１つだけ注意点として，すべての各情報集合での最適反応を求める必要がある。これはナッシュ均衡を求めた時に相手のあらゆる行動を予測してそれに対する最適反応を求めたというのと似た話である。すべての情報集合に到達する可能性を考慮して，各情報集合での最適反応を求めておくのである。

まずエアバスの左側の情報集合を考えよう。これはボーイングが生産するを選んだ世界の情報集合である。この時最適反応は「生産しない」になる。次に右側の情報集合を考えよう。これはボーイングが生産しないを選んだ世界である。この時最適反応は「生産する」になる。最適反応を点線にしておく（図表9-12）。

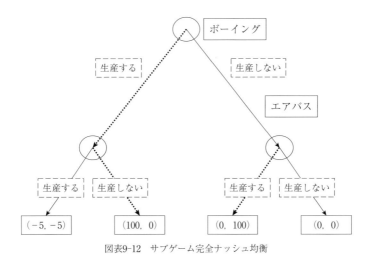

図表9-12　サブゲーム完全ナッシュ均衡

後ろ向き帰納法なので順番を戻っていく。今回の例では１つ順番を遡ると最初にプレーするプレーヤーのボーイングの情報集合にたどり着く。ではここでボーイングの最適反応はどうなるだろうか。この時，ボーイングは自分の戦略

基礎編

に従ってエアバスが何をやってくるか予想ができるため，自分の戦略に対応した相手の最適反応の結果の利得を考えて戦略を取ることができる。ボーイングは自分が「生産する」を選べばエアバスは「生産しない」を最適反応として選ぶから，最終的に100の利益。もしボーイングが「生産しない」を選んだらエアバスは「生産する」を選び最終的に0の利益。よって最適反応はボーイングは「生産する」となる。

　よって，ナッシュ均衡はボーイングは「生産する」，エアバスは左では「生産しない」右では「生産する」という図表9-12の点線の矢印で表される戦略の組み合わせとなる。エアバスの最適反応を求めた際に明らかになったように，タイミングが逐次の場合には戦略はすべての情報集合での行動となる。よってエアバスの戦略の表し方は例えば（エアバスの左の情報集合，エアバスの右の情報集合）とするならば，エアバスの戦略＝（生産しない，生産する）となる。ボーイングは情報集合が1つだけなので1つだけ書けばよい。よって，ナッシュ均衡は（ボーイングの戦略，エアバスの戦略）とすると，

　　　　　　　（生産する，（生産しない，生産する））

という形で表される。

　こうして求められた展開系ゲームのナッシュ均衡をサブゲーム完全ナッシュ均衡と呼ぶ。サブゲームとは，1つの情報集合からスタートして終わりまでを網羅したものであり，例えばエアバスの左側の情報集合からスタートして利得まですべての部分を示す。よってサブゲーム完全ナッシュ均衡とは，すべてのサブゲームでナッシュ均衡であるということを意味する。実際にエアバスの左側の情報集合からスタートするゲームでは，エアバスは最適反応をとっておりナッシュ均衡となっていることが分かる。

　こうして求められたサブゲーム完全ナッシュ均衡であるが，どういった意味を持つだろうか。ボーイングが先に行動できる状況のナッシュ均衡では，常にボーイングが生産し，エアバスは生産しない状態が発生することが分かる。すなわち，タイミングが同時でアメリカだけ補助金をボーイングに供与していた状態と同じである。言い換えるならば，アメリカだけ補助金という戦略的貿易政策をとるならば，それはボーイングが先に行動できて高い利得を得る状況を作り出しているということである。先に行動した方が高い利得を得ることを

「先行者の利益」と呼ぶ。戦略的貿易政策は，簡単には抜け駆けできないような状態から，先んじて高い利益を上げることができる状況を作り出そうとする政策ということが展開系ゲームの分析から分かるだろう。

### 考えてみよう

政府が積極的に関与して自国企業の輸出を促進しようとしている例を挙げられるだろうか？　新幹線を外国の鉄道網に採用してもらうという政府の行動は戦略的貿易政策と言えるだろうか？

第10章

# 貿易しやすくすると貿易は増えるのか？

[自由貿易協定]

キーワード：貿易創出効果　貿易転換効果　多角的貿易自由化

　自由貿易を達成する方法にはいくつかある。すでに第3章や第5章で見たように，社会的余剰は自給自足や関税が課されている状態よりも，自由貿易の方が高い。したがって社会的余剰を増加させるために自発的に関税などを引き下げるならば自由貿易が達成されるだろう。

　しかしながらこれも既に見たように貿易に対しては消費者と生産者の間で利益が異なることがある。輸入が発生する時は消費者余剰が増加するのに対し生産者余剰は減少するならば，自発的に輸入関税を下げるという政策は生産者側により政治的に反対されるであろう。

　したがって，一方的に自由貿易を達成できない場合には，貿易相手国と交渉してお互いが関税を引き下げるという方法が考えられる。例えば日本とメキシコが交渉をして，日本がメキシコからの輸入関税を引き下げるので，メキシコも同様に日本からの輸入関税を引き下げるという協定を結ぶ方法である。そうして二国間で貿易を促進する協定を特恵貿易協定（Preferential Trade Agreement）と呼ぶ。「特恵」というのは特別に恵まれたという文字であるが，「特別＝協定を結んだ国にだけ」に「恵まれた＝低い関税」という意味を持っている。

　特恵貿易協定には厳密には大きくわけて2つのタイプがあり，締結した後で協定を結んだ国が共通の関税を域外に対して課す関税同盟（Custom Union）と，協定を結んだ国が域外の国に対しては別々の関税を課す自由貿易協定（Free Trade Area）である。ここでは特に明記しない限り自由貿易協定を考えて議論する。グラフ図表10-1でも分かるように，多くの自由貿易協定が締結されている。

　では自由貿易協定はどういった影響を及ぼすのだろうか。自由貿易協定の影響は，利用可能な財を効率的に入手できるかどうかと言う点および，それら

第10章　貿易しやすくすると貿易は増えるのか？

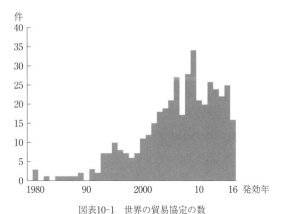

図表10-1　世界の貿易協定の数
（出所）内閣府「世界経済の潮流」

は「貿易創出効果」と「貿易転換効果」と呼ばれる。このことを Lipsey (1960) で用いられた例で考えよう：自国と外国 A と外国 B があったとする。それぞれの国である財の価格が

　　自国　外国A　外国B
　　35　　26　　　20

であったとする。仮に自由貿易であれば自国よりも外国財の価格が低いため，外国 B から入手することが効率的である。ここで自国が輸入財に100％の関税を課したとする。これにより，自国では外国財の価格は倍になるので

　　自国　外国A　外国B
　　35　　52　　　40

となり，自国産業が存続し，自国から入手する。しかしこの財を入手する実質的なコストは外国から入手した方が低いため，効率的な入手手段ではない。よって，例えば外国 A と自由貿易協定を締結すると，

　　自国　外国A　外国B
　　35　　26　　　40

となり，外国 A から入手することで自国よりも効率的な形でこの財を入手でき，貿易も拡大する。これを「貿易創出効果」と呼ぼう。

　ここで，もし当初自国が100％の関税でなく50％の関税を課していたらどう

基礎編

なるだろうか。

　　自国　外国A　外国B
　　 35　 39　　 30

この時，自国は外国Bから輸入をしており，やはり貿易が行われている状況になる。ここで，自国が外国Aと自由貿易協定を締結したとしよう

　　自国　外国A　外国B
　　 35　 26　　 30

その結果，自国は今度は外国Aから輸入を行うようになる。しかしこれは効率的な入手方法ではない。外国Bから輸入した際は自国の消費者は関税を課しているから30という価格に直面しているが，その関税は自国が課しており，実質的なこの財の入手コストは関税抜きの20にすぎないのである。にもかかわらず自由貿易協定により，実質コストが26という高い外国Aから輸入するようになってしまうのである。これは財の入手が非効率的になるという影響であり，貿易が外国Bから外国Aと転換されることから「貿易転換効果」と呼ばれる。

この自由貿易協定の締結によるマイナスの影響を，第3章で見た余剰分析を用いて確認することもできる。自国がa国かb国と貿易する状況を考えよう。関税を関税率tだけ課しているので，輸出国価格が低いb国から輸入して国内価格はPとなる（図表10-2）。

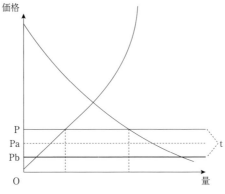

図表10-2　自国と国aと国bの供給

第10章　貿易しやすくすると貿易は増えるのか？

　この時の社会的余剰は，格子状の消費者余剰と縦線の生産者余剰，水玉の部分の関税収入の合計になる（図表10-3）。

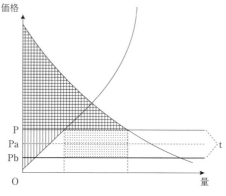

図表10-3　関税下の社会的余剰

　ここでａ国と自由貿易協定を締結しよう。自由貿易協定によって締結国間では関税がゼロになったとする。結果として国内価格はａ国の輸出価格と等しくなり，国内価格が下落するため，輸入が拡大する。輸入（貿易）が創り出されるという意味で，「貿易創出効果」が生まれる。

　しかし先ほど見たように自由貿易協定締結のプロセスでは厚生が悪化する可能性がある。それは効率的な域外の国から非効率的な域内の貿易に貿易が転換する影響である。これを貿易転換効果と呼ぶ。ここでは，ａ国よりもｂ国の方が輸出国価格が低いのでｂ国から輸入した方が効率的にもかかわらずａ国から輸入してしまうためである。

　余剰という観点からは，自由貿易協定下では消費者余剰は格子状の部分と黒塗りの部分の合計，生産者余剰は縦線の部分である。自由貿易協定を締結しているので関税収入はなく，社会的余剰はこれら消費者余剰と生産者余剰の合計である（図表10-4）。

　「貿易創出効果」は黒塗りの部分で表されており，自由貿易協定の前はだれの余剰ともなっていなかった部分である。これに対し貿易転換効果は波線の部分になる。これは自由貿易協定を締結したことで失った関税収入の部分である。したがって，自由貿易協定により増えた黒塗りの部分よりも失った水玉の部分

89

基礎編

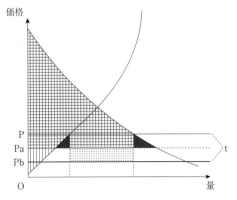

図表10-4　国aと自由貿易協定を締結した時の社会的余剰（水玉の部分は除く）

の方が大きければ，自由貿易協定によりこの国の社会的余剰は低下することになる。

このように「貿易転換効果」のために自国の厚生は改善するとは限らないが，もし貿易創出効果が強ければ，自由貿易協定は自国の経済にとって有益な政策となる。ではどういった要因で世界各国は自由貿易協定を締結するのだろうか。経済のファンダメンタルズ（基本要因）に関しては以下の3つが考えられる。

1　貿易コストが低いほど＝距離が短いほど
　物理的な貿易コストが低い国同士では，貿易を行う環境が整っている，すでにある程度の規模で貿易を行っていると考えられる。そういった国同士が関税などの貿易障壁によって貿易を低下させているならば，それらを撤廃することで拡大する貿易額は大きく，貿易からの利益も大きくなると考えられるからである。
2　市場アクセスが重要なほど＝経済規模が大きいほど，似通っているほど
　規模が大きな国は生産量や多様な財を生産する能力があるため，小さい国同士が自由貿易協定を締結した場合よりも，貿易障壁の撤廃による貿易拡大効果が大きいと考えられる。また，同様の論理を自由貿易協定に入らない国に対しても考えられる。もし域外国の規模が小さければ，自由貿易協

定によって域外国から域内国に貿易転換が起きた時に，その規模は小さくなるだろう。よって自由貿易協定締結の損失が小さくなる。

3　比較優位の効果が大きいほど

生産性の相対的な違いが大きい場合は，比較優位に基づく貿易利益が大きいと考えられる。そういった時に貿易障壁によって貿易が進んでいない状態から，自由貿易協定による貿易障壁の撤廃で貿易が拡大する利益が大きい。

またこれら以外には，他の国の自由貿易協定の締結が影響を及ぼすとするドミノ理論と呼ばれるものもあり，これはある国同士が自由貿易協定を締結すると，他の国もその自由貿易協定に参加するというドミノのように自由貿易協定が進行するという考え方である。この考え方の元は輸出側のマーケットアクセスである。すなわち，協定国の市場規模が大きい場合，その市場にアクセスすることが域外の輸出産業にとっては重要となる。域外にいることが域内のライバルに比べて関税などを課されてしまうので不利になるとすれば，協定に参加するインセンティブを持つだろう。

ではこうして進展する自由貿易協定は，世界的な自由貿易へと続く道となるのだろうか。これは自由貿易協定が多角的な自由貿易への「築きの石（building block）」となるか「つまずきの石（stumbling block）」となるのかという呼び方で表される問題である。この問題はどちらの観点も一理あってどちらが正しいという結論は出ていない。

築きの石となる可能性，すなわち自由貿易協定が，多角的な自由貿易を進める理論的可能性について紹介しておく。すなわち，自由貿易協定で関税が引き下げられれば，自由貿易協定を結んでいない国との関税も引き下げられるという，多角的な自由化が進む可能性である。その理由は以下の様なものである。

例：日本がオーストラリアとアメリカから牛肉を輸入している。ここで，オーストラリアと自由貿易協定を締結し関税が低下したとする。

1）オーストラリアからの牛肉の関税が低下した結果，牛肉の国内価格が下落する。よって需要が増え，消費者余剰も大きくなる。消費者は国産もオーストラリア産もアメリカ産も消費している。ここでアメリカからの

基 礎 編

　牛肉に関税を課すことで国内価格が上昇してしまうと，消費者余剰の減少も大きい。よってアメリカに対する関税を引き上げるインセンティブは低い
2）オーストラリアからの牛肉の関税が低下した結果，消費者はアメリカ産からオーストリア産の牛肉に代替する。よってアメリカ産の輸入は減少する。結果としてアメリカ産の牛肉の輸入から得られる関税収入は小さい。よって，アメリカに対する関税を引き上げるインセンティブは低い
3）オーストラリアからの牛肉の関税が低下した結果，オーストラリア産の牛肉から得られる関税収入は小さい。よって，アメリカに対する関税を上げることでオーストラリア産の牛肉に代替させてオーストラリア産の輸入が増えたとしても，そこから得られる関税収入は小さい。よって，アメリカに対する関税を引き上げるインセンティブは低い。

　これに対して，つまずきの石となる逆のケースも考えられる。すなわち，自由貿易協定を結んだ国は，域外国に対する関税を引き下げないという影響である。その考え方の1つは，協定を結んだ国はその分域外国からの競争から保護されるという貿易転換効果に関連したことから生じる。域内企業が確保した域内市場のアクセスは，域外国との関税を引き下げることで，域外企業がアクセスすることにより減少してしまう。自由貿易協定による域内産業の利潤を確保し続けるために域外国に対する関税を下げるインセンティブは下落するだろう（Krishna 1998）。よって自由化が進まないというものである。どちらも理論的には可能性があり，自由貿易協定というものを世界的な自由貿易という観点から判断する際には欠かせない見方である。

　では，自由貿易協定を締結した結果，貿易は実際に拡大しているのだろうか。この点に関しては，第1章から議論している因果関係の識別に関係する。より具体的には

　　自由貿易協定 → 貿易

の因果関係を識別するためには，除外された変数，同時決定・逆の因果関係といった問題に対処する必要がある。

　例えばある国が国内で貿易を阻害する非効率な規制を行っていたとしよう。

この規制により貿易が少ないが，我々は考慮に入れていないとする（除外してしまっているとする）。そして，そういった非効率な国内規制が存在する場合，自由貿易協定を締結することにより非効率性を解消できるため，自由貿易協定を締結しようとするインセンティブが大きい。すなわち，自由貿易協定と非効率な国内規制の存在はプラスの関係にあると言える（非効率規制が存在するほど自由貿易協定を締結する）。

すなわち，

　　自由貿易協定締結　↔　非効率な規制　→　少ない貿易

という関係が成立するため，非効率な規制を除外してしまった状態では，自由貿易協定→少ない貿易という関係があると間違って結論づけてしまうのである。

また，

　　自由貿易協定→貿易　　だけでなく，貿易→自由貿易協定

という同時決定の可能性も考えられる。すなわち，自由貿易協定と貿易にプラスの関係があるように見えても，それは貿易を行っているからそれを促進するために自由貿易協定を締結するという政治経済的な動機によるものであるかもしれない。Baier and Bergstrom（2004）はこれらの問題に対処して分析を行った結果，自由貿易協定が貿易を大きく拡大していることを示した。よって貿易転換効果やつまずきの石という問題があったとしても，現実には貿易を促進する重要な政策となっている可能性がある。

　1860年にイギリスとフランスで締結されたコブデン・シャブリエ条約が最初の自由貿易協定と呼ばれており，その後特に第二次世界大戦後に自由貿易協定の締結数は急増している。そのため，複雑に自由貿易協定の締結関係が絡み合った状態になっており，スパゲッティボウルと呼ばれることもある。この絡みついた自由貿易協定は，それぞれが原産地規制やルールの複雑化（条約の文章が長くなる，投資や労働などの条項が入る deep integration と呼ばれる）などで有効に機能し続けるのか問題視する観点もある。しかし同時に，貿易協定に付随した人権条項が人権の状態を改善しているという指摘もある（Hafner-Burton 2005）。国際協定締結の原因と影響は重要なテーマでありつづけるだろう。

基 礎 編

**考えてみよう**

日本が自由貿易協定を結ぶべき国・地域はどこだろうか？ 貿易創出，貿易転換の観点から考えることができるだろうか？

## 第11章

# 貿易すると経済は成長するのか？

[貿易と経済成長]

キーワード：生産関数　限界生産性　国民所得の恒等式

---

　経済成長とは何だろうか。所得が上昇することである。より具体的には，国内総生産（Gross Domestic Product）が上昇することもしくは1人当たりGDPが上昇することとして捉えられる。所得の向上は生活水準の向上とほぼ同義であるので，各国の経済政策はしばしば経済成長を目的として行われる。

　それでは貿易（輸出，輸入）と経済成長はどう関係しているだろうか。様々な経路で貿易は経済成長を促進すると考えられている。まず輸出は，その拡大が国内生産の拡大と結びつき，より活発な経済活動につながるだろう。

　　輸出＝生産↑＝経済成長

　また，輸入についても，貿易による外国製品や技術を導入することで，自国の技術水準が向上すれば，より高品質の財の生産拡大となり，経済成長につながるだろう。

　　輸入 → 外国からの技術 → 研究開発・生産性↑ ＝ 経済成長

　また，輸出・輸入ともに外国企業との競争を必然的に生む。そういった競争圧力は企業の効率性を改善し，より高い品質・より多い生産を促すかもしれない。

　　貿易 → 外国企業との競争 ＝ 企業の効率性↑ ＝ 経済成長

　実際，第1章でも見たが，貿易額とGDPは同じ方向に動いていることが分かる（図表11-1）。

　これらの経路の中でも，貿易による技術・知識へのアクセスが経済成長と貿易の関係の重要な点である。経済成長にとって重要な制約は，生産関数の限界生産性逓減の法則である。第3章で需要「関数」は「価格」を投入するとどれくらい「需要量」が出てくるかという関係を表すものとして見た。ここで「生産関数」は「投入」として生産に用いられる原料，特に資本と労働を投入した

基礎編

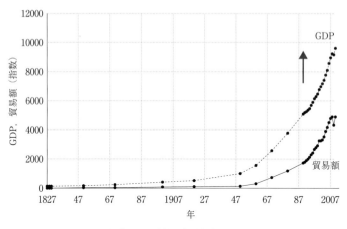

図表11-1 世界の貿易額と GDP

結果,「産出」として生産量が出てくるという関係を表す。

ここで,「追加的な一単位の生産要素の増加により増えた産出量」を,限界生産物（marginal product）と呼ぶ。そして限界生産性逓減の法則とは,投資をして機械設備を増やし続けても生産量は増えなくなるという法則であり,ソ連の経済の行き詰まりなどがその法則に直面したためだと考えられている。

限界生産性逓減を見るために,生産に使用する投入である資本 K と労働 L と,結果として生み出される産出 Y とを生産関数で表す。

$$Y = AF(K, L)$$

A はその国の技術水準である。資本 K と労働 L をもとに，Y という生産が行われる関係は，グラフでは Y と K と L を表す必要があるため，3次元のグラフになる（図表11-2）。

ここで，労働の数を一定とすると，L のある値で縦にこのグラフを切るイメージになる（図表11-3）。

この L を一定にした時の，K と Y の関係は，K と Y だけ考えればよいので2次元のグラフで表される（図表11-4）。

図表11-2 生産関数

ここで，資本が増加した時にどれくらい産出が拡

第11章　貿易すると経済は成長するのか？

大するかを考えてみる。資本がまだこの経済で少ない状態（1の点）では，1単位の資本の増加で大きく産出が増加する。したがって，資本が増加した時に産出が大きく増加するので，資本が経済成長にとって重要であることが分かる（MP1）（図表11-5）。

しかし，経済が成熟して資本が十分蓄積された経済（2の点）ではどうか。そのような状態では資本が同じように1単位増加しても，限界生産物は非常に小さい（MP2）。

$$MP1 > MP2$$

すなわち，資本の量が増加するにつれて，資本が増加した時の産出の増加分が小さくなっている。増加した資本の量・性質は変わらないにも関わらず，資本の貢献分が減少していくことを限界生産性の逓減と呼ぶ。資本を蓄積し続けても，経済成長は停滞するのである。

したがって，貿易が経済成長に影響を及ぼす経路は，資本蓄積以外のものを考える必要がある。その経路は技術進歩である。技術進歩は技術や知識を蓄積することによって達成される。その技術の蓄積の効果は逓減しない。技術を生み出す活動は技術の学習のプロセスと言えるので，学習効果が働き，多く技術を生み出せば生み出すほど生

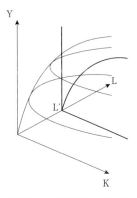

図表11-3　労働量を一定にした時の生産関数

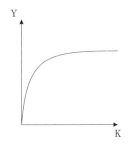

図表11-4　資本と生産量の関係

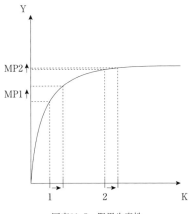

図表11-5　限界生産性

基礎編

産性を高める効果が強くなる。また，技術は非排除性をもち，ある産業で生み出された技術が他の産業にスピルオーバーして利用されるならば，技術の蓄積の影響が経済に波及する。学習効果や外部効果により技術の影響は提言しないため，持続的な成長が可能になる（内生的成長）。

このアイディアの1つの単純な表し方は，労働はその知識や技能などを人的資本と呼び，資本と組み合わされて生産が行われるとするものである。人的資本も含む資本のストックをKと表し技術の蓄積を表現すると，限界生産性が逓減しない生産関数として

$$Y = AK$$

というものが考えられる（図表11-6）。

限界生産物が資本の蓄積にもかかわらず逓減しないので，一定率で経済成長する状態が達成される。そして，その成長率は貿易に依存する。国際貿易により自国では生産できない資本財・中間財を利用できるならば，資本のストックは自国の投資からだけでなく，外国の投資からも拡大することになり，貿易していない状態よりも高い成長を産むことになる。また，関税を引き下げたり貿易コストが下落したりすることで，外国の投資が生み出した資本財の国内での価格が下落するならば，技術革新が生じたと同じ効果をもたらす（Aの上昇）ため，経済成長につながると考えられる。

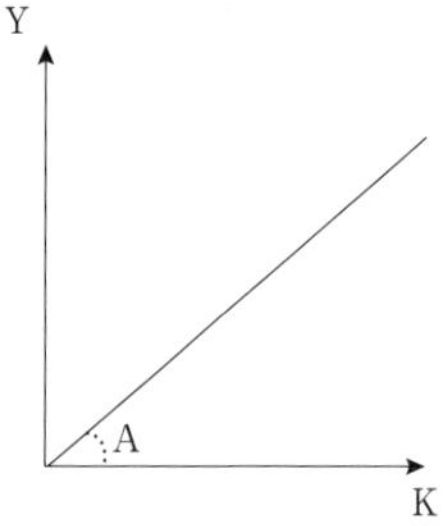

図表11-6 限界生産性が低減しない生産関数

この生産技術・知識と貿易の観点とは別に，経済学の基本的な考え方からも貿易とGDPの関係を見ることができる。基本的な考え方とは国民所得勘定の恒等式である。一国全体で経済を測った場合，一国全体の生産額と一国全体の支出額は等しくなる。一国全体の生産額をY＝GDPとし，支出面の各項目をC＝Consumption（消費），I＝Investment（投資），G＝Government Expenditure（政府支出），EX＝Export（輸出），IM＝Import（輸入）とすると，一国全体で生産額と支出額が等しくなるという恒等式は

$$Y = C + I + G + EX - IM$$

となる。この国民所得勘定の恒等式から，Yと貿易（輸出（EX），輸入（IM））

の関係を見ることができる。

それでは因果関係はどうなっているだろうか。すなわち，Y が上昇するとは，経済成長して世界市場で販売することが可能になる企業が育つということかもしれない。

$$Y が上昇 \rightarrow EX が上昇$$

しかし，逆の因果関係もあるだろう。すなわち国民所得勘定の恒等式の右辺の輸出が増加すると左辺の Y も上昇することになる。輸出を多く行うことで多くの生産が可能になり経済成長する。

$$EX が上昇 \rightarrow Y が上昇$$

したがって，輸出と GDP の因果関係は一方向ではないのである。

この因果関係の識別は非常に重要な経済政策上の意味をもつ。すなわち，もし貿易の拡大が経済成長を生むならば，

$$貿易拡大 \Rightarrow 経済成長$$

貿易拡大につながる市場開放，産業政策・貿易政策に意味がある。仮に補助金・減税・輸入関税などによる保護，などで企業の生産を促し生産性の向上を図ることが可能であるならば，

$$輸出 \Rightarrow 輸出拡大 \Rightarrow 経済成長$$

となる。また，市場開放により競争的な環境で経済活動を行う企業の効率性が高まるならば，同じ効果が得られる

$$市場開放 = 競争圧力 = 企業の効率性向上 = 輸出 \Rightarrow 経済成長$$

しかしながら，因果関係が逆であるならば，そういった政策は不要である

$$経済成長 \rightarrow 貿易拡大$$

もし経済成長が結果として貿易の拡大を生むならば，技術革新などを促す政策により経済成長そのものに作用する政策が望ましいことになる。

したがって，貿易が経済成長をもたらすという因果関係を識別するためには，貿易に影響するが，GDP に影響しない要因を考える必要がある。

$$操作変数 \rightarrow 貿易 => 経済成長$$

第 5 章で関税が貿易を下落させるかという関係を考えた時に，操作変数を検討した。ここでも同様に，貿易には影響するが，経済成長には直接は影響しな

い要因を考慮すれば，その要因が貿易を通じて経済成長に及ぼす影響を取り出すことができ，貿易→経済成長という因果関係を識別できることになる。

より具体的には，国内経済活動とは直接は関係ないが，国際的な経済活動に関係する要因を考える必要がある。1つの候補として関税が考えられる。関税は国境で課される税であるため，国内経済活動に直接は影響しないが，当然国際経済には影響を及ぼす。関税が低いならば，貿易が活発となり，経済成長がするむと考えるのである。

しかし，関税を操作変数としてよいかという点には問題もある。関税が低いということは，より自由主義的経済であるということを反映している可能性がある。その場合，国内経済活動も規制があまりなく自由である。よって，関税が低いことが国内経済活動が活発ということに直接リンクしてしまっているのである。その場合，関税が貿易を通じて経済成長に影響を及ぼすという経路の分析はできない。

では他にどういった候補があるだろうか。1つの候補は地理的要因である。地理的要因とは例えば貿易相手国との距離である。第6章の貿易コストでも二国間の距離が離れるほど貿易コストが高く貿易が減少するという点を述べたが，二国間の距離は，それらの国の経済活動そのものとは関係なく，二国間の貿易にのみ影響を及ぼす要因と考えられる。すなわち，貿易する際に外国と距離が遠ければ，貿易コストが高く，貿易が少ないという経路を捉えることができる。

距離が長い＝貿易コスト高い＝貿易↓→経済成長↓

貿易額と経済成長率，距離と貿易額の仮想例をここで考えてみよう。アメリカ，フランス，ニュージーランドを考える（図表11-7）。

|  | 貿易 | 経済成長率（％） | 平均距離 |
| --- | --- | --- | --- |
| アメリカ | 15 | 5 | 8 |
| フランス | 5 | 4 | 6 |
| ニュージーランド | 1 | 3 | 20 |

図表11-7　アメリカ，フランス，ニュージーランドの仮想例

距離として，その国の貿易相手国からの平均的な距離を考える。フランスはヨーロッパの相手国と近接しているため距離が最も短く，アメリカはカナダや

メキシコと近いためある程度短い，ニュージーランドはどの貿易相手国とも遠いので距離が最も長いことを反映している。

第1章で考えた散布図で表すと，貿易額と経済成長率はプラスの関係，距離と貿易額はマイナスの関係がありそうなことが分かる（図表11-8）。

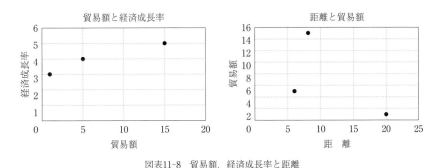

図表11-8 貿易額，経済成長率と距離

この時，貿易と経済成長率の関係を回帰分析で考えれば

経済成長率 ＝ 3.057 ＋ 0.135 貿易額

というプラスの関係がある。しかし，そのプラスの関係は，経済成長する国が貿易を行っているという同時決定・逆の因果関係かもしれない。そこで，距離を操作変数にして外国との平均的な距離と貿易の共分散，外国との距離と経済成長の共分散を用いて，距離を通じた貿易の経済成長に与える影響を検証することができる。

Cov(距離，経済成長率)/Cov(距離，貿易) ＝ 0.176

となり，貿易と経済成長の関係を正しく識別した場合も，プラスの影響があることが分かるのである。

注意点としては，距離や地理的条件がその国そのものの経済状況を捉える可能性もある。すなわち，先進国から離れている地域としてアフリカや赤道近辺の国があるが，これらの国は歴史的に所得が低い。自然条件などから病気などが多い地域であるならば，経済活動が発展しづらいためである。したがって，貿易相手国特に先進国との距離が長いということが所得が低いという関係を捉えてしまう可能性もある。

距離を操作変数にする以外に，貿易が経済成長に与える効果を検証する方法

として，自然実験による貿易の変化がある。すなわち，国内経済そのものには影響しないが，貿易に影響を与えるイベントが生じたとするならば，そのイベントで引き起こされた貿易の変化が経済成長与える影響を取り出すことができるのである。

第6章で見た軍事紛争によるスエズ運河の閉鎖はその例である。スエズ運河の閉鎖により海運に必要な移動距離が拡大した結果，貿易コストが上昇し貿易が減少した。この劇的な変化は，経済成長そのものの変化とは分けて考えられるため，

　　ステップ1：閉鎖による貿易費用の上昇 → 貿易の変化
　　ステップ2：貿易の変化→所得の変化

として閉鎖される前後を比べることで，貿易が所得を大きく変化させたかどうかを検証できる。

そして，第2章や第4章でみた江戸から明治の日本も貿易が経済成長に与えた影響を捉える自然実験として考えられる。経済的な要因ではなく強制的に自給自足から貿易を開始したことにより，貿易が国民所得に与えた影響を検証できるのである。

> **考えてみよう**
> 貿易に限らず国際的な取引が経済成長に与える影響を考えることができるだろうか？特許などの技術の取引や移民といった人の移動はどうだろうか？

第12章

# なぜ自分の国で作らないで外国でつくるのか？
[直接投資]

キーワード：水平的直接投資　垂直的直接投資　国際分業

　日本の多くの企業は海外で生産活動を行っている。例えばトヨタは，本社は愛知県に所在し，多くの工場も愛知県にあるが，北米での生産も行っている。また，日立は本社は東京に所在し，茨城など日本各地に多くの工場があるが，各国でも生産を行っている。中国ではコンプレッサー（空気圧縮機）や電子顕微鏡を生産し，タイでは炊飯器の生産を行っている。

　国際的な経済活動には，その国際取引の種類で分類すると，大きく分けて財の取引と資本の取引に分けられる。トヨタが愛知の工場で生産した自動車をアメリカに輸出するというのは財取引の例になる。これに対して資本の取引とは，外国の資産（債権や株）を金融資産として保有したり，外国で企業・工場を設立したりすることである。トヨタがケンタッキー州で工場を設立することがあたる。外国で経済活動に従事するために工場や設備といった資産を獲得・保有することを直接投資と呼び，そういった活動を行う企業を多国籍企業と呼ぶ。

　先にあげた日本企業に限らず，世界で多くの企業が海外に進出している。世界全体の直接投資額の推移を見ると，1990年代から大きく拡大していることが分かる（図表12-1）。

　では，そもそもなぜ企業は海外に進出するのだろうか？国内で生産し輸出するという形を取らない動機はなんだろうか。経済学的観点からは，水平的直接投資と垂直的直接投資と呼ばれる分類でその動機が分けられる。

　水平的直接投資とは，自国と同じ経済活動を海外でも行う直接投資のことである。例えば，自国と同じ製造部門を海外で設立し製造する場合がそれに当たる。トヨタが日本国内でもアメリカでも乗用車を製造していることは，水平的直接投資によると言える。

　これに対して垂直的直接投資とは，自国と外国で異なる機能をつかさどる部

103

基礎編

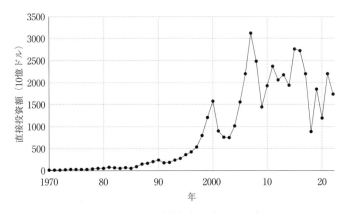

図表12-1　世界の直接投資額（net inflow）
（出所）World Development Indicator（世界銀行）より筆者作成

門を設立することに対応する。例えば，自国は本社機能や研究開発部門をもち，外国は製造部門を有した場合や，自国も外国も製造部門を持っているが，製造工程で別の工程を自国と外国で行う（自国は部品製造で外国は組立など）場合が考えられる。

　それぞれの形態が取られる理由はそれぞれ存在する。まず水平的直接投資については，なぜ同じ生産活動を両国で行うのかという点を考えてみるとよい。同じ生産活動なら１ヵ所で行って輸送すればよいということが考えられる。したがって，貿易にかかる費用が高い場合には輸送しないで現地で生産した方が望ましいということが言える。これは貿易に必要な輸送費だけでなく，経済紛争などが生じた時には関税が課される可能性があり，貿易の費用が拡大もしくは不確実な場合にもそれを避けるために直接投資が行われる。

　問題は同じ経済活動を２ヵ国以上で行ってしまって無駄にならないか，１ヵ所に集約した方が規模の経済が働きやすいのではないかという点である。これについては，工場レベルではなく，企業レベルでの技術・ブランドを保有している企業の場合は，企業レベルの規模の経済を発揮することが重要であるため問題がない。企業レベルの技術やブランドを複数の工場で共通して用いることができれば，企業全体の生産規模が確保されれば，工場が１ヵ所でも２ヵ所でも同じと考えられるからである。したがって，貿易コストの軽減，企業レベル

の規模の経済，また，現地市場規模が大きいといった特徴を持つ自動車産業などでは水平的直接投資が行われやすいということが言えるだろう。

これに対して垂直的直接投資は，なぜ違う経済活動を別の国で行うのかということを考える必要がある。この点については，第4章で見た異なる国で異なる経済活動が得意であることを利用するという動機が考えられる。すなわち，その国で生産性が高い産業，比較優位のある産業では，その効率性を反映して価格が低いことが考えられる。したがって，各国で比較優位のある部門を設立し，それぞれで効率的な生産をすることで，すべてを国内で行うよりも望ましい結果を生むのである。

例えば，先端技術や熟練労働が豊富な先進国経済では研究開発，経営戦略などを担当し，それに対して労働が豊富な途上国経済では労働集約的な生産活動を行うという方法である。電機電子産業などで行われる，研究開発は自国で行い，製造部門は海外で行うといったことは垂直的直接投資によって行われる。

水平的・垂直的直接投資という捉え方とは別に，経営学的な考え方としてOLIアプローチと呼ばれる直接投資の見方がある。OLIはそれぞれの経営戦略上の重要な優位性の頭文字である。

Ownership 所有の優位：技術・ブランドの優位性を所有する企業がその優位性を持って海外に進出

Location 立地の優位：貿易コストが高い時や現地生産が有利な時に現地に進出して生産することが優位

Internalization 内部化の優位：外部の経済主体との取引に関わる費用が高い時，つまり外部の取引相手を探す費用（サーチコスト），取引を円滑に遂行する費用（契約費用）などが高い時（途上国など）は，外部との取引ではなく自分で海外に進出することが優位

以上3つの要因は，水平的・垂直的直接投資の要因と重なる部分も多く，水平的直接投資の際に，企業レベルのブランド・技術力の存在があれば，複数の国で製造を行うメリットがある点を見たが，所有の有利と読み替えることもできる。水平的直接投資では関税などの貿易コストを回避する動機であったり，

垂直的直接投資では進出先の賃金などの価格が誘因となる点を見たが，立地の優位と読み替えることができる。

　内部化の利益は，企業内での取引か，企業間の取引かどちらが有利かという観点から直接投資を考えるものである。外国での部品の調達や製造の際に，情報の漏洩や制度的な問題で，外部の企業と契約を結ぶことのコストが高い場合には，自社で行った方が望ましい場合がある。内部化とは企業内で経済活動を完結させることであり，国際的な経済活動の際には直接投資という形態を取ることになる。

　では日本の直接投資のパターンはどういったものだろうか。日本企業は世界各国に進出しており，例えば自動車産業がアメリカに進出しているのは，貿易コストが高く，市場規模が大きい市場へ，技術力・ブランド力のある企業（水平・所有・立地の優位）が進出していると考えられる。これはEUや中国への進出のパターンとも一致すると考えられる。

　これに対し，本社機能・研究開発は日本で行い，製造費用が低い地域（垂直的・立地・内部化）へ進出するケースとして，電機電子産業が挙げられる。日本から中国，東南アジア諸国への進出の1つの形態が垂直的直接投資をとるのはそのためである。

　以上のように，どういった動機で進出するかという進出元の観点も重要であるが，直接投資の特徴として受け入れ国側への影響が大きいという点も重要である。すなわち，輸入という形で外国の製品を受け入れるのではなく，現地で生産という形を取るため，生産活動が活性化し，雇用の増大や経済成長が見込まれる。また，単なる生産量の増大だけでなく，先進国で用いられる生産技術が先進国から派遣された労働者・技術者により途上国に導入されれば，受け入れ国の技術水準も向上する。

　そして，その技術は直接投資により設立された企業・工場だけでなく，他の地場産業や他の産業にまで波及するスピルオーバー効果も存在する。進出した企業が高い生産性を有するのみならず，進出した企業から近隣の現地企業が学習を行うことが考えられる。また，進出企業に雇用された労働者が技能・技術を持って他企業に移籍したり，別企業を設立したりするケースもある。これにより，地域全体の技術水準が改善し，経済成長の基盤を形作るのである。

また，直接投資を行った企業は単に生産するだけではなく，進出した企業が，現地企業から部品などの調達を行うケースも考えられる。これにより，現地の部品企業の成長が達成されれば，成長した部品企業により高生産性・高品質の部品製造が行われる。その結果，その高品質の部品を，進出した企業だけでなく，現地の同業種の企業も調達することができる。結果として産業をまたいで直接投資の影響が波及していくことになる。スピルオーバー効果により，直接投資で受け入れた産業，その関連産業にまで生産性などの向上が見込まれれば，大きな経済成長のエンジンとして直接投資は考えられるだろう。そのため，多くの国が積極的に直接投資を受け入れる政策をとっている。

　直接投資は企業が自分の境界を国際的に拡大していく形態とも言える。例えば，垂直的直接投資で部品製造を外国で，最終組み立てを自国で行うならば，1つの製品を生産する製造工程がいくつもの国で分割されることを意味する。

　これに対し，例えばある一部の部品製造を他の外国の企業に委託し，その企業から輸入して自国の組み立てに利用するという製造工程の分割も可能である。このような外国企業を製造工程に組み入れる形をアウトソーシングやオフショアリングとよび，それらの製造工程全体が国際的な広がりを持つ場合，グローバル・サプライチェーン，グローバルバリューチェーンと呼ぶ。

　直接投資だけ，アウトソーシングだけ，行うのではなく，直接投資で自社で製造工程の国際化を行いつつ，製造工程の一部を海外の他の企業に委託するという形が多く取られている。何を自社で製造するか，何を他の企業に製造させるかという複雑なグローバルバリューチェーンの経営を今日の多国籍企業は行っている。

　グローバルバリューチェーンに特有の問題として，貿易政策・貿易コストが非常に大きな影響を与える点がある。これは，製造工程の内部で何度も部品が国際的に移動（貿易）するためである。したがって，関税や貿易コストがたとえわずかであっても上昇すれば，それらが頻繁に国境を超える際に積み重なってしまうと，非常に大きな影響を与えることになるからである。直接投資とグローバルバリューチェーンは今日の貿易政策を考える上で考慮すべき重要な現象なのである。

　貿易政策のみならず，直接投資そのものについての政策も大きな国際問題で

ある。第18章，第19章で世界貿易機関（World Trade Organization, WTO）について詳しくみるが，世界貿易機関は国際貿易について，複数の国に及ぶ国際的なルールをつかさどっている。いわば1つの世界的なルールに基づいて，モノの国際的な取引について各国が政策を決定しているのである。

これに対し直接投資についてはそういった多角的な国際ルールは存在せず，二国間で締結された投資協定，二国間投資協定（Bilateral Investment Treaty, BIT）により個々にルールが決定されている。基本的には外国投資家の権利を保護し，直接投資の促進を促す協定である。

直接投資の多角的なルールづくりは何度も試みられ失敗してきた（UN Audio Visual Libraryの国際投資協定を参照）。先にあげた世界貿易機関の前身として，国際貿易機関（International Trade Organization, ITO）の設立が第二次世界大戦後1948年に試みられた。この国際貿易機関はモノの取引に関するルールだけでなく，直接投資についてもルールを設定しようとしていた。しかしながら各国の合意が取れず設立されなかったため，直接投資についての多角的ルールは制定されなかった。その後，国連の国際法委員会の要請に基づいて作成された草案，外国人の経済的利益への損害に対する国家責任（Responsibility of States for Injuries to the Economic Interests of Aliens）や，経済協力開発機構（Organization for Economic Co-operation and Development, OECD）において1967年以降何度か多角的ルールの作成が試みられ，多国間投資協定（Multilateral Agreement on Investment, MAI）などの成立が志向されたが，1998年に不成立に終わっている。

自由貿易協定（Free Trade Agreement, FTA）の一部として投資に関する条文が存在し，複数国が従うルールは存在する。例えば北米自由貿易協定（North American Free Trade Agreement, NAFTA）の11章に投資に関する規定があり，その後のアメリカメキシコカナダ自由貿易協定（United States Mexico Canada Agreement, USMCA）に引き継がれた。しかしながら直接投資に関しては世界貿易機関のような多角的なルールは未だなく，主に二国間のルールによって規定されている。

二国間投資協定の先駆けとしては，アメリカが各国と友好通商航海条約（Treaty of Friendship, Commerce, and Navigation, FCN）を締結した際に，外国

第12章　なぜ自分の国で作らないで外国でつくるのか？

人の経済的な権利の保護を含んでいる点が挙げられる。日本も第二次世界大戦後の1953年に日米友好通商航海条約を結んでいる。

　その後，より外国人投資家保護に焦点を当てた協定の必要性が認識され，最初の二国間投資協定と呼ばれるドイツーパキスタン投資条約が1959年に結ばれ，その後他の二国間協定に影響を与えたアメリカーアルゼンチン投資条約が1994年に締結されている。これらはその後の他の二国間協定が同様の内容を含むように作成されており，その影響が非常に大きいものとして知られている。

　BITの重要な特徴として，国家の主権と外国投資家の権利のバランスをとるという点がある。BITは国際条約なので国際法のルールに従い，通常国際法は国と国の間の関係をつかさどる。しかし多くのBITは投資の受け入れ国と，外国人投資家という民間人との間の関係を規定している。それは投資家と国との間の紛争解決（Investor-State Dispute Settlement, ISDS）と呼ばれるものである。

　このBITを締結した相手国から直接投資が行われたとする。しかしその後，受け入れ国が何らかの政策をとり，結果として直接投資を行った外国企業の権利が侵害されたとする。極端なケースとしては直接投資で設立した工場を国有化するなどといったものである。この場合，BITでISDSの条項が存在するならば，外国企業が受け入れ国を訴えることができる。しかも，受け入れ国の裁判所では受け入れ国に有利な判断が下されると懸念される場合は，第三者の国際的な仲裁機関に訴えることができるのである。例えば国際連合の国際投資紛争解決センター（International Centre for Settlement of Investment Disputes, ICSID（イクシッド））などがある。これにより，例えばBITで投資が自由化されたはずなのに，受け入れ国の政策で経済活動に制限が加えられた場合でも，その補償を求めることができるので，安心して直接投資を行うことができることになる。

　しかしながら，これは国家の主権，特に公共の利益を守るための規制・政策が外国企業によって制限される可能性をもたらす。環境保護や国民の健康を守る政策と外国企業の権利の問題として，国際的なタバコ会社であるフィリップモリスとウルグアイの紛争がある。タバコのパッケージにブランドでなく健康被害の写真などで包装することを義務づけたことを，自社ブランド利用の経済

基 礎 編

活動の制限として訴えた事件である。ICSIDでの裁定はウルグアイの主張を認め，BIT違反ではないとの結論を得た。しかし，このような国家の保健政策・環境保護などを行う裁量が制約を受ける可能性は常に存在する。

　また，国家の安全保障の問題などについても同様である。例えばアメリカーアルゼンチンBITではアルゼンチンに対する訴訟において，アルゼンチン政府措置が投資家の権利侵害と訴えられた際に，アルゼンチン政府は安全保障上必要な措置だったと主張するが，それが退けられるケースがあった。したがって，近年のBITでは，安全保障上の例外を強化するケースが多い。NAFTA以降に導入され，アメリカの投資協定の文章のひな型であるUS Model BIT 2004には国が自己判断するという意味合いの文言，「… that it considers …」とあり，国家が安全保障上必要だと考えるならば投資家の権利を制限する政策が取りうる形となっている。この文言は応用編第10章のWTOの安全保障上の例外と同じ形式をとっている。WTOでは安全保障については例外として保護貿易を採用できるということが第21条により認められており，そこでの文言がこの「it considers」である。投資家保護と国家の主権（公共の利益の為の規制）との間の関係を，より国家が規制できる力を強める方向に向かっていると言える。

　最後に，直接投資・多国籍企業に関わるルールの問題として国際課税を挙げておく。多国籍企業はどの国における利益に対して課税をされるべきだろうか。各国で挙げた売上に対して法人税が課されるとすると，多国籍企業は企業間の取引を用いて，法人税が高い国から法人税が低い国（タックスヘイブン）に多額の支払いを行ったようにして，法人税が高い国では利益がないため税を納める必要がなく，法人税が低い国でわずかな税を納めるという方法で，企業全体の税の支払いを抑えようとするかもしれない（トランスファープライシング）。

　しかし，多国籍企業が法人税の高い国でもその国の行政サービスを利用しているならば，相応の負担をすべきであるため，そういった課税逃れをどう防ぐかという問題が重要である。アイルランドなどいくつかの国では積極的に法人税を引き下げているが，それにより企業の誘致が進むならば別の国も同様の政策を採用し，結果として各国の法人税引き下げ競争により適正な課税ができなくなる可能性もある。

第12章　なぜ自分の国で作らないで外国でつくるのか？

**考えてみよう**
海外で経済活動を行っている企業の名前を挙げることができるだろうか。また，日本に進出している外資系企業を挙げることができるだろうか。それらの企業の特徴はなんだろうか。

## 第13章

# 我々は世界経済の食物連鎖のどこにいるのか？
「グローバルバリューチェーン」

キーワード：付加価値　産業連関表　グローバルバリューチェーン

我々人間は様々な他の生物，植物や動物を食して生きている。それらの生物はまた他の生物を摂取して生きており，また他の生物は別の生物を摂取している。こうした連鎖によって我々の活動は支えられている。

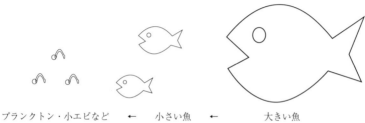

プランクトン・小エビなど　←　小さい魚　←　大きい魚

図表13-1　食物連鎖

経済活動も同じである。生産活動は，原材料を製造し，それを利用して部品を作り，その部品を利用してまた別の部品を作り，それら部品などの中間財を用いて最終財を生産して，消費者に供給する。

一国の経済水準を表す国内総生産（Gross Domestic Product, GDP）の計算の仕方も，各生産工程の付加価値を合計していくものであった。例えば自動車生産における付加価値の合計は，鉄鉱石を掘り出した価値（例えば100万円），鉄鉱石を使って鉄鋼を生み出して150万円になれば付加価値は 150－100＝50万円，その鉄鋼を使って生み出した自動車の価値が350万円であれば 350－150＝200万円が付加価値となり，付加価値の合計は 100＋50＋200＝350 であり，それは最終消費財である自動車の価値と同じであった。

つまり，食物連鎖で言えば，プランクトンを食べて小エビが大きくなった分を付加価値と考えれば，小エビが大きくなった分，小エビを食べて小さい魚が

大きくなった分，小さい魚を食べて大きい魚が大きくなった分，大きい魚を食べて我々が大きくなった分，の合計と考えられるのである。

　第12章で直接投資による企業の国際化を見たが，その際に生産工程が分割され国際化されるという点があった。実際に半導体とその装置などは細分化され，国際化された生産工程を持つ。

　　　原料(金属ケイ素) → シリコンウェファー → 半導体 → 車の制御装置 → 完成車
　　　　オーストラリア　　　　日本　　　　　　韓国　　　　日本　　　　　アメリカ

これら生産工程間で貿易が行われることになる。

　このように生産工程の過程で貿易が行われる場合，生産工程の中であなたの重要性はどう測られるだろうか。販売額すなわち輸出額が大きいことだろうか，それとも各工程で生み出す付加価値額だろうか。輸入して，どの程度の付加価値を加えて大きくして，輸出しているかという付加価値の大きさを見る必要があるのではないだろうか。

　通常の貿易のデータでは付加価値の計測はせず，販売額・輸出額だけである。その場合にその国の重要性が正しく測られない可能性がある。以下の日本・中国・アメリカの例を考えてみる。

　日本から中国に100円の部品を輸出したとする。中国で部品を用いて中間財を生産しその価値が150円になったとする。この中間財を再び日本が輸入する。そしてこの中間財を用いて最終財を生産し200円でアメリカへ輸出する。

　　　日本100→中国150→日本200→アメリカ

　この場合，日本の輸出額はいくらになるかというと，100円の中国への輸出と200円のアメリカへの輸出の合計，300円である。しかし，日本で生み出された付加価値はどうだろうか。まず100円の部品を生み出した付加価値がある。そして，150円の輸入した中間財から200円の最終財を生み出したから，50円の付加価値を生み出している。つまり付加価値の合計は100円と50円の合計150円である。輸出の合計300円とは大きく異なるのである。

　このように国際的な生産工程で製造する形態をグローバルバリューチェーン (Global Value Chain, GVC) とよび，国際的に価値（バリュー）を加えていく連鎖が生じていると見るのである。貿易額は販売額をカウントしているだけなので，高い価値の部品を輸入しそのまま再輸出しているだけかもしれない。どのく

いあなたの経済での食物連鎖での役割が重要かは付加価値額で把握する必要があるため，付加価値貿易という概念を考える必要がある。

付加価値額を計算するためには産業連関表という表を用いる。これは投入→産出で使用されたり生み出された額をまとめたものである（図表13-2）。

|  |  | 中間需要 |  | 最終需要 | 生産額 |
|---|---|---|---|---|---|
|  |  | A産業 | B産業 |  |  |
| 中間投入 | A産業 | 10 | 40 | 10 | 60 |
|  | B産業 | 20 | 50 | 80 | 150 |
|  | 粗付加価値 | 30 | 60 |  |  |
|  | 生産額 | 60 | 150 |  |  |

図表13-2　産業連関表

産業連関表は Input Output Table と呼ばれるものであり，input は投入，output は産出のことである。つまり投入から産出で付け加わった価値が付加価値である。また，この産業連関表は国際的な連関は入っていない。国際的な連関も含めた産業連関表は後で見る。

そして Input Output Table と呼ぶ通り，この表は順番に横から読んで input 投入が表され縦に output 産出が表されていると読むのである。例えば A産業の生産物が B産業に用いられるとすると，A からの投入が B への需要に充填される40円がその金額になる（図表13-3）。

|  |  | 中間需要 |  | 最終需要 | 生産額 |
|---|---|---|---|---|---|
|  |  | A産業 | B産業 |  |  |
| 中間投入 | A産業 | ~~10~~ | ㊵ | 10 | 60 |
|  | B産業 | 20 | 50 | 80 | 150 |
|  | 粗付加価値 | 30 | 60 |  |  |
|  | 生産額 | 60 | 150 |  |  |

図表13-3　A産業からB産業への投入

したがって横の行を見る時には投入元の情報が書かれていると意識し，縦の対応する列に産出していくという情報があると意識するのである。

第13章　我々は世界経済の食物連鎖のどこにいるのか？

この表の数字の部分をまとまりで抜き出して、産出＝投入＋最終需要という関係を中間需要（投入）Z、最終需要F、生産額Yで表すと、

$$X = Z + F$$

として簡潔に表される（図表13-4）。

|  |  | 中間需要 |  | 最終需要 | 生産額 |
|---|---|---|---|---|---|
|  |  | A産業 | B産業 |  |  |
| 中間投入 | A産業 | 10 | 40 | 10 | 60 |
|  | B産業 | 20 | 50 | 80 | 150 |
|  | 粗付加価値 | 30 | 60 |  |  |
|  | 生産額 | 60 | 150 |  |  |

図表13-4　産業連関表

ここで、投入係数を考える。これは第4章で見たリカードモデルの投入係数と同じで、1単位の生産を行うのに何単位の投入が必要かを表したものである。

$$A = Z/X$$

2単位の自動車を製造するのに10人労働者が必要であれば、10/2＝5で1単位の製造には5人必要ということである。これを用いると先の関係はZをAXで置き換えて

$$X = AX + F$$

として表される。

経済の波及効果を産業連関表で見るためにはAは行列であるため、行列計算が必要になるが、単純に産業が1つの場合であるならば、投入係数のAは行列でなく数値aとして表され、

$$X = aX + F$$

となる。Xについてまとめると、

$$(1-a)X = F \Leftrightarrow X = F/(1-a)$$

として産出が表される。これは、最終需要Fが増えた時に$1/(1-a)$倍産出が増えることを表している。このことを波及効果として見るために、最初が1でa倍ずつ増えていく数を考える。

$$1, \ a, \ a \times a, \ a \times a \times a, \ \cdots\cdots$$

115

これらをすべて無限まで足すと，

$$1 + a + a^2 + a^3 + \cdots = \frac{1}{1-a}$$

という無限級数の和で表される。すなわち，先ほどの $X = F/(1-a)$ は，最終需要が増えた際にまず直接最終需要に用いられる投入の増加分が表され（a），次にその投入に用いられる投入（a×a）が表され，そのまた投入に用いられる投入が表されていく（a×a×a…）という波及効果を捉えているのである。

投入係数と似たものとして，付加価値係数がある。

　　付加価値係数＝付加価値額／産出額

産業連関表を縦に見ると，産出額は投入額と付加価値額（W）の合計である。

$$X = Z + W$$

先ほどと同様に投入額を投入係数×産出額で置き換えると，

$$X = aX + W$$

両辺を産出額で割り，付加価値計数を $v = W/X$ とすると，

$$1 = a + v$$

となる。これを付加価値係数で表すと，

$$v = 1 - a$$

となり，付加価値係数はその産業で生み出された付加価値，すなわち中間投入以外で生み出された生産額の割合ということになるのである。

この章の最初に GDP は付加価値の合計ということを述べたが，上の表現を用いて GDP の計算をすることができる。$b = 1/(1-a)$ とし，付加価値率 v は 1 －中間財投入率の合計で表されるから，産出額に付加価値率を掛けて付加価値額を導出して合計（ここでは 1 部門だけなので 1 個だけ）すると，GDP となる。

$$vX = GDP$$

そして，産出と最終需要の関係から $vX = vbF$ であり，$v = 1-a$ であったことから，$vbF = (1-a)/(1-a)F = F$ となり，GDP が最終需要と等しくなることも分かる。

グローバルバリューチェーンでの付加価値の計測を行うためには，国際的な産業連関表を考える必要がある。これは単に自国の部品などの投入を見るだけでなく，外国で生産された部品などの中間投入も表に表したものである（国 A

第13章　我々は世界経済の食物連鎖のどこにいるのか？

と国B)。したがって，国際産業連関表の中身は産業だけでなく国でも分けている（図表13-5)。

|  | 中間需要A | 中間需要B | 最終需要A | 最終需要B | 総生産 |
|---|---|---|---|---|---|
| 中間投入国A | 10 | 130 | 60 | 60 | 260 |
| 中間投入国B | 50 | 200 | 80 | 100 | 430 |
| 付加価値 | 200 | 100 | | | |
| 総生産 | 260 | 430 | | | |

図表13-5　国際産業連関表

これにより，貿易における付加価値を知ることができる。先ほどと同様に投入係数で考えると，

$$X = AX + F$$

である。ここで，最終需要Fではなく，外国からの需要として輸出に限定して考える。すなわち，FでなくEという輸出額における付加価値を計算する。

|  | 国A | 国B |
|---|---|---|
| 国A | a' | b' |
| 国B | c' | d' |

図表13-6　単純化した国際産業連関表

国際産業連関表でも行列の計算が必要となるが，国際的な連関のエッセンスを見るために，より単純化し，産業は1つで国がAとBの2ヵ国に分かれた国際産業連関を考える。この産業連関で，国際連関部分を見てみる（図表13-6)。

国AからAへの投入＝a'であり，AからBへの投入＝b'として表される。したがって，輸出におけるA国内で生み出された付加価値はB国へ送っていない部分であるa'のみである。

自国向けのみa'であるから，その波及効果は同様に

$$b'' = 1/(1-a')$$

と表され，国内付加価値輸出額（DVX）は：DVX = vb''E
として表される。この額がグローバルバリューチェーンで国Aが輸出において生み出した付加価値である。

ここで注意点は，この章の最初で述べた二重計上の問題である。日本の輸出額は300円であったが，日本で生み出した付加価値は150円であった。国境を越えるたびに計上される輸出額は付加価値を二重に計上する。しかし，今考えた

ように，国内で外国に送っていない部分だけ取り出すことができれば，国内で輸出に体化された付加価値を計測できるのである。

よって，国内と国外を区別しない波及効果で計測される付加価値は，自国で生み出した輸出の付加価値と二重計上の部分の合計からなる

$$vbE = vb"E + 二重計上$$

2014年WIODデータを用いて付加価値貿易額を日本の輸出額と比べてみると，輸出額は8175億ドルであるが，付加価値輸出額（DVX）は6166億ドルであり，二重計上の額は26億ドルである。また，日本の輸出額の内，外国で生み出した付加価値の額である外国付加価値貿易額（FVX）は1892億ドルであった。

このようにグローバルバリューチェーンで生み出される付加価値であるが，各国はどういったグローバルバリューチェーンでの位置を占めているかが問題となる。すなわち，生産工程の上流に位置するのか下流に位置するのだろうか。上流というのはもっとも消費者から遠い最初の生産工程，原材料の製造などがあたる。そして，上流度として，何工程たどれば最終消費者に到達するかという数を考える。食物連鎖で言えば，プランクトンなどがもっとも上流である。

同様に生産工程が下流であるとは消費者に近いということであり，途中で多くの部品などの中間財を利用することになる。よって，下流度とは中間財の使用割合が労働や資本に比べて高いかどうか，高いならそれだけ上流工程で生産された部品などの中間財を多く使用しているから最終消費者に近いと考える。

このグローバルバリューチェーンでの上流・下流の位置は，波及効果と同じように考えられる。投入の波及効果は投入係数を使って，最初は1，次はa，その次はa×aといった形で投入をさかのぼって波及していったが，この波及のプロセスに生産工程の数を追加する（Antras and Chor 2013）。波及していく段階を第1段階，第2段階，第3段階と考えて，最初の波及は第2段階なので2をかける，次の波及は第3段階なので3をかけるとやっていく

$$1 + 2 \times a + 3 \times a^2 + 4 \times a^3 + \cdots$$

これによってある国が，グローバルバリューチェーンのどういった段階に位置しているかを計算できるのである。

世界と日本のグローバルバリューチェーンの位置をこの上流度・下流度の値でみると，1990年代後半から拡大しており，グローバルバリューチェーンの世

第13章　我々は世界経済の食物連鎖のどこにいるのか？

界的な拡大が起きていることが分かる。しかし2015年以降その拡大が停滞しており，中国の上流度・下流度は2000年頃の水準となっている。アメリカや日本も同様に上流度・下流度が進展していないことが分かる（図表13-7）。

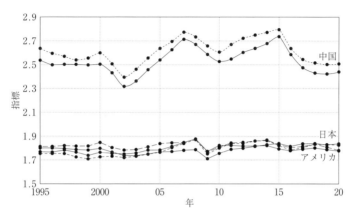

図表13-7　上流度・下流度の指標
注：中国，日本，アメリカの指標：点線，破線が下流度，実線が上流度
（出所）https://www.tradeconomics.com/position/ より筆者作成

　ではこのグローバルバリューチェーンの位置の経済的意味は何だろうか。1つは，グローバルバリューチェーンの上流，下流は付加価値が高い産業であるという点がある。すなわち，最も上流には原材料や素材の生産，研究開発活動が当り，最も下流はマーケティングやサービスが当る。これらの部門は中間の製造部門よりも生み出す付加価値が高いと考えられている。このことは，下流度と付加価値の関係をグラフでみると，笑っているように見えるためスマイルカーブと呼ばれている（図表13-8）

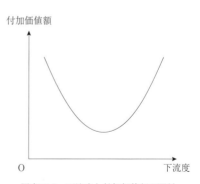

図表13-8　下流度と付加価値額の関係

　グローバルバリューチェーンの位置の経済的意味の2つ目は，バリューチェ

ーンを波及していく影響である。経済活動に変化があった時に，別の産業に波及していくことでその変化が増幅されることがある。例えば税や景気など消費者の行動が変化した時は，上流に位置する産業ほど影響が大きい，すなわち変動が大きいことが知られている。例えば増税による消費減少が起きたとする。それにより，最終財の生産減少し，その最終財の生産に用いられる中間財生産減少し，そしてその中間財生産に用いられる中間財生産が減少する，といった形で生産の減少が増幅されていくのである。結果としてもっとも上流の産業（石油，金属）でそうした変化の影響を最も受けるという問題がある。

　最後の注意点として，ここで見たグローバルバリューチェーンの付加価値の計測は，投入の構造，波及の構造が決定されている下で行っているという点がある。産業レベルでいわば構造が決まっている状態である。しかし，バリューチェーンの構築，すなわち何をどれくらいどこから投入しどう産出するかは企業の決定による。したがって，本来は企業レベルでのグローバルバリューチェーンの選択の問題を考える必要がある。

　企業がどの工程をどう生産するかの選択は非常に複雑である。例えば単純にアウトソーシングするか否か，すなわち輸入により中間財を調達するか否かというアウトソーシングの意思決定を考える。その際に問題となるトレードオフは，アウトソーシングのデメリットとしてアウトソーシングにかかる費用（情報獲得など）と，メリットとしてのアウトソーシングによる生産費用の軽減である。これらを比較してアウトソーシングするか否かを決定する。

　この決定が複雑になる理由は，現状行われているアウトソーシングの状況との関係である。例えば中国へのアウトソーシングの費用が下落したとする。結果として中国からのアウトソーシングが魅力的になり，中国からのアウトソーシングが拡大したとする。この中国からのアウトソーシングの拡大だけで完結する問題ではない。結果として他のアウトソーシングがより魅力的になったり逆に費用が増大したりする可能性がある。例えばベトナムやインドネシアからのアウトソーシングをすでに行っていた時にはアウトソーシング全体の再構築を行う必要性がある。

　そして，そういったグローバルバリューチェーンの構築は，アップル，トヨタといったしばしば大規模多国籍企業によりデザインされる。どこで，どうい

った工程を，どの程度生産するかを決定するという企業の意思決定は生産工程全体についての最適化を必要とする。ある一部の工程にとっては最適（低コスト）な立地であっても，その立地が前工程や後工程から離れていた場合には，生産工程全体の観点からは最適な立地ではなくなる可能性がある。中国からのアウトソーシングが魅力的になった場合には，例えばスリランカからのアウトソーシングが工程から遠すぎるためにグローバルバリューチェーンから外れるといったことが起こりうるのである。グローバルバリューチェーンに関わる政策を考案する際にはそういったグローバルバリューチェーン全体への影響も考慮する必要がある。

**考えてみよう**

皆さんが消費している財（時計，カバン，靴など）について，その生産のどの工程にどういった国が関わっているか分かるだろうか？

## 第14章

# 貿易は環境を破壊するのか？

［環境と貿易］

キーワード：規模効果　技術効果　構造効果

---

　今，読者の皆さんがこの教科書で勉強をしているのは，7月の試験前の「暑い夏」が始まったころだろうか。あるいは1月の寒い冬のころだろうか。夏以外の季節に読んでいる読者のみなさんは，毎年のように「猛暑」という言葉が飛び交っている最近の夏を思い浮かべてほしい。

　我々の経済活動は，様々な副産物を生み出す。財やサービスの生産活動から生み出される副産物の中には，自然環境に悪影響をもたらすものも存在する。例えば，1980年代以降，それ以前に比べて地球全体の平均気温の上昇が顕著になってきている（図表14-1）。この平均気温の上昇が，皆さんにイメージしてもらった「暑い夏」の1つの要因となっている。

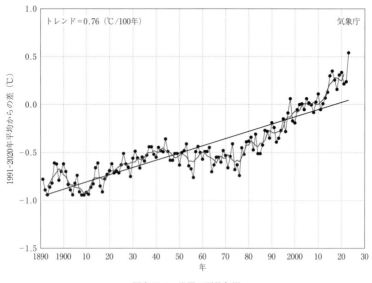

図表14-1　世界の平均気温

第14章　貿易は環境を破壊するのか？

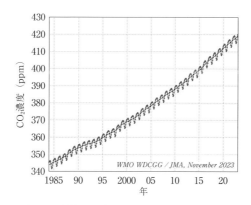

図表14-2　大気中二酸化炭素の世界平均濃度の経年変化
（出所）気象庁「地球温暖化」
https://www.data.jma.go.jp/cpdinfo/temp/an_wld.html

　主な原因の１つとして経済活動による温暖化ガスの排出が挙げられる。代表的な温暖化ガスの１つである二酸化炭素の大気中の濃度は確実に上昇してきていることが分かる（図表14-2）。平均気温の上昇は世界的な異常気象と災害の増加をもたらし，経済活動にもマイナスの影響を与えてきている。化石燃料の使用による二酸化炭素の排出は特に注目を集めており，国際連合の気候変動枠組条約（UNFCCC）締約国会議では，継続的に温暖化ガスの排出削減と脱炭素に向けた国際的な枠組みが話し合われてきた。

　生産が拡大すると環境破壊をもたらすような物質の排出が増加することから，多くの国々で工業化が進展し経済成長が加速する過程において環境問題が深刻化してきた。日本においても，高度経済成長が始まった1950年代から1970年代にかけて公害問題が深刻化した。

　ある国の政府が貿易障壁を取り除き，企業や個人が外国と自由に貿易をできるようになると，その国が比較優位を持つ財を輸出するようになり，経済が成長し所得が増加する（第４章，第11章）。前述の経済成長と環境問題の関係から，「貿易は環境を破壊する」のだろうかという疑問が浮かんでくる。「貿易は，環境問題を深刻化させ，環境被害や健康被害を増加させる」と言えるのだろうか。

基 礎 編

まずは、温暖化ガスの排出を例に話を進めてみよう。

貿易が開始されると、自給自足の時の価格が世界価格よりも安い財を輸出するようになる。このことを第3章で用いた需要と供給の図を応用させて考えてみよう（図表14-3）。簡単化のために第3章と同様に小国を仮定する。

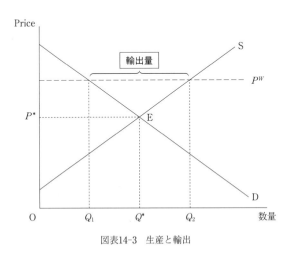

図表14-3　生産と輸出

貿易が行われていない時は、需要曲線（$D$）と供給曲線（$S$）の交点（E）が均衡となり、価格（$P^*$）と消費量／生産量（$Q^*$）が決まる。いま、世界価格がこれよりも高い$P^W$であるとしよう。貿易が始まると、国内価格が上昇し世界価格と等しい$P^W$となる。この価格のもとでは需要量が$Q_1$となり、供給量が$Q_2$となる。供給量のほうが需要量よりも大きいが、その差分（$Q_2-Q_1$）は外国へと輸出される。ここでのポイントは、生産量の拡大である。自給自足の時に比べて自由貿易の時には、$Q_2-Q^*$だけ国内の生産量が増加している。1単位の生産から一定量の温暖化ガスが排出されるとすれば、この財に注目すると温暖化ガスの排出が増加することが分かる。

では、貿易によって必ず温暖化ガスの排出は増加するかというと、必ずしもそうとは言えない。第3章で学んだ輸入のケースをもう一度見てもらいたい。ビールの市場では自給自足の時には2単位の供給が行われていたのに対し、貿易が行われるとビールが輸入され、国内でのビール生産は1単位に減少してい

る。輸入競争財の生産は減少（輸入競争財産業が縮小）する。ビールの生産1単位から一定の温暖化ガスが排出されているとすると，生産の縮小は温暖化ガスの排出量を減らす効果を持つ。輸出財生産からの排出と輸入競争財生産からの排出に対して，貿易が逆の効果を持つことが分かる。

さて，一般的に各産業の生産量1単位当たりの温暖化ガス排出量は等しくない。ある産業は排出量がとても多いが，別の産業では排出量が少ない。図表14-4は，イギリスにおける2017年の産業別の二酸化炭素排出集約度（Carbon dioxide emissions intensity）である。正確には，温暖化ガス排出量をその産業の粗付加価値で割ったものである（このため，図の説明で用いた生産1単位当たりとは厳密には定義が異なることに注意されたい）。相対的な排出量で見てみると，鉱山業・採石業や電気・ガス産業などの集約度が高いことが分かる。ここでは製造業が1つにまとめられているが，製造業の中では，パルプ・製紙，化学，鉄・非鉄・金属産業などは相対的に二酸化炭素排出集約度が高いと考えられている。

汚染集約度（上の表の例では二酸化炭素排出集約度）の高い産業（財）を汚染集約産業（汚染集約財），低い産業を非汚染集約産業（非汚染集約財）と呼ぼう。貿易が開始されることで輸出財の生産が増えることから，輸出財が汚染集約財である場合には，その国の生産からの汚染物質の排出が増加する可能性が高い。

「排出された汚染物質がどの程度国境を越えて被害をもたらすか」も，貿易が「地球温暖化による異常気象や災害の発生の増加」につながるかどうかを考えるうえで大事なポイントである。二酸化炭素などの温暖化ガスは，排出場所がどこであるかにかかわらず地球全体に平均気温の上昇という影響を及ぼす。したがって，日本の「貿易と地球温暖化による災害の関係」を明らかにするためには，日本の経済活動から排出される温暖化ガスだけではなく，世界全体の経済活動から排出される温暖化ガス総量の変化を考えなくてはならない。一方，主に排出された地域にのみ環境被害や健康被害をもたらす物質も存在する。例えば，二酸化硫黄（$SO_2$）は，大気中にそのまま排出されると主に排出された地域に住む人々の呼吸器に影響し，気管支喘息などを引き起こす。日本における四大公害事件の1つである四日市ぜんそくがその代表的な例である。日本における「貿易と二酸化硫黄による被害の関係」を明らかにするためには，主に

基礎編

| 産　業 | 二酸化炭素集約度 |
| --- | --- |
| 農業，林業，漁業 | 0.74 |
| 鉱業および採石業 | 1.05 |
| 製造業 | 0.45 |
| 電気，ガス，蒸気，空調の供給 | 3.1 |
| 上水道，下水道，廃棄物管理，復旧活動 | 0.21 |
| 建設業 | 0.11 |
| 卸売・小売業，自動車・オートバイ修理業 | 0.07 |
| 運輸・倉庫業 | 1.07 |
| 宿泊・飲食サービス業 | 0.05 |
| 情報通信業 | 0.01 |
| 金融・保険業 | 0 |
| 不動産業 | 0 |
| 専門・科学・技術 | 0.01 |
| 行政・支援サービス業 | 0.03 |
| 行政，防衛，社会保障 | 0.06 |
| 教育 | 0.02 |
| 保健・福祉 | 0.03 |
| 芸術，娯楽，レクリエーション | 0.05 |
| その他のサービス業 | 0.03 |
| 雇用主としての家計の活動など | 0.01 |

図表14-4　イギリスにおける2017年の産業別の二酸化炭素排出集約度
（出所）UK carbon dioxide emissions intensity の一部を引用して筆者作成 https://www.ons.gov.uk/economy/environmentalaccounts/datasets/carbondioxideemissionsintensitybyindustry

日本の生産活動から排出される二酸化硫黄に注目すればよいことになる。極端な話をすると，健康被害をなくすことを最優先の目標にするならば，二酸化硫黄を排出するような生産活動はすべて遠くの外国に移してしまえばこの問題は日本においてはなくなることになる。もちろん，絶対に越境しないというわけではない。国境が接している2つの国であれば，隣国の隣接都市で排出された二酸化硫黄の影響を受けることになる。例を挙げると，中国で排出された硫黄酸化物が黄砂に吸着して日本に飛来することが指摘されている。

　実は，貿易と環境の研究の蓄積によって，一般的に貿易が環境破壊をもたらすかどうかについては，規模効果，技術効果，構造効果という3つの効果が鍵を握っていることが分かっている。

　1つめの規模効果とは，貿易が開始されることによって国内の経済活動が増加し，経済全体の生産の規模が拡大し，環境を悪化させる汚染物質の排出が増

加する効果である。これは輸出財のみの生産増加の効果とは異なり，サービス部門などの非貿易財産業も含めたすべての産業の経済活動も含めた経済規模拡大の効果である。

　貿易によってその国の人々の所得が増加し，これがよい環境に対する需要増加につながる結果，環境規制が強化されたり，排出への課税が行われたりするようになる。また，環境配慮型技術や汚染削減技術の開発，ハイブリッド車などの温暖化ガス排出の少ない製品の開発が進む。これらの結果，生産単位当たりの排出量が減少する効果が生まれるが，これが2つめの技術効果である。図表14-5はこのことを簡単に表している。図中の $Q^*$ および $Q_2$ は，図表14-3の自給自足の時の生産量，および輸出が行われている時の生産量に対応している。灰色で塗られている部分は自給自足の時のこの財の生産から排出される温暖化ガスの総排出量（単位当たり排出量($E^*$)×生産量($Q^*$)）を表している。また，斜線部分は輸出が行われている時の生産から排出される温暖化ガスの総排出量（単位当たり排出量($E_2$)×生産量($Q_2$)）を表している。生産量が増加したとしても，汚染排出の少ない生産方法への切り替えや，新しい環境配慮型技術の開発（エネルギー効率のよい機械など）による単位当たり排出量の減少効果が大きく働けば，総排出量は減少する。

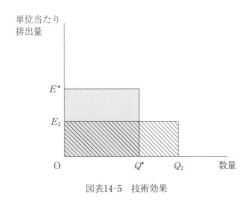

図表14-5　技術効果

　3つめの構造効果は，上で説明した通り，貿易が行われることでそれぞれの国において比較優位をもつ産業が拡大し，そうでない産業が縮小する形で産業構造が変化することによる効果である。この効果が排出総量を増加させる効果

基礎編

を持つか，あるいは減少させる効果を持つかは，それぞれの国の比較優位構造によって決まってくる。

これらの3つの効果は，同じ方向（排出を増やすか減らすか）に作用するわけではないので，貿易が環境にどのような影響を与えるかは，ケースバイケースであると言える。対象とする汚染物質やその国・地域の産業構造によって，3つの効果の大小関係が異なるためである。

3つの効果の大きさが現実にどの程度なのか，どの効果が大きくどの効果が小さいのかについては，多くの研究が行われてきている。例えば，特定の排出される物質に絞り，多くの国々あるいは都市のデータを用いてこれらの効果を推定し，貿易が排出総量に与える影響を分析した研究としては，Antweiler et al（2001）や Managi et. al（2009）などが挙げられる。Managi et al.（2009）は，二酸化硫黄と二酸化炭素については1973年から2000年までの88か国のデータを，水質汚濁物質である生物化学的酸素要求量（BOD）については1980年から2000年までの83か国データを用いて，貿易が環境負荷に与える影響の分析を行っている。環境省浄化槽サイトによると，BODとは「水の中の汚れである有機物がどれくらいあるかを示す指標である。水の汚れ（有機汚染）が大きいと，水中の微生物がたくさん増え，息をする（無機化する）ことによって酸素が多く使われる。BODは，それらの微生物によって使われる酸素量のことである。したがって，BODが大きければ水中の汚れがひどいことを示すため，水の汚れ具合の指標」とされている（https://www.env.go.jp/recycle/jokaso/himitsu/main02.html から引用）。

さて，ここまで本書を読んでこられた読者の皆さんの中には，あることに気づいている人がいるのではないだろうか。それは，これまでたびたび登場してきた識別の問題である。確かに貿易は生産活動に影響を与え，結果として汚染物質の排出などの環境負荷に影響を与える可能性がある。しかし，環境問題が深刻になることで環境規制が厳しくなり，そのことが貿易量や貿易構造に影響を与える可能性もある。

　　貿易↑　⇒　汚染物質の排出↑　⇒　環境問題の深刻化↑
　　環境問題の深刻化↑　⇒　環境政策の変化↑　⇒　貿易↑↓

Managi et al.（2009）では，GMM（General Method of Moments）を用いたダイ

ナミックパネル分析を行っている。この手法については本書のレベルを超えるため詳細には踏み込まないが，被説明変数（排出量）のラグ変数（過去の期の値）などを操作変数に用いて貿易が環境に与える影響の推定を行っている。貿易が原因，環境負荷（汚染物質の排出）が結果である。

　Managi et al. (2009) の分析は，二酸化硫黄と二酸化炭素については，結果がOECD諸国と非OECD諸国とで異なるという興味深いものである（OECD (Organisation for Economic Co-operation and Development) 経済開発協力機構）。OECD諸国では，技術効果によるポジティブな環境への効果（環境負荷を低める効果）が規模効果による環境へのネガティブな効果（環境負荷を高める効果）を上回るが，非OECD諸国では逆に規模効果が技術効果を上回る。構造効果についても推定が行われている。一般的にOECD諸国のほうが，生産に機械設備などの資本をたくさん投入する資本集約財の生産に比較優位を持ち，非OECD諸国のほうが生産に労働をたくさん投入する労働集約財の生産に比較優位を持つと考えられている。また，資本集約財は一般的に汚染集約的であると考えられている。理論的には，貿易が拡大すると，OECD諸国において汚染集約財の生産が拡大するため，構造効果はOECD諸国の環境問題を深刻化させると考えられる。しかし，OECD諸国では排出規制などの環境政策が厳しく，この政策効果が構造効果を上回る。総合的には，貿易はOECD諸国の環境を改善し，非OECD諸国の環境を悪化させることが示されている。

　ここまでは汚染集約産業，資本集約産業といったように，産業をひとくくりにして考えてきた。しかし，一般的に，ある産業の中には多くの企業が存在し，それらの企業の汚染排出係数は必ずしも等しくない。同じ産業の企業であっても，汚染排出係数の大きい企業もあれば，小さな企業もある。例えば石油を大量に使用する企業の二酸化炭素排出係数は大きいが，天然ガス，バイオ燃料や再生可能エネルギー由来の電力を主に使用する企業の二酸化炭素排出係数は小さい。企業間で汚染集約度のばらつきが大きい場合，技術効果が同じ産業のすべての企業に同じように働くとは限らない。

　Jinji and Sakamoto (2015) は，貿易が自由化されることによって，「輸出を行う企業の二酸化炭素排出係数が低下する」という企業レベルでの技術効果が働くのではないかという点に着目した。輸出をする企業の生産性が上昇し，産

業内で輸出に従事する企業の割合が上がれば、産業レベルでも技術効果が働くことになる。さて、ここでも識別の問題が存在することにお気づきだろうか。ここで推定したい因果関係は、「輸出（原因）が企業の二酸化炭素排出係数を低下させる（結果）」ことである。しかし、「二酸化炭素排出係数の低い企業（原因）が輸出を行う（結果）」のかもしれない。この識別の問題に対処するために、Jinji and Sakamoto（2015）は、傾向スコアマッチングという手法を用いている。2006年から2011年までに輸出を開始した企業群をトリートメントグループ（処置群，介入群）とし、この期間に輸出を全く行わなかった企業をコントロールグループ（参照群）とする。それぞれの時点において、輸出を行っているトリートメントグループのそれぞれの企業と「最も類似した」企業をコントロールグループから1つ選びペアを作っていく。こうして、新たな比較対象グループを作成することで輸出開始が企業の二酸化炭素排出係数に与える影響を識別するしている。序章で説明した「たまたま」できあがった完全なパラレルワールドを作ることができるわけではないが、かなり「たまたま」に近い状況での分析が可能になると言える。図表14-6に、産業ごとのインパクトが示されている。各産業において、「輸出を開始した企業」が、「輸出を行わなかった企業」に比べて、平均的にどの程度二酸化炭素排出係数が小さくなったかが表されている。鉄鋼産業を除いて、企業レベルでの技術効果が働いていることが分かる。

規模効果と構造効果によって、「貿易が環境を悪化させる」ことを明らかにした研究も存在する。Chen et al.（2020）は、中国の県レベルのデータを用いて、貿易が大気汚染物質の排出（二酸化硫黄，および微小粒子状物質（PM2.5））に与えた影響を明らかにしている。ここでは、「貿易」が外生的であることをどのように担保したのだろうか。中国は2001年に世界貿易機関（World Trade Organization: WTO）に加盟し、貿易をより自由に行うようになった。確かに、県レベルでは、このWTO加盟は外生的であると言えるかもしれない。

しかし、このWTO加盟が中国のすべての県に同じように影響を与えたのであれば、「たまたま」貿易を（多く）するようになった県と「たまたま」貿易を（少なくしか）しなかった県との比較ができないことになる。Chen et al.（2020）は、中国沿岸部の県と内陸部の県とで、WTO加盟がそれらの県の貿易

第14章　貿易は環境を破壊するのか？

図：輸出開始が二酸化炭素排出係数を変化させる程度（単位：％）

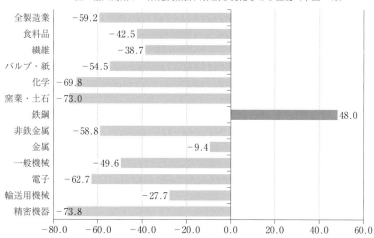

図表14-6　神事・阪本「企業が輸出を開始すると二酸化炭素排出集約度およびエネルギー集約度が改善されるか？──日本の製造業に関する分析」
（出所）RIETIノンテクニカルサマリー https://www.rieti.go.jp/jp/publications/nts/15e130.html

に与えるインパクトが異なることに注目し，WTO加盟による貿易の増加が，大気汚染物質の排出を増加させたことをデータで示している。主な要因は，生産の拡大（規模効果），特に汚染集約産業の生産の拡大（構造効果）であることも示している。

◆考えてみよう

環境保護や地球温暖化対策のためにどういった条件の下であれば自由貿易に制限をかける必要性が正当化されるだろうか？

### コラム▶▶ポーター仮説

　環境政策が厳しくなる，つまり規制が厳しくなったり環境税率が上昇したりすると，企業の生産性は低下し，競争力を失うのだろうか？これは，過去30年にわたって，多くの研究者が取り組んできた課題である。

一般的に私たちがまず考えることは，環境政策が厳しくなると企業は，(i)厳しい規制に対応するために新しい設備を導入したり高価な環境配慮型の原材料を使用したりしなければならない，(ii)高くなった環境税を支払わなければならない，といった状況に直面するだろう，というストーリーである。これは生産費用の上昇につながるために，環境規制が緩やかな国や地域の企業と比べて，競争上不利な状況におかれることを意味する。

　しかし，Porter (1991, 1995) は，環境政策が企業の競争力を高める可能性に言及した。ポーター仮説（Porter Hypothesis）として多くの研究者，経営者，政策担当者の注目を集めてきた。ポーター仮説には3種類ある。

　第1に，厳しい環境政策は，環境関連のイノベーションを生み出すというものである。これは「弱いポーター仮説（Weak Porter Hypothesis）」と呼ばれる。厳しい環境政策に対応するために，エネルギー効率的な生産設備や生産方法，あるいは環境負荷の低い製品（燃費のよい車など）が開発されるかもしれない。これは，何となくイメージしやすいのではないだろうか。

　第2に，こういった環境負荷の低い生産設備，生産方法，製品を生み出すイノベーションを起こすことで，厳しい環境政策に直面した企業は，そうでない企業に比べて，長期的には競争優位に立つことができるというものである。これは「強いポーター仮説（Strong Porter Hypothesis）」と呼ばれる。

　第3に，経済的誘因を与える市場ベースの環境政策（炭素税に代表される課税など）のほうが，直接規制（数値規制など）よりも，イノベーションに対する強い誘因を企業に与えるというものである。これは「狭いポーター仮説（Narrow Porter Hypothesis）」と呼ばれる。

　これまでの研究の蓄積を観察すると，Weak Porter Hypothesis は成り立つと考えられる。例えば，Johnstone (2010) は，25ヵ国の1978年から2003年までの国レベルのデータを用いて，再生可能エネルギー政策がこの分野の特許申請数にポジティブなインパクトを与えたことを明らかにしている。その他にも多くの実証研究がWeak Porter Hypothesis が成り立つことを示している。一方，Strong Porter Hypothesis については，それが成り立つかどうかはケースバイケースであると考えられる。上記の通り，厳しい環境政策は，少なくとも短期的には企業の費用を上昇させる要因となる。一方でイノベーションによって，費用を低下させたり，消費者に訴求力のある製品を供給したりできるようになる。どちらの効果が上回るかによって，Strong Porter Hypothesis が成り立つかどうかが決まってくる。それぞれの効果の強さは，イノベーション政策などにも影響を受けるのである。

　この Porter Hypothesis は，国際貿易とも密接に関連している。国レベルの環境政策を考えると，一国の環境政策が厳しくなると，その国に立地して生産活動を行う企業はすべてその厳しい政策の影響を受ける。ところが，他の国々の環境政策が緩やかであると，その「他の国々」に立地する企業は厳しい環境政策の影響を受け

ない。しかし，世界貿易機関（WTO）のもとで貿易自由化が深化すると，環境政策が厳しくなった国の企業と，「他の国々」の企業とが，同じ市場で消費者をめぐって競争することになる。これがアンフェアな競争条件を生み出しているとして，競争条件を同じにするような政策が立案されてきている（cf：国境炭素税措置）。環境政策が企業の競争力にどのような影響を与えるかは，自由貿易のためのルール作りにも影響を与えている。

# 第15章

# 貿易すると資源は枯渇するのか？

[資源と貿易]

キーワード：天然資源　外部性（外部費用）　コモンプールリソース

　読者のみなさんは最近お寿司を食べただろうか。そのお寿司のネタになっている魚は誰がどこで獲ったものか，またその魚が海の中にどのくらいいるか，知っているだろうか。また，皆さんが住んでいる家は木造だろうか，鉄筋だろうか。木造の家に住んでいる人は，自分の家の建築材になっている木材が，どこで伐採されたものかを知っているだろうか。

　林野庁が公表している木材需給表によると，令和4年（2022年）の木材の総需要量は8,509万4000立方メートル，国内生産量は3,461万7000立方メートル，輸入量は，5,047万7000立方メートル，輸出量が304万2000立方メートルであった。日本は消費している木材のうちかなり多くの割合を輸入された木材に依存していることが分かる。同じく林野庁が公表している「世界における木材貿易の流れ──針葉樹丸太，針葉樹製材，合板」では，木材の国際取引の様子が分かる。図表15-1はその中の針葉樹丸太の流れである。

　一方，魚の消費と輸入はどうであろうか。令和5年度水産白書によると，食用魚介類の国内消費仕向量はおよそ505万トンとなっている。また食用魚介類の輸入は約300万トン，輸出は約76万トンである。木材ほどではなく，輸出比率も比較的高いものの，一定比率の消費を輸入された魚介類に依存していることが分かる。

　さて，本章の最初に，魚と木材の需給・貿易構造を見たのはなぜだろうか。これらの財は，再生可能資源と呼ばれるものを利用している。再生可能資源とは，自然の力によってストックが増える資源のことである。魚は，私たちが経済活動によって増やす努力をしなくても，一定程度の親魚が存在すれば次の世代の魚が自然によって再生産される。森林の場合も同様である。ただし，大事な条件が1つある。それは，自然の再生産能力以上の消費（伐採・採捕）をし

ないということである。自然の再生産能力以上の消費を続けると，再生産ができなくなり，やがて資源はなくなってしまう。

- 2020年における世界の針葉樹丸太輸出量は約9,800万m³。NZ（20％），EU（20％），ロシア（7％），米国（6％）で全体の53％を占める。
- 同年における世界の針葉樹丸太輸入量は約1.03億m³。中国（45％），EU（5％）で全体の50％を占める。
- 主な流れは，NZ→中国（1,600万m³程度），EU→中国（1,500万m³程度），ロシア→中国（500万m³）など。
- 日本の針葉樹丸太輸入量は217万m³で，世界の2％を占める。米国からの輸入が71％。

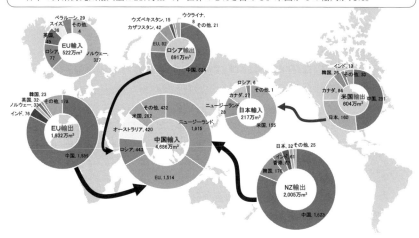

図表15-1　世界における針葉樹丸太の貿易
注：2020年実績，単位は全て万 m³。
　　輸出量と輸入量は，国毎の統計手法の相違等により，必ずしも一致しない。
（出所）林野庁「世界における木材貿易の流れ——針葉樹丸太，針葉樹製材，合板」https://www.rinya.maff.go.jp/j/boutai/attach/pdf/boueki_genjou-5.pdf

森林資源や水産資源（魚）は，大丈夫なのだろうか？　国連食糧農業機関（Food and Agriculture Organization of the United Nations: FAO）が出版しているGlobal Forest Resources Assessment 2020によると，世界全体の森林面積は1990年の42億3643万ヘクタールから2020年の約40億5893万ヘクタールへと毎年約0.1％強のペースで減少している。ただし，森林については，南米やアフリカの減少は引き続き深刻であるものの，アジア地域で純増が見られるなど，世界全体の減少のペースは緩やかになってきている。

水産資源は，それよりも深刻である。やはりFAOが2年に1度 The State

基礎編

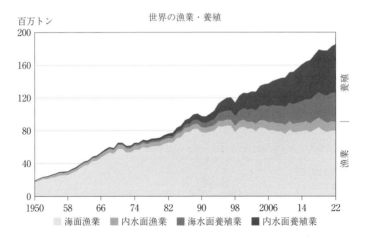

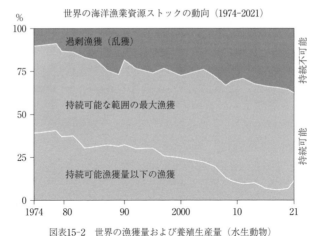

図表15-2　世界の漁獲量および養殖生産量（水生動物）
注：以下のものは除く。水生哺乳類，ワニ，アリゲーター，カイマン，水産物（サンゴ，真珠，貝，スポンジ），藻類。データは生体重換算。
（出所）The State of World Fisheries and Aquaculture 2024

of World Fisheries and Aquaculture を出版している。2024年版に掲載されている図（図表15-2）を見てもらいたい。上の図は，世界全体の生産高が分かるようになっており，このうち一番下のカテゴリーが海面漁業の漁獲高の推移であり，下から２番目のカテゴリーは内水面漁業，３番目と一番上のカテゴリーは養殖生産高である。1980年代まで増加を続け，その後一定の漁獲高を維持している。下の図は，資源の状態が分かるようになっている。横軸に年，縦軸に世界の海にいる魚の魚種の比率がとられている。一番下，および下から２番目のカテゴリーが現時点で持続可能（再生産と利用の継続が可能）な魚種の比率，一番上のカテゴリーが持続不可能な魚種の比率を表している。持続不可能な魚種の比率が過去50年間にわたって着実に増えてきていることが分かる。

　それでは，「貿易すると資源は枯渇する」のだろうか？2012年の Nature に興味深い論文が掲載された。Lenzen et al.（2012）は，貿易（グローバリゼーション）が生物多様性をどの程度危機にさらしているかを数量化して明らかにしている。人間の経済活動がない「パラレルワールド」と比べると，全世界で様々な動植物の絶滅のスピードが速まっていると考えられているが，この研究では種の絶滅の危機の30％程度が貿易によって引き起こされているとしている。生物多様性は一見皆さんの生活と関係ないように思うかもしれないが，実はとても重要だということが分かっている。上に挙げた木材の源である森林，海の中の魚も，様々な生物が存在することで再生産が可能となっている。

　貿易の話に入る前に，資源利用の問題を考えるうえで重要なポイントを説明することから始める。コモンプールリソースの過剰利用である。私たちはなぜ資源を利用しすぎるのだろうか。過剰とはどういう意味で過剰なのだろうか。

　食用の魚がとれる湖を考えてほしい。その湖の周囲には，その魚を漁獲・販売して生計を立てている漁師が複数いるとしよう。それぞれの漁師は毎日（あるいは毎年）どれだけの魚を漁獲しようとするだろうか。図表15-3は，ある漁師ｉさんの限界費用曲線（$MC_i$）と，とれた魚１単位の販売価格（$P$）が表されている。費用には，漁師ｉさんが漁船を動かす際に必要となる燃料代などのほかに漁師ｉさんの機会費用も含まれる。市場には他の湖からの魚も持ち込まれるので，それぞれの漁師はプライステイカーであるとしよう。この漁師の最適な漁獲量はどれだけだろうか。経済学の基礎の授業では，完全競争市場では

基礎編

「限界費用＝価格」となるところで生産量の意思決定が行われると学んだのではないだろうか。この図では，$Q^*$ がそれである。この時，漁師 i さんの固定費用を考えない場合の利得（余剰）は △ABC の領域で表される。限界費用曲線が漁師 i さんの漁獲活動に関して発生するすべての費用を表しているのであれば，これで正しい。

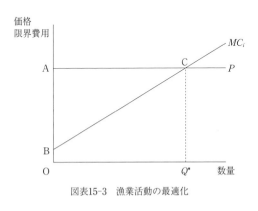

図表15-3　漁業活動の最適化

しかし，実は漁師 i さんの漁獲活動から発生する費用は，「漁師 i さんが認識する費用」以外にも存在する可能性がある。漁師 i さんが一匹の魚を漁獲すると，まさにその魚は他の漁師さんたちは漁獲できなくなる。このことを競合性という。一方，湖で漁師さんたちみんなが自由に漁業できる状態だとすると，他の漁師さんたちが漁師 i さんが「その魚」をとることをやめさせることはできない。このことを非排除性という。この時，漁師 i さんが魚をとることで，他の漁師，例えば漁師 j さんは魚を見つけてとるために，より多くの時間と燃料をかけなければいけなくなるかもしれない。漁師 i さんの漁獲活動が，他の漁師さんたちの費用を増やすことになる。この「他の漁師さんたちの費用の増加分」を漁師 i さんが考慮に入れていない場合，この増加分は外部費用ということができる。図表15-4の上図には，この外部費用を上乗せした限界費用（$\widetilde{MC_i}$）が書き加えられている。漁師 i さんの漁獲が増えるにつれて，湖の魚が少なくなっていくので，外部費用も大きくなっていくと考えられる。この費用に基づいて考えると，つまり湖で漁獲活動する漁師さんたち全体の利得を考えると，最適な漁獲量は，$\widetilde{Q}$ となる。この $\widetilde{Q}$ と比べると，$Q^*$ は過剰な漁獲とな

第15章　貿易すると資源は枯渇するのか？

る。

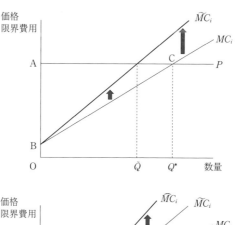

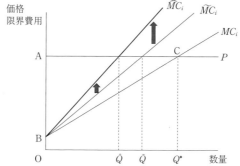

図表15-4　費用の変化と漁獲量の変化

　まだ話は終わりではない。資源が自然によって再生されるには時間がかかる場合がある。特に過剰な利用が行われた後は再生に膨大な時間がかかる。例えば，いったん砂漠に近い状態になってしまった土地に森林が再生されることを考えてもらうと理解しやすいのではないだろうか。このような状況を考えると，漁師 i さんが今年漁獲をすることは，何年後かに漁師を始める次世代の漁師 k さんの費用を増加させることになるかもしれない。この異時点間の外部性も考慮に入れると，今日の漁師 i さんの限界費用はさらに高くなり，図表15-4下図の $\widehat{MC_i}$ のように表すことができる。この時，最適な漁獲量は $\widehat{Q}$ で表される。現実には，多くの漁場で魚の資源量が減少すると，市場価格の上昇につながり，消費者が直面する価格も上昇する。例えば，マグロの資源量が減少するとマグ

139

基礎編

ロの価格が上昇するし，サンマがとれなくなるとサンマの価格が上昇する。価格上昇は，それぞれの漁師の漁獲のインセンティブを高め，過剰利用の問題を深刻化させるかもしれない。

　このように競合性と非排除性が満たされるような財の1つにコモンプールリソースは含まれる。コモンプールリソースは社会的に過剰に利用・消費されやすい性質を持っている。世界の森林資源や水産資源の中には，コモンプールリソースの条件が満たされているものが多く存在している。

　「貿易すると資源は枯渇するのだろうか？」という問いに戻ろう。Abman and Lundberg（2020）は，森林面積をアウトカム変数として，貿易自由化が資源状態にネガティブな影響を与えたのかどうかを分析している。さて，前章同様に，ここでも識別の問題が存在する。木材を輸出する場合で考えると，貿易が自由化されることで木材の輸出が増加し，森林資源の枯渇が進む可能性がある。一方で，森林資源量が増加すると木材の生産費用が低下し，輸出が増加する可能性もある。木材を輸入する場合で考えると，貿易の自由化によって輸入が増加し，国内での生産が減少し森林資源が増加する可能性がある。一方で，森林資源量が減少すると国内での木材生産費用が増加し，代替財である輸入木材への需要が増加し，輸入が増加する可能性がある。

　　貿易自由化↑　⇒　輸出↑　⇒　資源枯渇の程度↑（森林資源量↓）
　　資源枯渇の程度↓（森林資源量↑）　⇒　木生産費用↓　⇒　輸出↑

　　貿易自由化↑　⇒　輸入↑　⇒　国内伐採↓　⇒　資源枯渇の程度↓（森林資源量↑）
　　資源枯渇の程度↑（森林資源量↓）　⇒　木材生産費用↑　⇒　輸入↑

　Abman and Lundberg（2020）は，森林面積の減少理由を掘り下げて分析している。様々な財の貿易が自由化されると，木材だけではなく，農産物の貿易も自由にできるようになる。農産物を輸出している国々の中には，農家が森林を農地に変えて農産物生産を拡大し，結果として農産物輸出を増やしている国があるかもしれない。

貿易自由化↑　⇒　農産物輸出↑　⇒　農地面積↑ = 森林資源量↓

　Abman and Lundberg（2020）は，地域貿易協定（Regional Trade Agreement: RTA）を外生変数として，協定締結の前後での森林面積の変化を推定することで，貿易が森林資源に与える影響を明らかにしている。地域貿易協定は経済連携協定とも言われるが，幅広い経済関係の強化を目指して，様々な財・サービスの貿易や投資の自由化・円滑化を進める二国間あるいは多国間協定のことである。特定の財やサービス市場（ここでは特定の木材や特定の農産品の市場）の変化が包括的な RTA の締結の意思決定に直接影響を与えるとは考えにくい。逆に，RTA の締結は，木材や農産物を含む様々な財の貿易を自由にできるようになる。したがって，「RTA（原因）が木材貿易の変化を通じて各国の森林資源（結果）に与える影響」の因果推定を行うことができる。分析結果からは，貿易自由化が森林面積を減少させたこと，その主な理由は木材輸出の増加ではなく農地転用によるものであること，これらの因果関係は熱帯地域の開発途上国で観察されること，が明らかになっている。

　この章の前半で使った図を用いて，貿易と資源の問題をもう一度考えてみよう。第2章では，貿易が始まると輸出財の価格（国内価格）が上昇することを学んだ。図表15-5では，価格が P から P' に上昇した時の様子が描かれている。社会的に最適な漁獲量，漁師 i が外部費用を費用として認識しない場合の漁獲量のそれぞれが増加していることが分かる。しかし，後者の漁獲量の増加のほうが大きいことから，輸出国において外部費用が考慮に入れられずに資源利用が行われている，つまりもともと過剰利用の状態にある時，貿易の自由化は過剰利用の問題を深刻化させると考えられる。別の言い方をすると，過剰利用を防ぐ政策・制度・仕組みが構築されていない国では，貿易の自由化と輸出によって，資源枯渇のリスクが高まると言える。

　森林資源を考えた場合には，森林の過剰利用を防ぐ政策・制度・仕組みが存在しないと，木材輸出の増加によっても森林資源枯渇のリスクは高まる。また，Abman and Lundberg（2020）が示したような，農地転用による森林資源枯渇も同様に考えることができる。特に熱帯地域では，熱帯雨林を伐採して農地にした場合に，養分を含む土壌が流出しやすく短期間のうちに農地としても利用できなくなる場合がある。また生物多様性を維持する森林と異なり，単一の作

基礎編

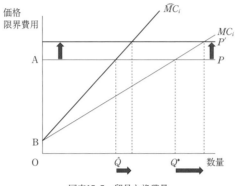

図表15-5 貿易と漁獲量

物を生産する農地には多様な生物が生存しにくい。農地転用から発生する外部費用が考慮に入れられずに土地利用の転換が行われることで、森林面積の「過剰な」減少が進むことになる。

　もう一歩進めて第4章で学んだ比較優位の観点からもこの問題を考えてみよう。木材生産に比較優位を持つのは、どのような場合だろうか。進んだ伐採技術を持つ国は木材生産のコストが他国に比べて低く、したがって木材生産に比較優位を持つだろう。伐採技術は林業に携わる労働者のスキルや知識に置き換えてもかまわない。あるいは、伐採技術は全く等しい2つの国であっても、森林面積が広く森林資源が豊富な国は他国よりも生産コストが低くなり（運搬距離が短いなど）、やはり比較優位を持つだろう。

　それ以外には何か比較優位の要因はあり得るだろうか。もう一度図表15-5を見てほしい。これまでは漁業者の漁獲量としてこの図を見ていたが、伐採業者の森林伐採量に置き換えて考える。伐採技術、森林面積（森林資源量）、伐採業者の数、木材への需要などが全く等しい2つの国（国Aと国B）を考えよう。A国では過剰利用を防ぐ制度が構築されているが、B国ではそのような制度が構築されていないとする。ある所与の価格、例えばPの時、A国では各伐採業者の伐採量が$\hat{Q}$となるが、B国では$Q^*$となる。各伐採業者はプライステイカーであるとしても、それぞれの価格において、A国の供給量よりもB国の供給量のほうが多くなるため、貿易を行っていない時には、それぞれの国内市場で成立する均衡価格はA国よりもB国のほうが低くなる。図表15-6の左

図は A 国の状況を，右図は B 国の状況を表している。B 国の供給曲線（$S_B$）のほうが A 国のそれ（$S_A$）よりも傾きが緩やかで，どの価格水準においても B 国のほうが A 国よりも供給量が大きくなるように描かれている。この状態から貿易が自由化されると，B 国が木材の輸出国に，A 国が木材の輸入国になることが分かる。資源の過剰利用を防ぐ制度が構築されていない国が，その資源の生産に比較優位を持つ（ように見える）ことになる。しかし，実際には資源利用から生じる社会全体が負担する費用を考慮に入れずに生産が行われることから，この状態で貿易が自由化されるとさらに B 国の過剰利用の問題が深刻になることが分かる。一般的に，先進国に比べて開発途上国では制度の構築が不十分な場合が多いことから，多くの実証研究で「特に開発途上国において貿易が資源にネガティブな影響を与える」結果が得られていることと整合的である。

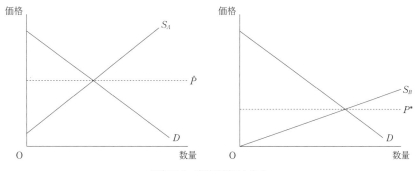

図表15-6　森林伐採量と貿易

### 考えてみよう

天然資源の保護と自由貿易を両立させるためにはどういった政策が必要だろうか？　貿易を制限する目的が天然資源の保護であれば正当化されるだろうか？

第16章

# 移民は貿易を代替するのか？
［移民と貿易と少子化］

キーワード：労働市場　労働供給　労働の国際移動

---

　筆者は半世紀ほど生きてきているが，筆者が20歳のころに比べると，街中で見かける外国人の数は確実に増えている。最近はインバウンドという言葉が飛び交っていて，外国からの旅行者が注目を集めているが，多くの業種の職場でも外国人が増えてきている。皆さんの中にはアルバイト先の職場で，外国人と一緒に働いた経験を持つ人もたくさんいるのではないだろうか。前の章で取り上げた漁業でも，日本人の漁業従事者数が着実に減少している中で，外国人労働者数は高まっている。2018年時点で，漁業に従事する外国人の数は6644人で，漁業従事者数全体に占める比率は4.3％（2008年は2.8％）である。比率については，それほど高くないという印象を受けるかもしれない。しかし，大型漁船になると外国人比率が高くなり，1000トン以上の漁船となると半数ほどが外国人である（水産振興ONLINE2020年10月号「水産業における外国人労働力の導入実態と今後の展望」佐々木貴文）。

　この章のタイトルに含まれている「移民」については，正式な法的定義はないが，移住の理由や法的地位に関係なく，定住国を変更した人々を国際移民とみなされるようになっている。特に１年以上にわたる居住国の変更を長期的または恒久移住と呼ぶことが一般的である。この定義によれば，インバウンドの旅行者は移民ではないが，比較的長期にわたって日本で働いている外国人は移民にカウントされる。図表16-1は2020年時点の移民の状況を表したものである。世界全体で移民の数は２億8000万人にのぼっており，世界全体の人口に占める比率は3.6％にもなる。また，そのうち移住労働者の数は約１億6400万人（2019年時点）に上る。人々が国境を越えて移動することには，どのような誘因があるのだろうか。最も大きな理由の１つとして，求職と貧困が挙げられる。賃金の低い国から賃金の高い国に移住をして高い所得を得る目的で国境を越え

る人々がいる。もちろん家族と生活を送るため，長期にわたって研究や勉強をするためといった目的で移民をすることもある。では，移民・国際労働移動は貿易にどのような影響を与えるのだろうか。移民は移民先の国の労働市場や社会にどのような影響を与えるのだろうか。本章では，このような問いに対する答えを探していく。

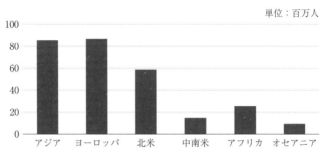

図表16-1　世界の移民の数（2020年時点ストック）
（出所）Migration Data Portal, International Organization for Migration のデータより筆者作成 https://www.migrationdataportal.org/international-data?i=stock_abs_&t=2020

　最初に国際労働移動が労働市場，および比較優位に与える基本的な影響を考えよう。図表16-2は，基本的な労働市場の図である。縦軸に賃金（実質賃金），横軸に労働量（労働供給量，労働需要量）がとられている。労働サービスを需要するのは主に企業であり，労働サービスを供給するのは私たち個人（労働者）である。本章では需要者も供給者も極めて多く存在し，市場の参入退出が自由であり，したがって市場参加者はプライステイカーであると仮定する。賃金が低下すると労働需要が高まり，一方で労働供給は増加すると考え，したがって労働需要曲線（$L_D$）は右下がりで，労働供給曲線（$L_S$）は右上がりで描かれている。労働需要曲線と労働供給曲線が交わるところで，均衡賃金が決まる。均衡賃金の決まり方は，通常の財の均衡価格の決まり方と全く同じように考えればよい。図では均衡賃金が $W^*$ であり，均衡における労働需要量および労働供給量が $L^*$ である。

　次に，均衡賃金の異なる2つの国（A国とB国）の労働市場を考えよう。人々（労働）が国境を越えて移動できない時，2つの国の労働市場は分断され

基礎編

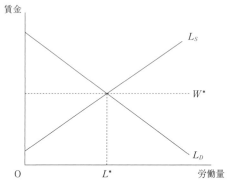

図表16-2　労働市場の均衡

ているため，それぞれの国で市場均衡の賃金が成立し，それらは一般的に異なっている。図表16-3の左図はA国の労働市場を表しており，右図はB国の労働市場を表している。A国のほうが，相対的に労働が豊富で労働供給が多く，均衡賃金が低い状況が描かれている。

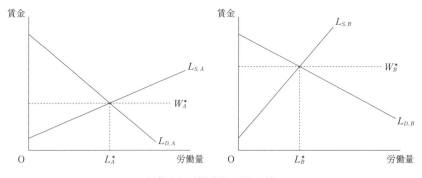

図表16-3　労働市場の国際比較

この状況から国境を越えて労働が移動できるように制度が変更されたとしよう。賃金が低いA国の労働者の一部は，より賃金の高い職を求めてB国に移動しようとするだろう。この変化を理解するためには，まず「供給曲線上の動き」と「供給曲線のシフト」の違いについて理解しておく必要がある。

図表16-4の①の矢印で表された変化を見てもらいたい。これは賃金が上昇した時に労働供給が増加することを教えてくれている。一方，②の矢印は賃金が

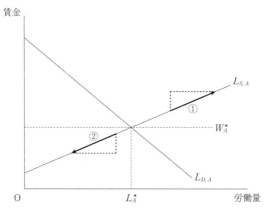

図表16-4　供給曲線上の動き

減少した時に労働供給が減少することを表している。労働供給曲線上の動きによって，縦軸の変数（ここでは賃金）の変化と横軸の変数（ここでは労働供給量）の変化の関係を説明することができる。

　それでは，縦軸や横軸の変数以外の変数（労働市場にとっての外生変数）が変化し，それが労働市場に影響を与えるような状況はどのように表すことができるだろうか。A国からB国への人（労働者）の移動が起こると，A国の労働市場において，賃金は変化しなくても労働供給は減少するだろう。別の言い方をすると，ある所与の賃金の下で労働供給は減少する。図表16-5はこの変化を表している。縦軸や横軸の変数以外の変数が変化したことの影響は，労働供給曲線のシフトによって説明することができる。なお，ここまでは供給曲線について説明をしてきたが，需要曲線についても同じことが言える。

　国際労働移動の話に戻ろう。前述の通りA国からB国への人（労働者）の移動が起こると，A国の労働市場では労働供給が減少する（$L_{S,A} \to L'_{S,A}$）。一方，B国には労働が流入することから，B国の労働市場では労働供給が増加する（$L_{S,B} \to L'_{S,B}$）。図表16-6は，この変化を表している。この結果，市場の価格調整メカニズムによって，A国の均衡賃金は上昇し（$W^*_A \to W^{*'}_A$），B国の均衡賃金は低下する（$W^*_B \to W^{*'}_B$）。

　理論的には，この国際労働移動は，貿易にどのような影響を与えるかを，生産要素賦存に基づく比較優位の考え方に沿って考察してみよう。生産要素とは

基礎編

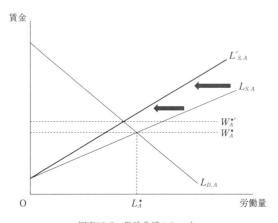

図表16-5 供給曲線のシフト

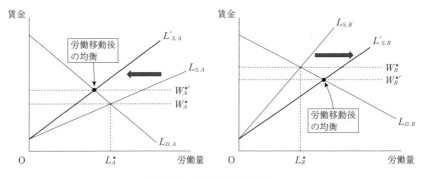

図表16-6 労働移動と労働市場

　財やサービスの生産に用いられるもので，労働，資本，土地などのことである。一般的に労働が相対的に豊富に存在する国は賃金が相対的に低くなるため，労働を集約的に用いる（労働をたくさん投入する）財に比較優位を持つ。同様に，資本が相対的に豊富に存在する国は，賃金が相対的に高くなるため，労働節約的な（労働をそれほど投入しない）財に比較優位を持つ。上記の労働移動が起こる前の図で考えると，A国が労働集約財に比較優位を持ち，B国が労働節約財（例えば資本集約財）に比較優位を持つ。結果として，A国が労働集約財を輸出し，B国が労働節約財を輸出する貿易構造になる。

　国際労働移動が起こると，A国が以前に比べると労働が希少になり，B国が

以前に比べると労働が豊富になる。つまり，両国間の生産要素賦存の違いがなくなる，もしくは小さくなっていく。両国が同じような生産構造になっていき，自給自足下での生産される財の価格差も小さくなっていくことから，貿易の規模は縮小していくと考えられる。生産要素である労働の国際移動が，財の国際移動を代替することになる。

　移民が貿易に与える影響について，データを用いた実証研究はどのような答えを見つけ出してきたのだろうか。Head and Ries（1998）はカナダへの移民の増加は，移民の出身国とカナダとの貿易額を増やす効果があることを明らかにしている。10％の移民の増加が，輸出を1％，輸入を3％増加させるとの結論を導いている。Egger et al.（2012）は，27の移民受け入れ国，および130の移民送り出し国のデータを用いて，ある二国間の移民ストックがその二国間の貿易額にポジティブな影響を与えることを明らかにしている。どちらの研究結果も，「生産要素である労働の国際移動が，財の国際移動（貿易）を代替する」のではなく，むしろ「生産要素である労働の国際移動が，財の国際移動（貿易）を補完する」ことを示している。

　これにはどのような根拠が考えられるだろうか。第1に，移民によって出身国の情報がもたらされ，また移民をした人々と出身国の人々とのネットワークがあるため，移民受け入れ国の企業が移民出身国の企業との取引がしやすくなる（取引費用が低下する）ことが考えられる。また，移民した人々が出身国の財に対する需要を持っているため，それらの財の輸入が行われるということが考えられる。さらには，移民によって移民受け入れ国の市場が拡大し，また移民によって新しい財の市場が生まれることによって，輸入が拡大することなども考えられる。これらの補完的な効果（移民が貿易を増やす効果）が，代替的な効果（移民が貿易を減らす効果）を上回ることが分かっている。

　ここでもやはり因果関係の識別の問題は存在している。ここまでは，移民（原因）が貿易（結果）に影響を与えることを前提に説明をしてきた。しかし，貿易が移民に影響を与える可能性も存在する。ピッタリ合う例かどうかは分からないが，筆者は2003年から2005年までカナダのバンクーバーに住んでいたことがある。バンクーバーのダウンタウンにある日本食スーパーに行くと，冷凍ではあるが納豆を買うことができた。味噌や醤油などももちろん買うことがで

きた。多くの日本人（もしくは日本に居住していた人）がカナダに移民すると（原因），カナダで生産されていないような日本食材のカナダへの貿易が増加する（結果）かもしれない。しかし，「納豆がないと生きていけない」という納豆大好きな日本人は，納豆の日本からカナダへの貿易が増えて納豆がカナダでいつでも手に入るようになると（原因），カナダへ移民しようと決意するかもしれない（結果）。あるいは，冷凍コンテナや大型旅客機の開発と商業利用の開始といった輸送技術の進歩がたまたま同じ時期に起こり，たまたま日本からカナダへの移民と日本からカナダへの納豆の貿易が増えたのかもしれない。

先に挙げた2つの研究のうち，Head and Ries（1998）は被説明変数である貿易額について，一期後のラグ変数を用いた分析も同時に行って頑健性を確認している。今年の貿易額が今年の移民の数に影響を与えている可能性はあるが，今年の貿易額が昨年の移民の数に影響を与えることはないと考えられるからである。Eggar et al.（2012）は，一般化傾向スコアという手法を用いて内生性（逆の因果の可能性）の問題を取り除き，移民が貿易に与える影響を捉えている。

国際労働移動を考える時，注意すべきポイントが2つある。1つめは移動のコストである。もちろん，財の貿易にも輸送費用，貿易保険などのコストがかかる。直接投資にも資金調達コストや設備投資のコストがかかる。しかし，国際労働移動の多くの場合，人の移動を伴う。ある人が1人で外国に移民をする場合，家族や親せきと離れて暮らさなければならない。家族と一緒に移民をする場合であっても，移民先の国・地域の文化，習慣，言葉が，これまで生活してきた国と全く異なることもあるだろう。移民をする人々にとって，移民のコストはとても大きい。それでもなお，人々は貧困から逃れるため，よりよい生活のために，移民を決意する。アメリカとメキシコの国境のメキシコ側には，アメリカへの移民を目指して，中南米から多くの人々が歩いてやってくる。これを食い止めようとトランプ大統領がアメリカとメキシコの国境に建設を始めた壁はあまりにも有名である。

2つめは労働の異質性である。この異質性は，やはり財にも存在する。財の場合は製品差別化と言われるが，例えば同じ自動車であっても，コンパクトカー，SUV，ワゴン車など多くのタイプが存在するし，色や形まで考えるともっと多くのタイプに分けることができる。同様に，労働にもタイプが存在する

が最も基本的な分類の1つに，熟練労働と未熟練労働がある。熟練労働とは，一般的に教育水準が高い，あるいは高度な訓練を受けた労働者で，特殊な知識や技術を持ち，高度で複雑なタスクをこなすことのできる労働者のことをいう。例えば，医師，情報技術エンジニアなどが該当する。これに対して未熟練労働は，高度な教育や訓練を受けておらず，比較的単純なタスクをこなす労働のことをいう。

労働者としての移民を多く受け入れている先進国でも，労働者としての移民には条件が設定されている。例えば，日本は，在留資格（就労資格）として高度専門職，経営・管理，医療，研究などの条件を設定している。このうち高度専門職にはポイント制が導入されており，学歴，職歴，年収，外国での資格，日本語能力などに応じてポイントが付与され，そのポイントが70点を超えると在留資格が与えられる（在留資格一覧表（https://www.moj.go.jp/isa/applications/status/qaq5.html））。

高度な熟練労働は，どちらかというと先進国が比較優位を持つ財やサービスの生産に従事するタイプの労働者である。これまでの熟練労働に限定した外国からの労働者の受け入れは，移民が貿易を増やすという貿易と補完的な効果が強く現れるタイプの労働を中心に受け入れてきたと考えられる。逆に，移民が貿易を減らすという貿易を代替する効果が強く現れるタイプの労働はあまり受け入れてこなかったと言える。

Berstein et al.（2022）は，移民と特許のデータを用いて，アメリカへの高度熟練労働者の流入がアメリカのイノベーションの創出に貢献してきたことを明らかにしている。先進国は，技術・知識集約産業，あるいは技術や知識そのものに比較優位があると考えられる。アメリカへの高度熟練労働者の流入は，貿易と補完的な効果，つまり移民が移民先の国の比較優位産業を成長させる効果を生み出したのである。

さて話は変わるが，読者のみなさんは今アルバイトをしているだろうか。時給はいくらくらいだろうか。おそらく皆さんのアルバイトの時給は，10年前の学生さんの時給よりも高くなっていると考えられる。また，企業が新入社員の初任給を引き上げたというニュースを最近見た人も多いのではないだろうか。実際，産労総合研究所の「2024年度 決定初任給調査 中間集計」によると，今

年だけで7割の企業が初任給を引き上げており，平均の増加率は4％を超えている。

　このアルバイトの時給や初任給上昇の主な要因の1つが少子高齢化に伴う労働供給の減少である。市場の価格調整メカニズムを思い出してもらいたい。供給が減少すれば，価格は上昇する。労働市場では，労働供給が減少すると，労働サービスの価格である賃金が上昇する。もし日本の公用語が英語であれば，ここまで労働力不足は深刻にならなかったかもしれない。なぜなら，英語を話せる人は世界にとてもたくさんいて，その人たちの一部が日本で働こうとやってくるからである。しかし，言語の違いは労働移動コストの大きな要素の1つであり，日本語の壁は労働力不足の緩和を妨げている。

　それでは，貿易，移民，少子化の間には関係があるだろうか。本章の最後にこの問いを考えてみよう。なお，少子化の結果としての労働力不足は，社会が取り組むべき課題であるが，結婚や出産の意思決定は各個人や各家族で自由に行われるべきものであることに留意したうえで，続きを読んでもらいたい。Do et al. (2016) は，女性が比較的多く働く産業で生産される財（女性労働集約財）に比較優位を持つ国では出生率が低いことを，データを用いて明らかにしている。なぜなら，そのような国では女性の賃金が相対的に高くなり，したがって女性にとって出産をすることの機会費用が大きくなるためである。貿易の自由化がそれぞれの国の比較優位を持つ財の生産の拡大と労働市場における賃金の変化を通じて，出生率に影響を与えるのである。

　ここでも因果関係の識別の問題は存在する。つまり，下記の通り両方向の因果関係が考えられる。

　　貿易↑　⇒　比較優位財の生産↑　⇒　女性の賃金↑↓　⇒　出生率↓↑
　　女性の賃金↑↓　⇒　出生率↓↑　⇒　比較優位構造の変化　⇒　貿易額の変化

　後者は労働法制の変化によって，女性の労働市場参入に変化が起こる場合などが考えられる。Do et al. (2016) は，二国間の貿易を，地理的変数（二国間の距離，国境を接しているかどうか，海に面しているかどうかなど）を操作変数に用い

て推定している。地理的変数は二国間の貿易には直接影響するが，出生率には直接影響しないと考えられるため操作変数としては適している。推定された二国間貿易額を用いて比較優位構造を明らかにしたうえで，出生率を「比較優位財の女性労働集約の程度」に回帰して上記の結論を得ている。

　貿易と少子化が密接に関連しているのであれば，貿易自由化が進展する現在の世界経済の状況において，少子化による労働力不足に直面している国では，様々なタイプの労働を受け入れることが望ましい選択になるかもしれない。実際日本も2024年度から，特定技能という在留資格の条件を緩和し，必ずしも高度な熟練労働ではない労働の受け入れを始めた。少子化が移民政策に影響を与えているが，貿易とも無関係ではないのである。

▶ 考えてみよう

あなたは外国に移民したいと思ったことはないだろうか？　あるならどの国だろうか？　ないなら，なぜないのだろうか？

### コラム▶▶難民

　難民とは，人種，宗教，国籍，政治的意見によって，または特定の社会集団に属するという理由で，自国にいると迫害を受けるおそれがあるために他国に逃れ，国際的保護を必要とする人々と定義されている（国連難民高等弁務官事務所（UNHCR）ウェブサイトから引用 https://www.unhcr.org/jp/what-is-refugee）。

　UNHCR の Global Trends リポートによると，2023年時点で紛争や迫害によって故郷を追われた人の数は1億1730万人に上るが，このうち国内避難民が6830万人であることより，この差が国境を越えた難民の数である。ロシア侵攻後にウクライナから逃れた人々，アフガニスタンから逃れた人々など，多くの場合，難民となった人々は長期にわたって苦しい生活を強いられる。

　難民が発生する地域の多くは開発途上国である。さらに，難民を受け入れている国・地域の多くもまた開発途上国なのである。国際的保護を必要とする人々の75％を開発途上国が受け入れている。この事実は，難民を受け入れているホストコミュニティにもまた深刻な問題をもたらし得る。

　難民は少しずつ流入してくるのではなく，短期間に大規模に発生する。一般的に受け入れた地域では，難民は特定のエリアに居住する。受け入れた地域にもともと住んでいた人々と同じような経済活動を許されるわけではない。それでも，短期間

基 礎 編

にその地域の人口が増えるということは，様々な影響をもたらす。ポジティブな影響としては，難民対応のために国際機関やNGOの職員がその地域に入るため，その対応を含めた経済活動が活発になる。業種によっては（運送，宿泊サービスなど），生産規模が拡大する。様々な製品に対する需要も増加する。一方ネガティブな影響も発生し得る。食料需要の増加による食料品価格が上昇する。また，インフォーマルな難民雇用があるとホストコミュニティにもともと居住していた人々の就労機会が奪われる。さらには，薪炭材の利用増加によって森林資源が枯渇するなどである。

　これらのネガティブな影響は，ホストコミュニティに居住する人々の感情にも着実に影響を与える。筆者を含めた日本とバングラデシュの共同研究チームは，ミャンマーからバングラデシュに逃れたロヒンギャ難民を受け入れたホストコミュニティの人々の感情が変化し，時間がたつにつれてロヒンギャ難民に対する負の感情が増加したことを明らかにしている（Higuchi et al., 2024）。難民問題が長期化することが多い中で，長期的な難民受け入れ政策を円滑に実施していくためには，難民だけではなくホストコミュニティの人々のケアも重要なのである。

第17章

# 輸入関税はなぜ他国への攻撃となるのか？
［近隣窮乏化政策］

キーワード：輸入需要曲線　輸出供給曲線　輸出国価格の下落

---

　第5章では輸入関税の効果を検証した。輸入関税は国内価格を上昇させ，消費を減らし国内生産を増やして輸入を下落させる効果をもっている。1930年代に世界的な関税の上昇が貿易の下落を引き起こしたことを見たが，輸入関税の問題は単なる貿易の下落にはとどまらないのである。

　関税によって輸入量が下落するということは，輸出国にとっては輸出量が下落するということであり，その点から外国にとっては望ましくない状況と言えるが，量の減少にとどまらない問題を引き起こす可能性もある。それは，自国が世界市場の需給に影響を与えられる場合に発生しうる。そのような影響を及ぼすことができる国を「大国」と呼ぶ。大国である自国の輸入関税は，世界市場の需給状況を変えることができ，結果として輸出国の価格までも低下させるのである。

　したがって，もし自国の政策が世界価格に影響を与えられる場合には，輸入関税は自国にとって経済状況を改善するが，外国の状況を悪化させる。自国の政策が単に自国の経済状態・厚生を改善させるだけでなく，外国の経済状態・厚生を悪化させるという，国際紛争の種となりうる政策なのである。このような他国の犠牲の下で自国経済が改善する政策を「近隣窮乏化政策」と呼ぶ。本章では近隣窮乏化政策の影響について見ていく。

　世界の価格に影響を与えられる大国のケースを考えるため，世界で国が自国と外国の2ヵ国だけとする。ある1つの財の市場を考え，自国と外国それぞれでその財が取引されており，また，貿易も行われる。左側に描かれているのが自国での取引を表すグラフであり，自国の需要曲線と供給曲線が描かれている。縦軸が価格であり，横軸が国内での取引量を表している。貿易がない場合は自国の需要曲線と供給曲線が交わる所で自給自足価格（Pa）が決定されている。

基礎編

　一番右側のグラフで表されているのが外国の需要曲線と供給曲線である。外国でも同様に，貿易がない自給自足の場合には，外国の需要曲線と外国の供給曲線が一致する所で取引が決定される（P*）（図表17-1）。

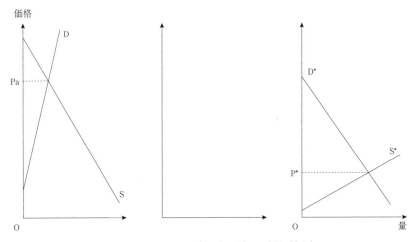

図表17-1　自国の市場（左側）と外国の市場（右側）

　世界がこのような2ヵ国から成る時に，この財について貿易が開始されるとどうなるだろうか？　世界市場を真ん中のグラフで表す。真ん中のグラフは縦軸は価格であり，横軸は世界市場での取引量である。世界市場で取引されるのは輸出と輸入であるから，より正確には単なる取引量ではなく，輸出量・輸入量が横軸には表されている。そして，世界市場の取引を考えるために，単なる需要曲線，供給曲線ではなく，世界市場での行動を表す輸入需要曲線，輸出供給曲線を考える。

　貿易が開始されると，世界の市場に参加するという点は大国も小国も同じである。また，各国の経済主体（消費者，生産者）たちは多数存在しているから，世界市場そのものは競争的である。よって，世界市場での消費者・生産者の行動は，世界価格の下での国内需要と国内供給を決定するというこれまでと同様のものになる。

　そこで，仮に世界価格がPという水準で決まったとしよう。自国の自給自足価格はPaであるから，世界価格の方が低いので輸入が生じる。この両矢印

第17章　輸入関税はなぜ他国への攻撃となるのか？

(↔)で表された量が輸入量である。結果として，もし世界価格の下で国内需要が国内供給を上回るならば，世界市場での輸入需要量（Import Demand）が生じることになる（図表17-2）。

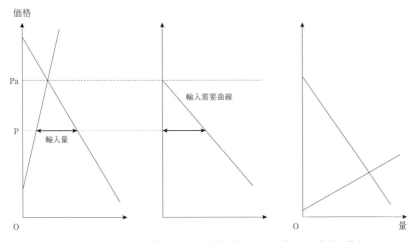

図表17-2　自国の市場（左側）と世界市場（真ん中）と輸入需要曲線の導出

　この輸入需要量を自国は真ん中のグラフで表されている世界市場で調達する。世界価格がPの時に限らず，様々な世界価格で成立するため，そういった点を繋げたものが真ん中のグラフの世界市場での輸入需要曲線として表される。輸入需要曲線の切片の高さは自給自足価格Paである。これは，自給自足の時に自国で需要と供給が一致し輸入がゼロとなるためである。

　同様に，大国の分析で輸出供給曲線を求めてみる。仮に世界価格が$P^*$であると，外国の自給自足価格$P^*a$よりも高い価格であるため，輸出が生じる。結果として，国内供給が国内需要を上回った場合，世界市場での輸出供給量（Export Supply）が導かれる（図表17-3）。

　右の外国の需要曲線と供給曲線の差の部分が，左側の世界市場での輸出供給量になるのである。輸入需要の時と同様に，輸出供給曲線の切片の高さは自給自足価格$P^*a$であり，これは$P^*a$の時に需要と供給が一致し輸出がゼロとなるためである。

　これら世界市場と各国国内市場を合わせてみよう。競争的な世界市場の均衡

基礎編

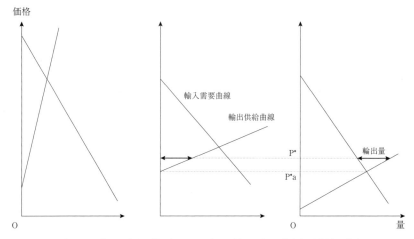

図表17-3 外国の市場（右側）と世界市場（真ん中）と輸出供給曲線の導出

は，

　　輸入需要 ＝ 輸出供給

により決定される．すなわち，世界市場で輸入需要曲線と輸出供給曲線が一致する点で均衡が達成される．結果として Pt の水準に世界価格が成立し，そのもとで自国は輸入し，外国は輸出を行う．これが自由貿易の状態である（図表17-4）．

　貿易の状態を表すのに，左側や右側の自国や外国の国内市場を見て，世界価格での需要量と供給量から輸入量や輸出量を見ることもできるし，真ん中のグラフで輸入需要と輸出供給が一致する所で輸入量・輸出量が決定されるのを見ることもできる．

　ここで，輸入国である自国が輸入関税を賦課したとする．関税は外国からの財に課す税であるから，税を上乗せした分が国内の価格になる

　　　　　　輸入国価格（Pi） － 輸出国価格（Pe） ＝ 関税率（T）

結果として輸入国価格（Pi）は自由貿易価格（Pt）よりも上昇することが分かる．

　注意すべき点は，輸入国が輸入量が減少させた結果，世界市場の下で輸入需要と輸出供給の一致が達成されるためには，輸出国価格が下落して輸出量も減

第17章　輸入関税はなぜ他国への攻撃となるのか？

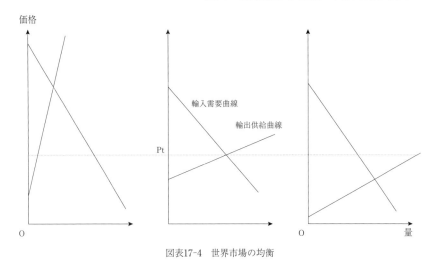

図表17-4　世界市場の均衡

少することである。したがって，輸出国価格（Pe）は自由貿易価格（Pt）よりも下落することになる。すなわち，自国は輸入関税を課すことで，世界市場の価格，特に輸出国価格を下落させることができるのである（図表17-5）。

　第5章で見た小国のケースでは，輸入関税を課しても世界の価格は影響を受けなかったために，世界価格は変わらず国内価格だけ上昇した。結果として輸入関税を課した国の厚生は悪化した。しかしここでは，輸入関税により外国からの価格は下落している。その分関税収入も外国価格が下落しない場合に比べれば大きい。結果として，輸入関税により自国の厚生は改善するのである。これに対し外国は，輸入量下落により輸出量が下落し，なおかつ輸出価格も低価格となってしまい，厚生は悪化する。

　このことを社会的余剰を用いて見れば，自由貿易時の余剰は消費者余剰と生産者余剰の合計である。これに対し輸入関税の時は，消費者余剰（縦線）と生産者余剰（格子状），関税収入（水玉）の合計となる。関税によって消費者や生産者の行動が歪められるため，死荷重損失は大国の場合も存在する。これが黒く塗りつぶされた部分である。そして大国の場合は，輸出国価格の下落のため，輸入国は歪みの損失（黒）を上回る関税収入（水玉）を得る場合には厚生が改善する（図表17-6）。

159

基礎編

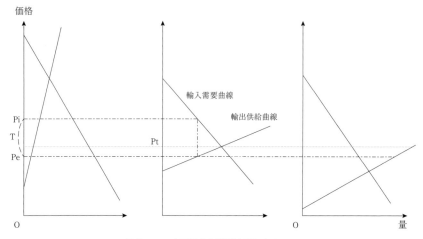

図表17-5　自国が輸入関税を課したケース

　小国の場合は世界価格が変化しないため，余剰の変化は歪みによる余剰の減少のみである。したがって関税によって厚生が改善することはない。小国と大国では輸入関税の輸入国に与える影響が大きく異なるのである。
　これに対し，輸出国はどうなるだろうか。輸出国は輸出価格が下落することで生産者余剰が低下する。これにより輸出国の厚生は悪化する。このような，外国の犠牲により自国の厚生が改善する政策は近隣窮乏化政策と呼ばれ，当然ながら国際的な経済紛争の原因となるのである。
　第2章で貿易の効果として交易条件の改善ということを見たが，交易条件がここでも変化している。国内価格は関税により上昇しているが，関税抜きの輸出国価格は下落している。すなわち，消費者は関税込みの価格を支払うために支払価格が高くなっているが，輸出国価格の低下により，国としては安く購入できているのである。これは交易条件が改善したことと言え，自国の厚生が改善した原因である。
　したがって，世界価格に影響を与えられる場合，輸入関税を賦課するインセンティブを各国は持つ。そして，各国が自発的に関税引き下げを行うインセンティブがない。結果としてすべての国が輸入関税を課している状態が生じる可能性がある。しかしその状況はすべての国が輸出財部門では損害を受けている

第17章 輸入関税はなぜ他国への攻撃となるのか？

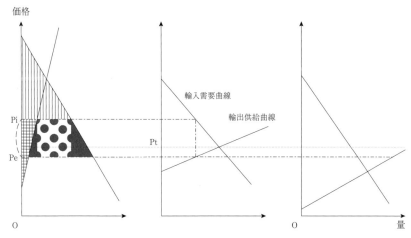

図表17-6 自国が輸入関税を課したケースの余剰

状態でもある。よって問題は，関税を課しあっている状態と自由貿易の状態どちらが望ましいのか，どちらが実現しやすいのかを考える必要がある点である。よって，単独の国の政策を別個に分析するだけでは不十分で，関税を課す各国政府の行動を同時に分析する必要がある。次の章では各国が相手国の政策を考慮しつつ自国の政策を決定するという観点から分析を行う。

> 考えてみよう

貿易が原因となり国際紛争にエスカレートした例を考えることができるだろうか。国際問題は多様な次元があるが，国際貿易特有の問題を考えることができるだろうか。

第18章

# 世界貿易機関がなぜ近隣窮乏化政策を防ぐのか？
[世界貿易機関の役割]

キーワード：囚人のジレンマ　協調行動　国際機関

　第17章で見たように，世界価格に影響を与えることができる場合，各国は輸入関税を課すインセンティブを持つ。この政策は外国の厚生を悪化させる代わりに自国の厚生を改善する近隣窮乏化政策であり，国際経済紛争の原因である。実際に1930年代は各国が輸入関税を引き上げ関税戦争が発生していた。

　しかしその後世界の平均関税率は下落している。これは第二次世界大戦後に締結された関税と貿易に関する一般協定（General Agreement on Tariff and Trade, GATT）や世界貿易機関の役割が大きい。これらの下で各国は協調して関税を引き下げてきた（図表18-1）。

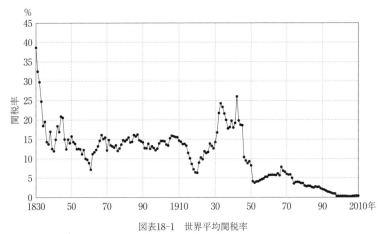

図表18-1　世界平均関税率
（出所）TRADEHIST より筆者作成

　ではなぜ輸入関税を課した方が自国の厚生が改善するにもかかわらず，関税の引き下げにより近隣窮乏化政策からの脱却が可能となったのだろうか。そこ

にWTOの意義があり，ここではその経済理論的根拠を考える。
　第17章と同様に，2ヵ国からなる国世界を考える。国Aと国Bが財1と財2を生産，消費し，国Aは第1財を輸出，国Bは第2財を輸出している国だとする。

　　　財1：　国A　⇒　国B
　　　財2：　国B　⇒　国A

　ここで，輸入国は輸入関税を課すことができるとする。そしてその際には，各国は他国の状況を把握しつつ自らの関税を決定する。すなわち，国Aは第2財に輸入関税を課すかどうかを，国Bが自分たちの輸出している財1に対して関税を課しているかどうか考えながら決定できるとする。第9章でも見たが，そのような相手の行動が自分に影響を及ぼすために，相手の行動を考慮しつつ自分の決定を行う状況を戦略的状況と呼ぶ。

　戦略的状況を分析するツールはゲーム理論であり，戦略的状況を明らかにするために4種類の情報を必要とした。

　　　1　プレーヤーはだれか
　　　2　戦略は何か
　　　3　時間軸（タイミング）はどうなっているか
　　　4　結果は何がありうるか

プレーヤーとは行動をする主体のことであり，ここでは国Aと国Bの2ヵ国である。この登場人物がとりうる行動を戦略と呼ぶ。状況を単純化するために，各国は2つの戦略があるとする。1つは輸入関税を課さない「自由貿易」を採用する，もう1つは「輸入関税」を課すというものである。

　時間軸とは，戦略をとるタイミングのことである。大きく分けて2種類あり，「同時」に行動するか，「逐次」と呼ばれる順番に行動するか，である。ここでは，各国は同時に関税を課すか自由貿易にするか決定するとする。

　最後に，ありうる結果は，戦略に応じて決まってくるので，それらを考えておく。合計4パターンのありうる結果がある。

　　　1　国A，国B両方輸入関税を課すケース
　　　2　国Aのみ輸入関税，国Bは自由貿易のケース
　　　3　国Aは自由貿易，国Bは輸入関税のケース

基 礎 編

 4 両国とも自由貿易のケース

である。これらの各結果に応じてプレーヤーの利得が決まる。ここではプレーヤーの利得を輸入と輸出の社会的余剰の合計とする。

1. 両国とも輸入関税を課すと，輸入市場から6の余剰を得るが，輸出市場から1の余剰しか得ない
2. 自国は輸入関税，外国は自由貿易であると，自国は輸入市場から6という高い余剰，輸出市場からも自由貿易であるから4の余剰を得る
3. 自国は自由貿易，外国は輸入関税の場合には，輸入市場から4だけ得て，輸出市場からは輸入関税を課されているから1しか得ない
4. 両国とも自由貿易を課す場合には，輸入市場から4，輸出市場からも同様に4の余剰を得る

ということになる。これらの状況を標準形ゲームの形にまとめる。

| 国A \ 国B | 輸入関税 | 自由貿易 |
|---|---|---|
| 輸入関税 | （7, 7） | （10, 5） |
| 自由貿易 | （5, 10） | （8, 8） |

図表18-2　標準形ゲーム

　左側に国Aの戦略，上側に国Bの戦略を表にまとめ，それぞれの行と列が対応するところが，戦略がとられた結果の利得を表している。利得の左側が国Aの利得，右側が国Bの利得に対応する。例えば国Aが自由貿易，国Bが輸入関税を選んだ時は，（5, 10）であり，国Aは利得5，国Bは利得10になる。これによりすべての情報が表記されている。

　この表を用いて，プレーヤーはどのように行動するのかを分析する。分析の基準は，最適反応（Best Responses）を考えるというものであった。最適反応とは，相手の行動を所与として自分にとって最適な行動のことである。すなわち，各プレーヤーは，相手の行動を予測し，その予測の下で自分の利得を最大にする行動をとるのである。

国Aの立場から考える

第18章　世界貿易機関がなぜ近隣窮乏化政策を防ぐのか？

| 国A＼国B | 輸入関税 | 自由貿易 |
|---|---|---|
| 輸入関税 | (7, 7) | (10, 5) |
| 自由貿易 | (5, 10) | (8, 8) |

図表18-3　「国Bが「輸入関税を課す」」と国Aが予想した場合

　国Aは国Bが輸入関税を課してくると予想する（図表18-3）。すなわち，左側の列の網掛けの部分の状況に限定する。この時，最適反応はどうなるか。もし輸入関税を選択すれば，7の利得，自由貿易を選択すれば5の利得であるから，より高い7の利得を生む輸入関税を選択するのが最適である。

　もし国Aが「国Bが自由貿易」を採用すると予想したらどうなるか。この場合は右側の列に状況を限定して考えることになり，その場合国Aは輸入関税を課せば利得10，自由貿易を採用すれば利得8なので，輸入関税を課すのが最適になる。

　同様のことを国Bについても行う。今度は国Bが，「国Aが輸入関税を課す」と予想したとする。その場合上の行に状況を限定して考えていることになる。この予想に基づくと，国Bは自分が輸入関税を課すと利得7，自由貿易を採用すると利得5になるので，輸入関税を課すことが最適反応である。

　最後に国Bが「国Aが自由貿易」を行ってくると予想した場合は，下の行に状況を限定していることになる（図表18-4）。この場合，国Bは自分が輸入関税を課すと利得10，自由貿易を採用すると利得8になり，輸入関税を課すことが最適である。

| 国A＼国B | 輸入関税 | 自由貿易 |
|---|---|---|
| 輸入関税 | (7, 7) | (10, 5) |
| 自由貿易 | (5, 10) | (8, 8) |

図表18-4　「国Aが「自由貿易」」と国Bが予想した場合

　結果としてどういった状態になるのだろうか。経済における均衡はバランスが取れている状態を表すが，この場合，お互いがお互いに最適反応している状態がバランスする状態と言える。なぜならお互いが最適反応していれば，その

165

基 礎 編

状態から行動を変化させないからである。その状況をナッシュ均衡と呼び，各プレーヤの戦略の組み合わせで表される。この例で言えば，お互いがお互いに最適反応しているのは，（国Aの戦略，国Bの戦略）とすると，

　　（輸入関税，輸入関税）

となる（図表18-5）。

| 国A＼国B | 輸入関税 | 自由貿易 |
|---|---|---|
| 輸入関税 | （7, 7） | （10, 5） |
| 自由貿易 | （5, 10） | （8, 8） |

図表18-5　ナッシュ均衡と囚人のジレンマ

　したがって，ナッシュ均衡，すなわちお互いが最適反応をしていて，この状況から，お互い行動を変えるインセンティブがない状態として，両国が輸入関税を課す状態が達成されてしまうのである。

　この両国が関税を課しあってしまう状態を関税戦争と呼ぶ。この関税戦争の状態は，相手に嫌がらせをしようと達成されているのではなく，状況に応じて最適な行動をとった結果生じてしまっている。

　そして，標準形の表をみれば，均衡の状態よりもお互いがよりよい状態が存在することが分かる。お互いが輸入関税を課すと利得は両国とも7であるが，仮に両国が自由貿易を採用すると利得は8となる（図表18-5）。このように理論的により望ましい状態が存在することが分かっているにもかかわらずその状態を達成できないことを「囚人のジレンマ」と呼ぶ。自由貿易が望ましいのに関税戦争が起きてしまう囚人のジレンマ状態が発生しているのである。

　ここに，世界貿易機関などの自由貿易を指向する国際機関の役割がある。すなわち，各国が自由貿易を採用した方がすべての国が改善するが，自らの利益のみ追求した場合には厚生が悪化する。しかし単独で自由貿易にするインセンティブはない。分かっているのによりよい状態を達成できないジレンマを解消するためには，協調して関税を引き下げる国際的な場が必要なのである。その国際的な議論・協調の場として世界貿易機関は重要な役割を果たしている。

## 第18章　世界貿易機関がなぜ近隣窮乏化政策を防ぐのか？

**考えてみよう**

なぜ多角的自由貿易体制が重要なのか日本の立場から説明できるだろうか。

## 第19章

# なぜ日本は世界貿易機関で負けたのか？
[世界貿易機関のルール]

キーワード：世界貿易機関　関税引き下げ　最恵国待遇　内国民待遇

　世界貿易機関とは何だろうか。第18章でみたように，各国が関税を課すインセンティブがある下で，協調して望ましい経済状態を達成するための場所としての役割を担っている国際機関である。世界貿易機関の設立条文にも貿易障壁を軽減し，貿易を促進して各国の経済水準を高めるという目的がうたわれている。

　なぜ貿易障壁を軽減し貿易を拡大することを目的とする世界貿易機関が設立されたのだろうか。これは第二次世界大戦の前の大恐慌までさかのぼる。1930年代の大恐慌時にはアメリカの関税引き上げをきっかけとして世界的な関税の引き上げが発生した。これにより各国の貿易量が下落し，不況の（悪化）の原因となり，結果として第二次世界大戦につながったという反省がある。

　アメリカで1930年に成立したホーレイ・スムート法により，輸入関税が大きく引き上げられた。これによりアメリカを市場としていた国はアメリカ市場へのアクセスが困難になり，対抗する報復措置として自分たちの輸入関税も引き上げた。イギリスは10％から25％，ドイツは6〜7％から30％，フランスは5％から15％といった形である（Eigengreen and Irwin 2010）。また，当時の関税の多くが従量税であり，大恐慌時代に物価が下落するデフレが生じたため，関税の負担が増大したという問題もあった。

　大恐慌から第二次世界大戦につながり，戦争後には新しい経済体制であるブレトン・ウッズ体制が構築された。戦後経済の立て直しのために様々な国際機関が設立され，金融については1944年に世界銀行や国際通貨基金が設立された。貿易についても1947年に多角的貿易交渉による関税引き下げを行う関税と貿易に関する一般協定（GATT）が締結された。

　大恐慌の反省から，国際貿易の発展を目的として，1947年に国際貿易機関

(International Trade Organization: ITO) の設立が試みられたが，アメリカ議会の反対により国際貿易機関は発足できず暫定的な条約であった GATT が自由貿易体制のルールとして運用されることになった。

　GATT では各国が交渉・協調して関税を引き下げるラウンドと呼ばれる会議が何度も開催され，著名なラウンドにケネディラウンド，東京ラウンド，ウルグアイラウンド等がある。そして，ウルグアイラウンドの時に，1995年に世界貿易機関が設立された。世界貿易機関は，それまでの GATT の国際貿易のルールを引き継ぎ，そしてより広い国際取引についてもカバーする国際機関である。GATT/WTO の基本原則は 2 つあり，「貿易障壁の軽減」と「差別をしない」というものである。

　「貿易障壁の軽減」は，貿易を阻害する要因を軽減し，それによって貿易を拡大して経済状態を改善するという貿易の利益を追求するための手段である。軽減の方法としては大きく分けて 2 つあり，数量制限の禁止と関税の削減である。数量制限は，例えばコメを76.7万トンまでしか輸入しないと量を制限することである。たとえ輸入のコメの価格が大きく下落しても量が制限されていると貿易は拡大しないため，数量制限は禁止されている。

　これに対して関税は禁止されておらず，その水準を引き下げるという方針が決まっている。輸入関税は輸入に対する税であり，例えばコメ100円に対して100パーセントの税が課されるならば100円加算されてコメの価格は200円となる。この関税が例えば50％まで引き下げられれば関税込みの価格は150円となり，輸入が拡大すると考えられるだろう。世界的な平均関税率は下落傾向にあり，関税の削減による貿易の拡大を指向する世界貿易機関の目的は達成されつつあると言える。

　GATT/WTO においては，GATT11条で数量制限は関税よりも貿易制限的なため禁止されている。数量が設定されるとそれ以上は取引できないが，税の場合は価格が変わって取引インセンティブが下落するが取引そのものは可能であるため，貿易制限は関税などにより行うことになっている。

　そして関税については，関税の上限を定め，それを下げていくという方針である。GATT 第 3 条では，各国が課してもよい関税の上限を決め，附属する譲許表と呼ばれるものにリストアップして，それを超える関税の禁止が決めら

れている。この譲許表は非常に詳細であり，例えば日本の上限関税は表38にある。　https://www.wto.org/english/tratop_e/schedules_e/goods_schedules_table_e.htm

　また，関税引き下げ交渉についてもGATT28条に記されており，「… directed to the substantial reduction of the general level of tariffs …」と，関税の一般的水準の実質的な削減がうたわれている。

　GATT/WTOのもう1つの大きな原則として，「差別をしない」というものがある。その内容として2つの大きなルールがあり，最恵国待遇と内国民待遇というルールである。最恵国待遇は最も恵まれた待遇という意味であるが，最も恵まれたとは最も低い関税という意味である。すなわち，最も低い関税をある国に対して課した場合，同等の扱いを他の国にも適用しなくてはいけないとするルールである。アメリカの牛肉に15％の関税を課してそれが最も低い関税であれば，他の輸出国，例えばオーストラリアからの牛肉にも15％の関税を課して差別をしないというものである。

　最恵国待遇（Most-Favored-Nation（MFN）Treatment）はGATT/WTOの非常に重要な原則であり，GATT1, 3, 5, 17条で記されている。

　　「… advantage, favour, … shall be accorded … to the like product … of all other contracting parties …」

　利益・便宜をある国が与えられたら，その条件は同種の産品について，すべての国に与えられるという文章が，最恵国待遇の意味を表している。

　内国民待遇は外国産と国内産で差別してはいけないというルールである。例えば国境を越えて国内に入ってきた後で，外国産の牛肉は消費税が20％で国産の牛肉は10％しかかからないとすると，国内で外国産に不利な扱いをすることになる。そういった差別をしないというルールが内国民待遇と呼ばれる。

　内国民待遇（National Treatment）はGATT第3条にあり，

　　「… internal taxes … regulations … should not be applied to imported or domestic products … so as to afford protection to domestic production」

国内の税や規制は国内生産保護のために輸入財や国内財に適用されてはいけないと記されている。

以上のように貿易を阻害するような措置を制限するのが世界貿易機関の基本原則・ルールであるが，あらゆるルールに例外はある。大きく分けて3種類の例外があり，貿易救済措置と呼ばれる例外，一般的例外と呼ばれる例外，安全保障上の例外である。

　貿易救済措置とは，世界貿易機関の下で貿易障壁を軽減した結果，輸入が増加して国内産業に影響が発生した時に，例外として貿易制限できる措置のことである。GATT/WTOでは主に3つの貿易救済措置が認められている。セーフガード，アンチダンピング関税，補助金相殺関税である。

　セーフガードとは輸入の急増により国内産業に損害が生じた場合に，一時的に輸入を制限し，国内産業の構造改革を促す制度のことである。GATTでは19条に定められている。元々はアメリカの二国間自由貿易協定である互恵通商条約の条項として考えられ，1942年に対メキシコ協定時に導入された。基本ルールとして自由貿易を追及していくが，自由貿易のみでは国内産業の反対により自由貿易協定を結べない政治的な懸念がある。そのため，仮に輸入の急増により国内産業が損害を受けた場合には，一時的に輸入を制限できるという安全弁を設けたのである。ただし，GATT/WTOルールとしては自由貿易が基本であるため，貿易制限を行う代わりに補償が必要とされ，相手国が別の財の輸入関税を引き上げることが認められている。

　アンチダンピングとは，不当な安売りであるダンピングという方法で損害を受けた場合，それに対抗して関税を課すことができるというルールである。GATT第6条で規定されている。ダンピングは不当廉売とも呼ばれ，正当な価格よりも低い価格で供給することである。これは不公正な貿易なので，正当な価格と現状の安売り価格の差額分だけ関税を課すことができる

　最後に補助金相殺関税とは，輸出国が輸出に対して補助金を供与し，その結果輸出企業が有利な立場で輸出している場合に，それに対抗して関税を課すことができるというルールである。GATT第6条で規定されている。輸出国の補助金により輸出が行われるならば，輸入国産業は不公正な競争環境に置かれるため，不公正な貿易につながる補助金分だけ関税を課すことができる。

　貿易救済措置とは別の例外として，一般例外と呼ばれるものがある。これはGATT第20条で規定されている。この20条には，様々な例外が列挙さており，

基 礎 編

例えばb項は

　(b)生命又は健康の保護のための措置

g項は

　(g)有限天然資源の保護のための措置

が例外として貿易制限できるとされている。例えば環境保護を理由としてアメリカがマグロ漁の際に捕獲されてしまうイルカの保護のためのマグロ輸入を禁止したり，エビ漁の際に捕獲されてしまうカメの保護のためのエビ輸入を禁止したりした例がある。

　最後に，安全保障の例外がある。安全保障上の重大な利益の保護の必要性がある場合は，武器，弾薬および軍需品の取引並びに軍事施設に供給するため直接又は間接に行われるその他の貨物および原料の取引を制限できる。GATT21条で規定されている。しかしながら，様々な財が間接的に武器に転用可能であるため，安全保障の例外に基づく制限を認めると保護貿易を制限できなくなる恐れがある。

　世界貿易機関のルールについて，内国民待遇を例に詳しく見てみよう。日本におけるアルコールに課される税，酒税が世界貿易機関で問題となったことがある。日本では焼酎の税とウイスキーなど焼酎以外の蒸留酒の税が異なっていた。アルコール度数に応じて税率は細かく決まっているが，1995年前後は焼酎の税はおおよそ5円程度であったが，ウイスキーなどの蒸留酒はより高い税で，ウイスキーは約25円，スピリッツは約10円，リキュールは約8円であった。

　これに対して，焼酎もウイスキーも同じ蒸留酒という同じ種類の酒であり，焼酎は国産が多いので税率が低いが，ウイスキーなどは輸入が多く税率が高いことは，国内に入った後で外国産と国産を差別する内国民待遇違反であるとEC，カナダ，アメリカに世界貿易機関に提訴されたのである。

　世界貿易機関では，決められたルールから逸脱した場合に，被害を受けた国はまず二国間協議を申請できる。この場合はヨーロッパが日本に対して協議を申請できる。しかし協議で解決できなかった場合，WTOに提訴ができる。日本国内では裁判は三審制と呼ばれ，地方裁判所，高等裁判所，最高裁判所と3回裁判を受けることが可能であるが，WTOでは二審制である。最初の裁判所は小委員会（パネル）と呼ばれる。そこでパネルの決定がされるが，その決定

に不服がある場合は，上級委員会へ上訴が可能である。上級委員会の決定がWTOとして最終決定になる。

日本の焼酎と酒税で問題となったのが，内国民待遇の「同種の産品（like product）」か「直接的に競争しているか代替可能か（directly competitive or substitutable）」であればそれらの財が国内のものが外国のものかで差別してはいけないという文言である。

焼酎とウイスキーが直接的に競争しているかどうかとは，焼酎とウイスキーが代替可能かどうかということと言える。代替可能というのは，焼酎の価格が上昇した時に，焼酎からウイスキーに替えることが容易にできるかという意味である。代替可能であれば，焼酎とウイスキーは消費者にとって競合する財であり，競争している財であると言える。

この代替可能か否かというのは，「代替の弾力性」という概念によって説明される。代替の弾力性とは，「ある財の価格が1％上昇した時に，他の財の需要量が何％上昇するか」を表す指標である。代替の弾力性が高ければ，価格が変化した時に消費者は他の財に簡単に移ることができるので，代替可能であるといえ，焼酎とウイスキーの代替の弾力性が高いか否かが問題となる。

代替の弾力性を考えるため，X1を第一財の需要量，X2を第二財の需要量とする。ここで，興味がある対象は，価格が変化した時に需要量がどう変化するかという点である。よって，需要量の水準ではなく，変化量に興味があるため，水準の量と区別するために，変化量をデルタΔをつけて区別する。

すなわち，ΔX1が第一財の需要量の変化量であり，ΔX2が第二財の需要量の変化量である。例えば，需要量X1が100リットルから110リットルに変化したということは，X1が100から110へ変化したということであり，変化量は110－100＝10であるので，ΔX1＝10となる。

需要量の変化は価格の変化によってもたらされるため，価格の変化についても考える。P1を第一財の価格，P2を第二財の価格と表すと，ΔP1は第一財の価格の変化量，ΔP2は第二財の価格の変化量である。例えば，価格P2が50円から60円へ変化するということは，変化量は60－50＝10であるから，ΔP2＝10と表されることになる。

ここで，変化についてもう1段階考える。変化量でなく変化率，すなわちパ

ーセントの変化を考える。もともと水準に対してどの程度変化したかを表す割合，パーセントを考えるので，変化量を水準の量で割った形で表される。

$\Delta P2/P2$：第二財の価格の変化率（パーセント変化）

$\Delta X1/X1$：第一財の需要量の変化率

よって，先ほどの例を考えると，

$\Delta P2/P2 = 10/50 = 0.2$　20パーセント変化

$\Delta X1/X1 = 10/100 = 0.1$　10パーセント変化

となる。

そして，我々の関心は，価格が変化した時，どれくらい需要が変化するかであるので，価格の変化と需要量の変化の比率をとる

$(\Delta X1/X1)/(\Delta P2/P2) = 0.1/0.2 = 0.5$

これが代替の弾力性である。この値が1より大きいと弾力性が高いと言う。すなわち，価格の変化率以上に需要が変化するケースである。

厳密にはこの代替の弾力性は2つの財の「相対的」な価格の変化に対する，「相対的」な需要の変化であるので，第2財価格と第1財価格の相対価格を $P=P2/P1$ で表し，第1財の需要と第二財の需要の相対需要を $X=X1/X2$ と表すと，

$\Delta P/P$：第二財の第一財の価格に対する変化率（パーセント変化）

$\Delta X/X$：第一財の第二財の需要に対する変化率

となり，代替の弾力性は $(\Delta X/X)/(\Delta P/P)$ として表される。

先の例では，第二財の価格の変化の第一財の需要に対する影響をみたが，もし第一財の価格，第二財の需要が変わらないと言う状況ならば，

$(\Delta X/X)/(\Delta P/P) = 0.1/0.2 = 0.5$

と同様の結果が得られる。

代替の弾力性が高い財は消費者はある財から別の財に簡単に移行できるので，代替可能であると言える。訴えを受けたWTOは，ECなどが提出したアンケート調査などから代替可能と認められるとして，日本の酒税が内国民待遇違反とした。結果として，日本はWTOの判断に従い税率変更を行い，焼酎（Shochu）の税率上昇とウイスキー（Whisky）などの蒸留酒の税率低下により同一の税率に設定した（図表19-1）。

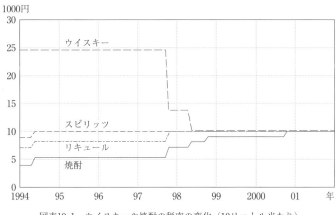

図表19-1　ウイスキーや焼酎の税率の変化（10リットル当たり）
（出所）Doi and Ohashi（2017）

　しかしながら，本当に代替の弾力性は焼酎とウイスキーで高いのだろうか。アンケート調査の分析は不十分ではないかということも考えられる。実際の蒸留酒市場のデータを用いて，代替の弾力性を推定した研究では，ウイスキーと焼酎の代替の弾力性が1未満であり，焼酎の価格が上昇する場合，消費者はウイスキーに代替するのではなく，買いだめ行動を行うことが示唆されている。プラスの値であるので，代替は行われていると言えるが，その弾力性の大きさは実は小さかったのである。より厳密な経済学的分析がWTOに提訴された際に必要であったと考えられる（Doi and Ohashi（2017））。

▎考えてみよう

国際的な紛争解決機関はなぜ重要なのだろうか。外交的な交渉ですべて解決すればよいのではないだろうか。

# 応用編

# 第1章

# 経済的な世界地図を描くには？

[一般均衡の考え方]

キーワード：資源制約　生産可能性フロンティア

　世界地図は見慣れたものであるが，経済的な世界地図を表すことを考えてみたい。世界地図は地理的な特徴，どの国とどの国が接しているか，海に接しているかいないかなどを明らかにしてくれる。経済的な地図の場合は，我々が消費できる，生産できる財の量を表す地図である。

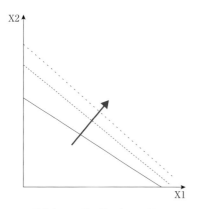

図表応1-1　財の量の次元の地図

　地理的な地図では緯度と経度で表す二次元の地図であるが，経済的な地図でも二次元で表すために，財（産業）が2つ（X1とX2）ある世界を考える。原点はゼロであり，両方の財が存在しない点である。右上に広がっていくほど利用できる財の量が増えていき，領土が拡大するイメージである（図表応1-1）。

　領土と同じで，消費者の立場から言えば，利用可能な財の領域が広いほどよい，多くの消費が可能である。しかし無制限に広くはできない。経済活動に用いられる資源と技術は限られており，限られた資源を別々の活動に振り分けるためである。一国で生産・消費できる財の地図の境界線は資源と技術で決められる。

　このように，複数産業を同時に分析する必要があるのは，複数の産業が相互依存している可能性があるからである。そういった複数の産業を同時に分析する方法を一般均衡分析と呼ぶ。本書の多くの章では，ある1つの市場に焦点をあてて，他の市場の影響を受けないという仮定の下での分析を行ってきた。これは部分均衡分析と呼ばれる。本章では一般均衡の基本的な考え方を紹介す

る。

　単純化のため資源は1種類だけ，生産に投入するのは労働（labor）のみであるとする。生産技術は第4章と同様に，投入係数（input coefficient）で表す。第一財生産の投入係数を$a_1$で表すと，第一財一単位生産に必要な労働量はどのくらいかを示すことになる。例えば第一財一単位に3単位の労働量が必要な場合投入係数は$a_1=3$であり，第一財2単位つくれば3かける2で6単位の労働が必要になる。もし第一財をQだけ生産する時には3Qだけ必要である。より一般的に$X_1$単位だけ生産する場合は$a_1 \times X_1$だけの労働が必要と表される。

　一般均衡分析では，部門間での生産要素（資源）の配分を考える必要がある。第一財へ要素を多く投入するならば，経済で資源は限られているので，第二財部門への要素投入量が減る。両財を生産する場合は生産要素もバランスよく配分する必要がある。

　労働の供給量をLとすると，労働供給Lが第一財部門への投入量，第二財部門への投入量の合計と等しいか大きい必要がある。

$$L \geq a_1 X_1 + a_2 X_2$$

これを地図の横軸縦軸であるX1, X2で表すとすると，

$$X_2 \leq \frac{L}{a_2} - \frac{a_1}{a_2} X_1$$

となる。これを地図（グラフ）で資源制約を表すと，複数存在する産業の相互依存関係を明らかにできる。境界線は$X_2 = \frac{L}{a_2} - \frac{a_1}{a_2} X_1$という線で表されており，この境界線が外に大きくなればなるほど，この経済で利用できる財の量が増えることを意味する（図表応1-2）。

　この境界線上もしくは内部であればX1とX2をこの経済では生産できる。この生産が可能なぎりぎりの境界線を生産可能性フロンティア（Production Possibility Frontier: PPF）と呼ぶ。境界線の特

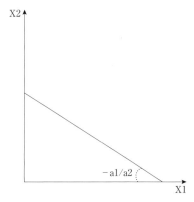

図表応1-2　生産可能性フロンティア

応用編

徴がこの経済の産業ごとの相互依存の特徴を表しており，特にこの境界線の傾きが重要である。

　PPF の傾きは，第一財生産の第二財に対する相対コストとして考えられる。なぜなら，この経済で第一財を生産するという選択をする場合には，資源の制約があるため，第二財をあきらめる必要があるからである。そのあきらめた第二財の量を費用として考えるのである。

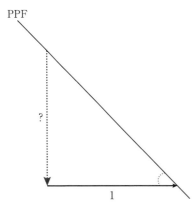

図表応1-3　生産可能性フロンティアの傾き

　では，財 1 を生産するためにあきらめる必要がある財 2 の量はどの程度だろうか。第一財を 1 単位追加的に生産しよう。グラフでは，横軸一単位移動した時と考えられる。この時，この境界線，PPF は縦軸に何単位移動するだろうか（図表応1-3）。

　この縦軸の量，縦軸が移動した分が第二財を諦めた分であるので，第一財を追加的に 1 単位生産するコストを表している。このアイディアは機会費用と呼ばれるものである。機会費用とは，ある選択を行った時の費用のことで，それは行わなかった選択から最大得られる利益のことである。例えば，いま 1 時間講義を受けるか，1 時間バイトをするかという選択があったとする。今講義を受けながら座っているということは，バイトする機会を失っているということであり，講義を受けるという選択の機会費用とは，講義を受けないでバイトをした時に得られる時給と考えられる。すなわち，講義を受ける費用は，学費だけでなく，講義を受けることでできなかったバイト代という機会費用も存在するのである。

　したがって，1 単位追加的に第一財を生産した時にかかる費用が第二財を減らした量であるから，この PPF の傾きが第一財の相対費用を表すことになるのである。このように，生産可能性フロンティア（PPF）は経済における技術的な状況を示している。PPF の式から分かるように，PPF の傾きの絶対値は a1/a2 であり，投入係数が技術的な費用を表すとすると，第一財の相対的な費

第1章　経済的な世界地図を描くには？

用を表していることも分かる。

　では，実際にどの程度第一財と第二財を生産するのだろうか。どういった生産を行うかは，企業の行動に依存するので，企業の行動を考える必要がある。ここでは，競争的市場を考える。この経済には労働のみの生産要素が存在し，先にPPFを描いた時のように一定の投入係数という技術があるため，収穫一定の状況と言える。このようなケースでは，競争的市場では競争が激しいために，もし利潤（＝収入－費用）＞0ならば利潤機会をもとめて新規参入がおこり，競争の結果利潤＝0となる。逆に利潤＜0ならば損失が発生し，企業は退出する。利潤＝0ならば企業は生産を行うので，均衡では利潤＝0が達成される。

　では利潤はどう表されるだろうか。収穫一定の状況であるので，単純に1単位供給当たりの利潤を考えることができる。1単位供給した時の収入は価格そのものであり，1単位当たりの費用は投入係数を用いると投入係数×賃金で表される。

　その財が生産されているならば，利潤＝0が成立するから，価格＝費用となる。ここで，賃金 (wage) を w，1単位当たりの価格を $p_1$, $p_2$ とするならば，もし両財で生産が行われるならば，両財でゼロ利潤が成立する。

$$p_1 = a_1 w, \quad p_2 = a_2 w$$

　その他の生産パターンも同様に考えられ，第一財が生産され，第二財は生産されないのは，第一財は利潤ゼロ，第二財は価格よりも費用の方が高い時であるから，

$$p_1 = a_1 w, \quad p_2 < a_2 w$$

が成立する時である。生産される財一財の関係を w＝ の形に変形し，第二財の関係に代入すると

$$\frac{p_1}{p_2} > \frac{a_1}{a_2}$$

となる。実際の費用は賃金の水準に依存するが，投入係数を術的な費用と考えれば，この不等式は第一財の（相対）価格が第一財の相対的な技術的費用よりの高ければ生産が行われるが，逆に第二財は相対的に費用が高いので生産されないという見方ができる。

　また，この不等式をPPFのグラフで考える。PPFの傾きの絶対値は $a_1/a_2$

181

応用編

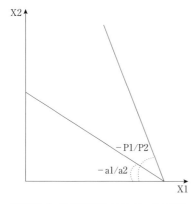

図表応1-4 生産可能性フロンティアの傾きと相対価格

であった。よって、上の不等式は相対価格が生産可能性フロンティアの傾きよりも急なグラフとして表される（図表応1-4）。

すなわち、相対的な第一財の価格が相対的な第一財の費用よりも高いので、横軸の端点、X1の所で第一財のみ生産が行われると表される。

これに対して、最初に考えた両財が生産される時は $p_1 = a_1 w$ と $p_2 = a_2 w$ であったから、$\dfrac{p_1}{p_2} = \dfrac{a_1}{a_2}$ が成立する。グラフでは、PPFの傾きと第1財の相対価格が等しいということになる。よって、このPPFの上のどこかで生産されるということが分かる（図表応1-5）。

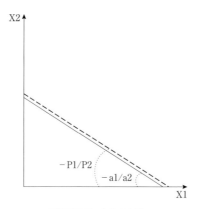

図表応1-5 自給自足時

仮にこの国が貿易せず自給自足を行っているとする。その場合、自国での消費は、自国で生産したものに限られるため、第一財、第二財両方が必要であれば、両方を自国で生産している必要がある。すなわち、この経済における均衡は、

$$p_1 = a_1 w, \quad p_2 = a_2 w$$

第1章　経済的な世界地図を描くには？

として達成され，先ほど見たように w を両方から消去すると，$\frac{p_1}{p_2} = \frac{a_1}{a_2}$ が成立するため，グラフは価格線と PPF の傾きが同じとなる。通常価格の決定は需要＝供給という関係から求められるが，このような自給自足のケースでは，両財生産という条件により，PPF の形状で決定されるのである。

貿易の可能性を考えるために，外国も同様に考える。ここでは，図表応1-6にあるように外国の PPF の傾きの方が急であると仮定する。$\frac{a_1^*}{a_2^*} > \frac{a_1}{a_2}$

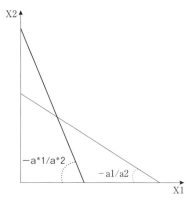

図表応1-6　自国と外国の生産可能性フロンティア

第4章でみたように，貿易パターンを考えるうえで最も重要な概念は比較優位である。比較優位とは，相対的にどちらの国がどちらの財を安く作ることができるのかを表した概念であり，この PPF の傾きが必要な情報をすべて含んでいる。自国の PPF の傾きの絶対値は $a_1/a_2$ であり，これは自国の相対的な第一財の生産コストである。これに対し外国は $a_1^*/a_2^*$ が相対的な第一財の生産コストとなる。

いま，外国の方が PPF の傾きが自国より急であるから，外国の方が相対的な第一財の生産コストが高く，自国は逆に低いことを意味している。自国が第一財の相対的な費用が低い時，自国は第一財に比較優位を持つという。逆に，外国は第二財に比較優位をもつと言える。

応用編

このような自国と外国だけからなる世界を考えて，世界の均衡を考えてみる。世界全体の供給パターンは競争的市場であるから，世界市場での価格に対して，各国の生産者の生産量の決定から導かれる。そして，世界価格のケースは4パターンあるため，それぞれの世界価格の可能性ごとに供給量を考える。第一財の相対世界価格が低い状態から上昇してく過程で考える

第一財，第二財両方を同時に考えたいので，第一財の第二財に対する相対的な供給量，$\frac{X_1+X_1^*}{X_2+X_2^*}$ を考え，価格も相対価格 $p_1/p_2$ で考える。これにより，2つの市場を一度に考えることができる。

**ケース1**：世界価格が自国の生産可能性フロンティアの傾きよりも小さい

$$\frac{p_1}{p_2} < \frac{a_1}{a_2}$$

この時，自国は第二財のみ生産し，外国も第二財のみ生産する。したがって，世界の供給を第一財の第二財に対する相対供給として考えると，世界の相対供給は $\frac{X_1+X_1^*}{X_2+X_2^*}=0$ となる。

**ケース2**：世界価格が自国の生産可能性フロンティアの傾きと等しい所まで上昇

$$\frac{p_1}{p_2} = \frac{a_1}{a_2}$$

この時，自国は第一財を生産開始する。第一財の生産量は最小は0，最大は労働の資源制約があるため，$L=a_1X_1$ まで生産可能であるから，$X_1=L/a_1X_1$ となる。外国は第二財のみを生産している：$X_2^*=L^*/a_2^*$。よって，相対供給量は最小で0，最大で $\dfrac{\frac{L}{a_1}}{\frac{L^*}{a_2^*}}$ となる。

第 1 章　経済的な世界地図を描くには？

ケース 3：世界価格が自国の生産可能性フロンティアの傾きよりも大きいが外国の傾きよりは小さい所まで上昇。

$$\frac{a_1}{a_2} < \frac{p_1}{p_2} < \frac{a_1^*}{a_2^*}$$

この時，自国は第一財のみを生産することになり，生産量は $L/a_1$ である。外国は第二財のみを生産し，生産量は $X_2^* = L^*/a_2^*$ であるから，相対供給量は

$$\frac{\dfrac{L}{a_1}}{\dfrac{L^*}{a_2^*}}$$

となる。

ケース 4：世界価格が外国の生産可能性フロンティアの傾きと等しい所まで上昇する。

$$\frac{p_1}{p_2} = \frac{a_1^*}{a_2^*}$$

この場合は外国も第一財を生産開始する可能性がある。第二財の最小生産量は 0，最大はこれまでと同様の $L^*/a_2^*$ であるから，相対生産量は，

$$\frac{X_1 + X_1^*}{X_2 + X_2^*} > \frac{\dfrac{L}{a_1}}{\dfrac{L^*}{a_2^*}}$$

となる。これ以上価格が上昇すると外国も第一財のみを生産することになり，相対供給は無限大となる。

世界市場での均衡をグラフで表すと，相対供給は階段状の右上がりの曲線で表される。点 $A = \dfrac{\dfrac{L}{a_1}}{\dfrac{L^*}{a_2^*}}$ はケース 3 の時である（図表応1-7）。

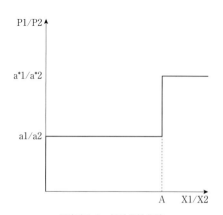

図表応1-7　相対供給曲線

応用編

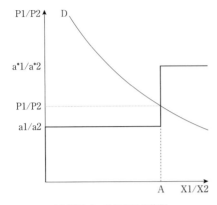

図表応1-8　世界市場の均衡

生産面に焦点を当てるため，需要面は単純化して，自国と外国で同じ需要をもっているとする。その場合，相対需要曲線は，通常の需要曲線と同じように右下がりのグラフで表される。世界価格は相対需要＝相対供給が成立する所で達成される（図表応1-8）。

この貿易時の均衡の性質として，$\dfrac{a_1}{a_2} < \left(\dfrac{p_1}{p_2}\right)^t < \dfrac{a_1^*}{a_2^*}$ が成立していることが分かる。自国は第一財のみを生産し，外国は第二財のみを生産するという，比較優位のパターンと一致している。

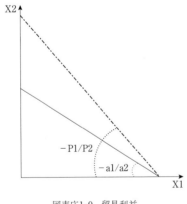

図表応1-9　貿易利益

生産性フロンティアのグラフに戻れば，第一財をすべて生産する横軸の点で生産し，そこから世界価格に直面する予算線（破線）を描くことができる。その消費可能な領域は，自給自足時よりも自由貿易時の方が大きい。すなわち，経済における地図の領域が，国際貿易により拡大していることが分かるのである（図表応1-9）。

最後に，第4章で見たように，絶対優位がなくても貿易からの利益が発生するという注意点がある。貿易パターンの議論の中で，絶対優位は何の役割もはたしていなかった。なぜだろうか。これは，名目賃金が絶対優位がない国では賃金が絶対優位がある国よりも低くなるからである。

自国に絶対優位がないとする（$a_1 > a_1^*$, $a_2 > a_2^*$）。貿易で自国は第一財，外国

は第二財を生産するので，$w = p_1^t/a_1$，$w^* = p_2^t/a_2^*$ が成立する。外国が第二財を生産するということは，外国の生産可能性フロンティアの傾きの方が貿易時の価格線の傾きよりも急ということである。$\left(\dfrac{p_1}{p_2}\right)^t < \dfrac{a_1^*}{a_2^*}$。よって $\dfrac{p_2^t}{a_2^*} > \dfrac{p_1^t}{a_1^*}$。

いま，第2財を生産している外国の賃金を表すと，

$$w^* = \frac{p_2^t}{a_2^*} > \frac{p_1^t}{a_1^*}$$

という関係が成立し，自国の方が絶対優位がない状態は $a_1^* < a_1$ であるから，

$$w^* = \frac{p_2^t}{a_2^*} > \frac{p_1^t}{a_1^*} > \frac{p_1^t}{a_1} = w$$

が成立する。すなわち，生産技術の面で不利（投入係数が大）であっても，名目賃金が低いことで費用が高くならず，輸出が可能となるのである。

ここで，名目賃金でなく実質賃金を考えると，絶対優位のない自国は貿易前両財生産しているので $a_1 w = p_1$，$a_2 w = p_2$ が成立するが，貿易後は自国は第一財のみを生産するので，第一財の価格で賃金が決定される：$p_1^t = w^t a_1$。自国が第一財を輸出するということは，自給自足価格に比べ，貿易時の第一財の相対価格が高い

$$\left(\frac{p_1}{p_2}\right)^t > \frac{p_1}{p_2} = \frac{a_1}{a_2}$$

ということであり，また，貿易前も貿易後も，第一財については $p_1 = a_1 w$，$p_1^t = a_1 w^t$ が成立する。よって，

$$\left(\frac{p_1}{p_2}\right)^t = \frac{w^t a_1}{p_2^t} > \frac{p_1}{p_2} = \frac{w a_1}{p_2}$$

となり，$w^t/p_2^t > w/p_2$ であるから，第二財の価格で測った場合実質賃金は貿易により上昇するのである。絶対優位がない状態であっても貿易により実質賃金の上昇という利益が生じることが分かる。

## 第2章

## 証拠を鑑定するにはどうすればいいのか？
[国際経済データとグラビティモデルと識別]

キーワード：グラビティモデル　自然実験

　経済における分析は，因果関係や均衡といった概念を通じて行われることを見てきた。「関税が輸入を減らす」という因果関係は論理的に経済分析によって考えられる。その論理的な枠組みをモデルと呼ぶ。そのモデルが社会を説明できるか否かはデータという証拠を用いて行う。本章では，経済分析モデルとデータという証拠の処理について詳しく考える。

　国際貿易を説明する最も包括的なモデルとしてグラビティモデルというものがある。グラビティとは重力であり，物体が引き合う力である。そのイメージを，国や地域同士が引き合う力として考えて，その力の大きさを経済取引の大きさとして考えるものである。そもそものニュートンの万有引力の法則は，iとjという2つの物体に働く重力は，物体の質量に比例し，物体間の距離の二乗に反比例するという形で表された。

$$F_{ij} = A \frac{M_i M_j}{D_{ij}^2}$$

ここでFは重力，Aは係数，Mは物体の質量であり，質量が大きいほど重力は大きい。Dは物体間の距離であり，距離が遠いほど重力は小さくなる。

　この関係を国同士に適用したのが経済のグラビティモデルである。Fは重力ではなく国家間の引き合う力と考える。国家間で関係する力は貿易であったり直接投資であったりするだろう。貿易や直接投資が，物体の質量ではなく経済規模GDPにプラスに依存し，そして物体間の距離でなく2つの国の首都間の距離にマイナスで依存する形を表せば，

$$F_{ij} = A \frac{M_i^a M_j^b}{D_{ij}^c}$$

と経済のグラビティが表される。万有引力の法則では物体の質量（の1乗）に

比例したが，ここでは GDP の a 乗や b 乗に比例する。この a や b はプラスの値を取ると考えられ，GDP が高い国は貿易を多く行うということを示している。また，距離については距離の c 乗に反比例し，この c もプラスの値をとり，2国間の距離が遠い国は貿易額が少ないということが示される。

また，実際の貿易は他の要因，例えば自由貿易協定を結んでいるかどうかや移民の数などに影響を受けるが，それら様々な要因は単純に追加すればよいという便利な特徴を持つ。例えば二国間の移民の数が二国間の貿易とプラスの関係にあると想定するなら，

$$F_{ij} = A \frac{M_i^a M_j^b 移民_{ij}^e}{D_{ij}^c}$$

となる。同じように，貿易を減らす効果は距離だけではなく輸入関税もその候補である。輸入関税の影響を見たい場合は，

$$F_{ij} = A \frac{M_i^a M_j^b}{D_{ij}^c 関税_{ij}^f}$$

とすれば，関税がどの程度貿易額を減らすか考えることができるのである。

このグラビティモデルを分析する際に1つのポイントが自然対数をとるということである。グラビティモデルは掛け算の形で表されており，掛け算は分析上面倒なことが多い。そのため，足し算の形でグラビティモデルを表したい。対数をとるというのは掛け算を足し算にすることができる1つの方法である。

自然対数 ln とは，プラスの値を別の値に変換する関数で，以下のような形をしている $Y = \ln(X)$。X の値が小さい時は傾きが急で，X が大きくなるにつれて傾きが緩やかになるグラフである（図表応2-1）。

この対数は，掛け算のものに対数を取ると，足し算になるという性質がある。$\text{Ln}(XY) = \ln(X) + \ln(Y)$。逆に割り算は引き算になるという性質がある $\text{Ln}(X/Y) = \ln(X) - \ln(Y)$。また，指数は対数の前に出るという性質もある $\ln(X^a) = a\ln(X)$。これらの性質を用いれば，グラビティモデルの対数を取ると

$$\text{Ln}(F) = a\ln(M) + b\ln(M) - c\ln(D)$$

となり，足し算の式となり，各項は単純な正比例の関係で表される。よって，貿易額 Y そのもののデータを用いるのではなく，対数を取った貿易額のデータを使って分析することで分析が容易になるのである。

応用編

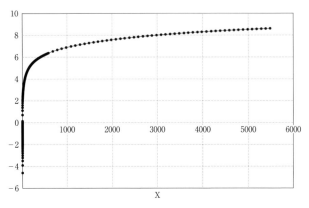

図表応2-1　対数関数

　また，対数をとるメリットがもう1つある。それは経済データはばらつきが大きいが，対数をとるとばらつきが圧縮されるという点である。貿易額そのものも，様々な産業，農業や製造業，その中でも繊維や化学など細かく見ていくと，各国の貿易額は100倍以上の違いがある。そういったばらつきが大きいデータを扱うと，ばらつきの大きさに負けてそこに存在する法則・関係性が見えてこないということがしばしば起きる。

　例えば2019年の日本とアメリカとフィンランドとジブチの間の貿易に関心があり，貿易額と輸出国のGDPの関係が知りたいとする（図表応2-2）。

単位：1000ドル

| 輸出国 | 輸入国 | 貿易額 | 輸出国GDP |
|---|---|---|---|
| ジブチ | アメリカ | 30,961 | 3,324,634 |
| アメリカ | 日本 | 81,200,000 | 21,400,000,000 |
| フィンランド | 日本 | 1,793,620 | 269,000,000 |
| 日本 | アメリカ | 147,000,000 | 5,080,000,000 |

図表応2-2　日本，アメリカ，フィンランド，ジブチのデータ

　当然ながら日本・アメリカ間の貿易額は非常に大きいが，ジブチ・アメリカ間やフィンランド・日本間の貿易額は小さい。上の表を散布図で表すとその散らばりが大きいことが分かる（図表応2-3）。

第 2 章 証拠を鑑定するにはどうすればいいのか？

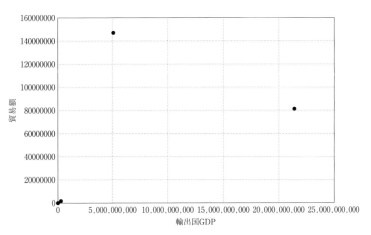

図表応2-3 ばらつきの大きい貿易データの例

グラフでは右上がりの関係，すなわち輸出国GDPが大きければ貿易額も大きいという関係がありそうだが，なんだかあいまいでもある。

ここで貿易額と輸出国GDPの対数を計算してみよう（エクセルなどでLN関数を用いてできる（図表応2-4））。

| 輸出国 | 輸入国 | 対数貿易額 | 対数輸出国GDP |
|---|---|---|---|
| ジブチ | アメリカ | 10.34049396 | 15.01687015 |
| アメリカ | 日本 | 18.21242581 | 23.78665676 |
| フィンランド | 日本 | 14.39974648 | 19.41022194 |
| 日本 | アメリカ | 18.80594314 | 22.3485771 |

図表応2-4 対数値

すべてのデータが2桁に圧縮されている。このデータをグラフにしてみると，貿易額と輸出国GDPの関係が散布図でよりはっきりと見ることができる。どうも右上がりの関係にありそうだ（図表応2-5）。

応 用 編

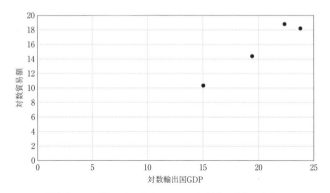

図表応2-5 ばらつきの大きいデータを対数に変換したもの

データの数が多いとこのことがより顕著になることがある。第5章で見たような，関税と貿易額の関係を，対数を取らないで貿易額そのままで見てみよう（図表応2-6，左図）。

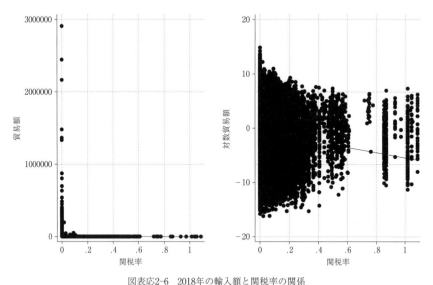

図表応2-6 2018年の輸入額と関税率の関係
（出所）The Trade and Production Database（TradeProd）より

横軸に関税率，縦軸に貿易額をとると，貿易額が大きく関税率が低いケースが縦軸に張り付くような形でばらついており，逆に貿易額が非常に小さく関税

率が高いケースが横軸に張り付くような形でばらついている。ばらつきが激しいと、極端なパターンで何が関税と貿易額に関係しているか非常に分かりづらい。

　ここで、縦軸の貿易額の値を対数を取ってみる（右図）。横軸の関税率はそのままで、対数の貿易額と関税率の関係を見ると、先ほどよりも見やすいグラフが描かれる。程よい散らばり具合をもってグラフが描かれており、なおかつどうも右下がりの関係、関税と対数貿易額がマイナスの関係にありそうだということも見て取れる。対数をとるメリットが表わされている。

　先のグラビティモデルで関税が貿易額を減らすという関係を分析できるとしたが、それはあくまで我々の仮説であり、実際に関税と貿易額がマイナスの関係があるかはデータを見る必要がある。そして、単にデータを見るだけでは不十分で、果たして正しい関係は何なのか、プラスなのか、マイナスなのか、それとも無関係が正しいのか、それをデータから検証する必要がある。そういった因果関係をデータから判別することを識別と呼んだ。データを扱う際には、正しく識別できるかという問題が重要である。

　正しい識別を阻害する要因として、主に2つのものがあげられる。まず1つは同時決定もしくは逆の因果関係と呼ばれるものである。同時決定もしくは逆の因果関係と呼ばれる現象が存在する時に問題が生じる。関税と貿易額の関係で言えば、第5章でみたように、貿易額が大きい産業では貿易からの保護を求めて政治活動を行い、関税率を上昇させようとするケースがある。つまり、関税 ⇒ 輸入ではなく、輸入→関税という方向の因果関係が存在するので、単に関税と輸入額の関係を見ただけではどういったメカニズムが生じているのか分からない。

　もう1つの問題は、除外変数と呼ばれるものの存在である。これは2つの関係を見ている時に、実は第3番目の要因が存在して、それが2つの関係を生み出している時などに発生する問題である。この第3番目の要因を除外変数と呼ぶ。関税と貿易額の関係で言えば、関税が低くても貿易額には全く何の影響がなくても、低関税と高貿易額という関係が生じる可能性がある。これは、関税が低いことでその国の経済活動が自由なために所得が高く、所得が高い国が多く輸入しているというケースである。すなわち、所得という除外変数を考慮し

応用編

ていない場合，所得が貿易額に与えている影響を，関税によって引き起こされた影響と間違ってしまう可能性があるのである。

　これらの問題への対処として，自然実験を用いるという方法があった。外生的な変化により生じた原因が生み出す結果は，同時決定や除外変数の問題を回避する形で得られる。第2章で見た日本の江戸から明治の開国は，経済的な要因ではない原因で自由貿易を開始した結果，貿易がどうなったかを明らかにすることができる。ペリーが浦賀に来航するという外生的な要因が原因であり，貿易したいから開国して自由貿易したという同時決定ではなく，当時の日本の所得が上昇したから貿易しようとした除外変数の問題でもない。強制的な開国という実験により生じた自由貿易（低関税）が貿易額に与えた影響を見ることが自然実験ではできるのである。

　日本の開国のような急激な変化を捉える考え方として，回帰不連続デザインというものがある。これは，急激な変化を捉えて，急激な変化があった方となかった方で比較をするという識別の方法である。日本の開国で言えば，1859年に鎖国が終了して西洋からの技術などの導入がまだ不十分だった1875年までは日本国内の経済環境はそれほど変化していなかった。大きく変化したのは開国というイベントである。よって，貿易について言えば，鎖国がつづいた1850年代が急激な変化の前，1860年代から1870年代前半までが急激な変化の後として考えることで，この変化の前と後を比較して，貿易の影響を取り出すという考え方である。

　この回帰不連続は，時間軸だけでなく地理的な急変にも用いられる。国境はその両側で国が異なり，通貨も異なることも多く，経済環境が急変する境目である。しかしながら例えばアメリカとカナダの国境の両側は言語や気候などの条件は似通っているため，国境が急変させるのは国境を越えた際に必要となる費用や通貨の変換のみである。したがって，国境が貿易や各国での価格の違いにどう影響を及ぼすかを見る際に，国境に近接した町の価格の違いを調べれば，国境以外は急変する要因が少ない環境で，国境が与える影響を検証することができるのである。

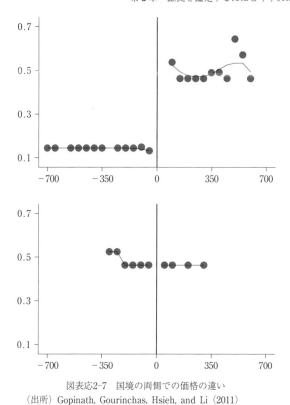

図表応2-7　国境の両側での価格の違い
（出所）Gopinath, Gourinchas, Hsieh, and Li（2011）

　図表応2-7の上はカナダとアメリカ国境の両側でのミネラルウォーターの価格である。中央の垂直な線が国境であり，国境の両側で大きく価格が異なることが分かる。これに対して下はアメリカ国内のワシントン州とオレゴン州の州境の両側のミネラルウォーターの価格であるが，こちらはほぼ違いがない。国境という変化を利用して貿易コストを識別することが可能である。

　因果関係を識別する際に，第1章でパラレルワールドを考えると述べた。貿易が所得に与える影響を考える際に，貿易を行っている国と，その国と全く同じで貿易を行っていない国を比較することで，貿易が所得に与える影響を識別できる。実際に貿易を行っている国を，貿易を行っていないことにできないので，外生的な要因で貿易を行っていない状態が行っている状態になるというイ

応用編

ベントを用いて分析を行うとしたのが先の日本の開国のケースである。

　このことを少し形式的に見てみる。Yを結果を表すもの，例えばGDPとする。Dを状態を分類するものとして，0か1をとる変数とする。例えば貿易をしていないという状態はD=0，貿易をしているという状態はD=1と表される。どの国も，貿易をする可能性もしない可能性もあるので，Y1が貿易をしている時の「潜在的な」GDPの額，Y0が貿易をしていない時の「潜在的な」GDPの額とする。貿易を行ったことによるGDPへの影響は，

$$Y1 - Y0$$

という違いで表される。すなわち，貿易を行った（D=1）時に貿易をしている状態のGDP（Y1）が，貿易をしなかった時（D=0）に貿易をしていない状態のGDP（Y0）よりもどれくらい大きいかで，貿易がどの程度GDPを増やすかが分かる。

　この分析の問題は，今貿易を行っている国（D=1）については貿易を行っている状態のGDP（Y1）は当然観測できるが，その国がもし貿易を行わなかった（D=0）時にどの程度のGDP（Y0）なのかということについては観測できない点にある。つまりパラレルワールドで今考えている国が貿易をしていない時のGDPが必要であるがそういったデータは存在しない。

　潜在的なGDPでなく，観察できるGDPをただのYと表すと，Yはパラレルワールドも含む潜在的なGDPを使い以下のように書ける。

$$Y = Y1 \times D + Y0 \times (1 - D)$$

すなわち，現実に貿易をしている国はD=1だから，Y=Y1となり，現実に貿易をしていない国はD=0であるから，Y=Y0となる。

　仮に貿易を行うか行わないという決定がランダムもしくは強制的に・外生的に決定されるならば，貿易を行っている国と行っていない国は貿易に対して同じような反応を示すと考えられる。同じような国であるなら平均的に同じ国と言えるから，貿易しているかしていないかという選択Dの影響は，貿易している国としていない国の観察されるGDPの平均的な違いによって取り出すことができる。つまり，Y1とY0の違いではなくY1の平均とY0の平均で考えるのである。

　Y1とY0のどちらが観察されるかは選択Dによって決定されるから，選択

Dが選ばれたという条件の下で，平均的な観察されるGDPと平均的な潜在的なGDPは同じになる。

　貿易を行っているという条件の下で「観察される」平均GDP－貿易を行っていないという条件の下で「観察される」平均GDP＝貿易を行っているという条件の下での「潜在的な」貿易下の平均GDP－貿易を行っていないという条件の下での「潜在的な」非貿易下の平均GDP
（形式的には条件付期待値 $E[Y|D=1] - E[Y|D=0] = E[Y1|D=1] - E[Y0|D=0]$）

そして繰り返しになるが，ランダムにもしくは強制的・外生的にDの選択は決定されるから，選択Dと潜在的な結果であるY1やY0の値は平均的には無関係になる（独立）ので，上の式における貿易を行っている（D=1）や行っていない（D=0）といった，選択Dが選ばれたという条件が不要になる。

貿易を行っているという条件の下での「潜在的な」貿易下の平均GDP－貿易を行っていないという条件の下での「潜在的な」非貿易下の平均GDP＝「潜在的な」貿易下の平均GDP－「潜在的な」非貿易下の平均GDP
（形式的には条件付期待値 $E[Y1|D=1] - E[Y0|D=0] = E[Y1] - E[Y0]$）

すなわち，パラレルワールドが強制的・外生的に決定されると考えれば，観察されるデータの平均的な違いで，潜在的な結果の違いを取り出すことができるので，貿易がGDPに与える因果関係を識別することができるのである。
　このような外生的な要因で，ある状態と別の状態に対象をグループ分けするということを実際にできるケースもある。すなわち，外生的な要因である国は貿易を行うグループ，別の国は貿易を行わないグループと分けることができるケースがあるのである。
　例として，途上国が先進国と締結する自由貿易協定がある。自由貿易協定には多くの場合知的財産権の保護の強化という項目が含まれる。これは，先進国企業の特許などが途上国で強く護られるために導入されるもので，途上国側からすれば新しい技術を学習する阻害要因となりうるため，あまり望ましいもの

ではない。したがって、途上国としては自由貿易協定は締結したいが特許などの保護強化は仕方がなく受け入れるのである。すなわち、途上国の特許保護が自ら選ぶのではなく、外生的な要因で導入されると考えることができるのである。

よって、特許保護強化が含まれた自由貿易協定を締結している途上国と、そうでない途上国で、特許保護強化の違いが外生的に生じる。そういった自由貿易協定の締結の前と後で、締結している途上国とそうでない途上国の貿易額の違いを比較すれば、特許保護強化の貿易に与える影響が検証できることになる。X1を自由貿易を締結した国の貿易額、X0を締結していない国の貿易額、X'1が締結した年より後の貿易額、X1は締結した年より前の貿易額とすると、(X'1 − X'0) − (X1 − X0)といった形で、特許保護強化している途上国とそうでない途上国の違い（差）を、自由貿易協定締結の前と後の違い（差）で分析できる。差の差をとっていることから、差分の差分と呼ばれる方法である。

差分の差分は、これまでも用いてきた用語であるが、何かが起きたグループを処置群 (treatment group) と呼び、起きなかったグループを対照群 (control group) と呼んで分け、その差分を起きた前と起きた後で分けるという方法で因果関係を識別している。識別に関する幅広い分析を扱っているテキストであるアングリスト・ピスケ (2013) でも自然実験や回帰不連続といった点について詳しく紹介されている。

---

### コラム▶▶対数を用いる際の注意点

掛け算から足し算にするという便利さ、散らばり具合を圧縮できるという便利さがある対数であるが、デメリットもある。それはゼロを扱えないという点である。対数が変換できる数値はプラスの値のみで、マイナスやゼロの値は対数にできない。ゼロの対数はマイナス無限大となる。しかしながら貿易がゼロというケースは非常に多い。産業別で貿易を調べたり、企業別で調べたりするケースでは、当たり前に貿易額はゼロというケースは観察される。では実際に自分でデータを分析する際にどうすればよいのか？　ここでは詳しくは触れないが、ゼロの貿易額のデータは使わず削除するというやり方や、貿易額の対数を取るときに、ln（貿易額）ではなく、ln(1+貿易額)として貿易額がゼロの時にはln(1+0) = ln(1) = 0となってゼロにす

るというやり方，統計的にゼロ貿易のデータに対処する方法が各種生み出されていることだけ述べておく。

# 第3章

# 特許の保護を強化することは途上国の役に立つのか？
[知的財産権保護と貿易]

キーワード：特許保護　知的所有権の貿易関連の側面に関する協定

経済の重要なファンダメンタルズの1つとして技術水準があり，その技術水準は研究開発などにより向上する。研究開発を促す1つのメカニズムとして知的財産権保護があり，特許のように発明を保護し独占的に利用できる権利を付与することで発明を促す。では知的財産権保護は国際貿易にはどういった影響を及ぼすのだろうか。国際的な知的財産権の保護により貿易は促進されるのだろうか。

この問いに答えるためには，まず，各国で異なる知的財産権保護の違いを測定する必要がある。各国の特許制度などは違いがあり，統一的にどの国が強く保護しており，どの国があまり保護をしていないか判断するのは困難であるが，特許保護に関する指標の作成が試みられており，特許保護が強いほど高いポイントを付与するという形になっている（図表応3-1）。

ではどういった基準によって指標がつくられているのだろうか。最初が特許の対象の範囲（Coverage）である。

|  | はい | いいえ |
| --- | --- | --- |
| 医薬品特許 | 1/7 | 0 |
| 化学物質 | 1/7 | 0 |
| 食品 | 1/7 | 0 |
| 動植物 | 1/7 | 0 |
| 外科用品 | 1/7 | 0 |
| 微生物 | 1/7 | 0 |
| 実用新案 | 1/7 | 0 |
| パリ条約 | 1/3 | 0 |
| 特許協力条約 | 1/3 | 0 |
| UPOV | 1/3 | 0 |
| 実施要件がない | 1/3 | 0 |
| 強制実施がない | 1/3 | 0 |
| 特許の失効がない | 1/3 | 0 |
| 仮差し止め | 1/3 | 0 |
| 寄与侵害 | 1/3 | 0 |
| 立証責任の転換 | 1/3 | 0 |
| 保護が出願から20年以上 | 1 | 0 |
| 保護が付与から17年以上 | 1 | 0 |
| 合計最大 | 5 | 0 |

図表応3-1　知的財産権保護の相違
（出所）Ginarte and Park (1997) Determinants of patent rights: A cross-national study, Research Policy, 26, pp283-301より筆者作成

どういったものが特許対象になるか，なっている場合には1/7ポイント付加するという形である。

　　例：Surgical products　手術用機器，microorganisms 微生物，utility models　実用新案

　第2の基準は保護の期間である。保護の期間が長ければ長いほど保護が強いと言えるので，出願から20年ならポイント1，それより短いなら割合に応じてポイントを下げるとしている。

　第3の基準は執行である。これは実際に特許がまねされたりして侵害された時にどういった手段を取ることができるかについてである。まず最初は仮差し止め（Preliminary Injunctions）の制度の有無である。実際に特許が侵害されているかどうかを決定するには調査などで時間がかかることが多い。そう言った場合に侵害が認定されるまでの間で損害が生じる可能性がある。そこで，実際に侵害かどうか確定される前に予防的な救済措置として差し止めができる制度が仮差し止めであり，この制度があるならばより特許権の保護がされていると考えられる。

　次に，間接（寄与）侵害（Contributory Infringement）が認められるかという点である。特許を侵害している製品があった時に，それを製造している人・企業そのものだけでなく，特許を侵害するのに不可欠な部分を提供することも特許侵害とみなすことを指す。特許侵害の製品に不可欠な部品があった時，それを製造することは間接的に特許の侵害となるため，これが認められる場合も保護が強いと考えられる。

　最後に立証責任の転換（Burden of Proof Reversal）と言うルールの有無である。権利を侵害されたので，損害賠償などを請求する場合には，一般に侵害を受けた方が侵害の事実や賠償額を算出する必要がある。しかし，特許侵害の場合は侵害を認定するには企業内部の製造工程などを検証する必要がある場合があるため，困難なケースが多い。そのため，侵害の事実といったことについてのその立証責任を侵害側に転換することをいう。すなわち，侵害していると訴えられた方が，侵害していないことを証明する必要がある。これも特許権者の権利を強く保護するルールと考えらえる。

　これら3つのルールがある国は保護が強いと考えられるため，それぞれ1/3

ポイント追加する形で計算される。

　次に国際条約への参加の有無も保護の強度の指標に用いられる。様々な知的財産権に関する条約があり，それらに参加することはより強い保護を行うことにつながっている。パリ条約，PCT，UPOV（植物新品種保護国際同盟）といった条約を締結している場合はそれぞれ1/3ポイントという形で保護強化の指数に用いる。

　最後に，特許権を制限するルールの有無を考える。特許権を様々な形で制限するルールが存在する。よって，この指標の場合はそういったルールがその国に存在しないならポイント付加という形で考える。

　まず実施義務（Working Requirement）である。これは，特許を出願して認められた場合，特許を保有しているだけではダメで，実際に実施（生産や他社にライセンス）する義務があるというルールである。権利を取得しただけではダメであるため，特許権者には不利なルールと考えられる。

　次に強制実施権（Compulsory Licensing）である。これは特許が存在する時に，特許権者の意思にかかわらず特許を実施させる制度である。医薬品の特許が取られた時に，もしその特許権者が実施する意思がない場合は，その医薬品を製造・使用することができず，患者などに不利益が生じる可能性がある。そういった時に，特許権者の意思にかかわらず特許を実施させる制度である。

　最後に特許の失効（Revocation of Patents）である。これは，特許が存在するが，それが実施されない場合には，その特許を無効にできるというルールである。これら3つのルールは特許権者の権利を制限するルールと考えられるため，もしこれらのルールがないならば1ポイント付与するという形で指標が作られる。

　結果として，各国の特許保護の強度はどうなっているだろうか（図表応3-2）。日本やアメリカの傾向からも分かるように特許権保護は概ね強化される傾向にある。世界貿易機関の設立後の特に2000年以降はその傾向が世界的に強い。しかしながらこのグラフでも明らかなように2000年以前はインドのように特許権がむしろ弱まった時期がある国もあり，変動がみられる。

　それでは各国で知的財産権の保護強化を行った結果，国際貿易にはどういった影響があるだろうか。保護強化が貿易に与える影響は大きく分けて2つあり，

第3章　特許の保護を強化することは途上国の役に立つのか？

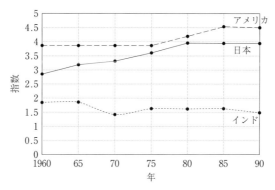

図表応3-2　特許保護指数の変化
（出所）Ginarte and Park（1997）より筆者作成

市場拡大（market expansion）と市場支配力（market power）である。

　市場拡大効果とは，知的財産権の保護が強められた結果，他の企業が模倣できなくなることにより，他の企業から購入していた消費者が，自分から購入することになる効果である。結果として自分の需要が増大，すなわち自分の市場が拡大するため，市場への供給量が増加する。市場拡大効果は知的財産権の保護が貿易にプラスの影響を及ぼす効果である。

　これに対し，市場支配力効果は，知的財産権保護が特許のように権利者に独占的な権利を付与した結果，独占企業の行動をとる効果である。第7章でもみたように，独占企業は競争的な場合に比べて供給量を減らし，価格を上昇させる。すなわち，保護が強い国では，独占力も高いと考えられるため，貿易量は減少する。市場独占力効果は，知的財産権保護が貿易にマイナスの影響を及ぼす効果である。

　基本的には市場拡大と市場支配力のトレードオフを考え，現実には両方の効果が働くと考えられるため，知的財産権保護が貿易に与える影響はデータによって判断される。多くの研究では，特許保護が強い国ほど貿易（輸入）を多く行っていることが示されており，市場支配力効果よりも市場拡大効果の方が大きいと考えられる。しかし，単純に知的財産権保護の強さと貿易量の関係を見ただけでは，因果関係として保護が貿易にプラスの影響を及ぼしているとは言えない。

応用編

　主な問題点は2つある。1つは知的財産権の保護の強化は，他の経済制度の変革と一緒に行われることが多いという点である。すなわち，貿易の自由化や規制緩和などの制度改革と同時に知的財産権政策も変更されることが多い。よって，知的財産権保護により貿易が拡大したのか，他の政策の変更が要因となって拡大したのか区別が困難であるという除外変数の問題がある。

　　知財保護　→　貿易
　　貿易自由化　↑

　第2に，特に途上国の知的財産権保護に言えることであるが，貿易をより促進したいために，途上国が知的財産権保護を強化して先進国との貿易交渉に利用するという可能性がある。すなわち，貿易を行っている状態からより拡大したいという動機で知財保護を行うという，知財保護と貿易が同時決定もしくは貿易から知財保護という逆の因果関係の可能性が存在する問題である。

　　知財保護　⇔　貿易

　第1の問題への対処については，特許が重要な産業（医薬品，化学製品）とそうでない産業（非鉄金属など）とに分けることを考える。これは，特許が重要でない産業の貿易は，特許保護とは関係ない貿易自由化などで変化するが，特許保護強化では変化しないはずということが基準である。これにより，特許保護の強化が起きた処置群として特許が重要な産業，それとは関係ない対照群として特許が重要でない産業を考える。そして，もし特許が重要な産業の貿易が，そうでない産業の貿易にくらべて知財保護強化で拡大しているなら，知財保護の影響があると考えられるのである。

　そして，問題2の同時性については，途上国では知財保護強化のタイミングが国によって違うことが利用できる。知財保護強化が外性的な圧力によって生じた国とそうでない国が存在するのである。世界貿易機関が設立された際には，モノの取引のルールだけでなく，サービスや知的財産に関するルールも決められた。知的財産権に関するルールは知的所有権の貿易関連の側面に関する協定（Trade related aspects on intellectual property rights, TRIPS）である。WTOは1995年に設立されたが，このTRIPSが締結される以前はカメルーン，インド，チュニジア等の旧イギリス植民地もしくは旧フランス植民地国は知財保護を強化していた。これに対し，1995年のTRIPS以降は，そういった旧植民地でな

い国,コロンビア,インドネシア,タイ等が,TRIPS に対応するために強化を行った。

これらの知財の強化は,自発的な保護強化でなく,TRIPS に対応せざるを得ないという事情からの保護強化であるので,貿易を行いたいから知財保護を行うという同時決定の問題がない。したがって,イギリスやフランスの旧植民地か否かという特徴を操作変数として用いることで,知財保護強化が貿易に与える因果関係を識別できるのである。

イギリス・フランス旧植民地　→　知財保護　→　貿易

実際に,知的財産権が重要な産業では,国際的な保護により,国際貿易が拡大したことが確認されている(Ivus (2010))

国際貿易の促進に国際的な知財保護強化は役立っていると言えるが,国際的な知財保護強化が途上国にどういった影響を及ぼしているかについては様々な意見がある。国際貿易が促進されれば,先進国の技術が体化されたモノを輸入することで,途上国の技術水準などが向上することが考えられ,好影響を及ぼす可能性がある。しかしながら,先に挙げた市場支配力効果の際に述べたが,知財保護強化は技術に対する権利が強くなり独占力が高まることから,模倣などを通じた学習を行いづらくなるというデメリットが考えられる。

特に医薬品については,先進国企業が開発した医薬品が強い特許に守られている場合,それらの医薬品は高価格であり,途上国の購買力を超えてしまうと,公衆衛生上問題があると考えられる。例えばインドの抗生物質市場を考えてみる。

1970年成立したインド特許法では,物質特許が認められていなかった。特許には大きく分けて2種類あり,物質特許と製法特許というものがある。物質特許は医薬品そのものに関する特許であり,製法特許は医薬品などの製造方法に関する特許である。製法特許のみ認められている場合,別の製法を考案すれば,同じ医薬品を特許を侵害することなく製造することができる。よって,先進国企業が開発した医薬品も,インド企業が迂回生産の方法を発明すれば,生産が可能になるのである。

しかし,1995年に成立した TRIPS は物質特許を認めている。したがって,

応用編

　WTOに参加したインドはTRIPSと整合的にするために，物質特許を導入することになった。結果として，特許権のある医薬品を迂回生産することができなくなったため，特許権のある医薬品価格が上昇することになる。

　そしてその影響は波及する。特許権のある医薬品価格上昇すれば消費者は他の代替的な医薬品へ需要を移動させるだろう。結果，他の市場でも価格が上昇することになる。Chaudhuri, Goldberg and Jia（2006）が行った，抗菌剤キノロン市場での医薬品特許導入のシミュレーションによると，外国企業のシプロフロキサシン特許により，インド企業は退出するが，高価格のシプロフロキサシンからノルフロキサシン，オフロキサシンという代替財に需要が移動するということが起きる。結果として，外国企業の特許医薬品の価格は3倍に，代替財の価格も2倍になり，これらの価格上昇や利用可能な財の減少により1.4億ドルから5億ドル程度の余剰の減少が生じるとしている。

　国際的な特許保護が問題を引き起こした例としてHIV薬のケースがある。1990年代から2000年代にかけ，アフリカ等で蔓延したHIVの薬が特許により途上国に提供できないという問題が生じた。世界貿易機関でこの問題が議論され，交渉の結果2005年にTRIPSが改正された。それは人命にかかわる医薬品は特許を一時停止して，製造・輸出ができるという改正である。これにより，2007年にカナダからルワンダへのHIV薬の輸出が行われた。医薬品企業は途上国における知財保護について非常に敏感であり，例えばタイが高血圧とHIVの医薬品に関して強制実施の導入を行った際には，それらを製造していた医薬品企業はすべての医薬品をタイに供給しないと通告したこともある。いかに知的財産権保護と公衆の福祉を両立させるかという問題は重要な国際問題なのである。

---

### コラム▶▶知財保護の経済取引への影響

　知財保護の経済取引への影響は，市場拡大効果と市場支配力の他も考えられる。発明といった技術革新は過去の発明に基づいて新たに生み出されるため，累積的イノベーションと呼ばれる特性を持つ。そのような特性がある場合には，特許などの保護が強すぎると，過去の発明の保護を用いて新しい発明を行うことが困難になる可

能性がある。そして，過去の発明が技術が細分化されて多数存在する場合には，より難しくなるというアンチコモンズの悲劇と呼ばれる問題もある（Heller and Eisenberg 1998）。したがって，知財保護が強いほど新しい発明が減少し，それらを用いた取引も減少する可能性がある。

## 第4章

# 貿易政策は常に有効なのか？
［レント移転と政策のルールと裁量］

キーワード：屈折需要　輸入関税　ルールと裁量

　第7章では，国内が独占の場合の貿易の利益を見た。自国の国内企業の非効率性を貿易によって解消できる可能性が明らかにされた。では，外国に独占力を持つ企業がいる場合にはどうすればよいだろうか。この場合は自由貿易にしても外国企業が独占力を行使するために，競争的な場合に比べ供給量が少なく価格が高くなることが考えられる。

　それに対して自国政府がどういった政策をとることができるだろうか？ここでは自国政府が関税を課すことで自国の余剰を増やすことができる可能性について考える。そのために，ここでは外国企業1社だけという市場ではなく，国内にも小規模な企業が存在しているケースで考える。国内の小規模な企業は費用が高く小規模企業同士は競争的であるとする。費用が高いのでグラフでは供給曲線が左上の方にある。外国独占企業がいない状態では，均衡価格は $Pa$ に決まる（図表応4-1）。

　国内の小規模企業の生産では国内の需要は賄いきれない。そこで残った需要は外国の独占企業が供給すると考える。よって外国独占企業が直面する需要曲線は，点線の傾きが緩やかな部分と実線の傾きが急な部分からなる，途中で屈折した需要曲線となる。すなわち，縦軸の $Pa$ から点線で右下に伸び，価格が $Pb$ 以下の部分は実線の右下がりの部分になる需要曲線である。価格 $Pb$ よりも低い価格では国内供給は行われない。よって外国独占企業が直面する需要は国内需要の全体になるためである（図表応4-1）。

　この屈折した需要曲線に直面する独占企業の限界収入を考えると，最初の傾きが緩やかな部分と，後の需要全体の傾きが急な部分の2カ所に分けられることが分かる（図表応4-2）。

第 4 章　貿易政策は常に有効なのか？

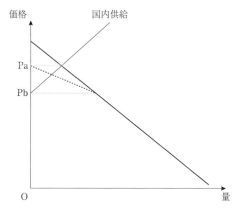

図表応4-1　外国独占企業が直面する需要曲線

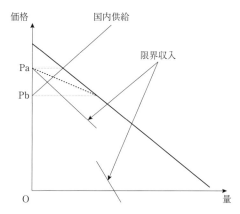

図表応4-2　外国独占企業が直面する限界収入曲線

　ここで外国の独占企業の供給行動を考えよう。外国の限界費用（MC）は一定だとする。すなわち限界費用曲線は水平で表される。そして，独占企業なので限界収入と限界費用で最適な生産量を決定する。よって生産量はQで価格はその時に対応する需要曲線の高さだからPbとなる。格子状の部分の独占利潤が獲得される（図表応4-3）。

209

応 用 編

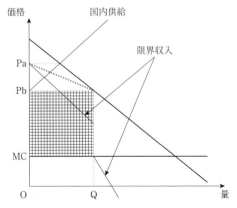

図表応4-3　外国独占の市場均衡と外国独占企業の利潤

　ここで輸入関税を課したとしよう。関税率を t だとすると，外国企業が国内に供給する際の限界費用は MC＋t となり，水平な点線で表される。独占企業の限界費用は関税の分だけ上乗せされることになる。この時，独占企業はやはり限界費用と限界収入が等しくなる所で生産するから，限界費用と限界収入が同じ所は生産量 Q の所である。すなわち関税を課す前と同じである。そして価格も生産量 Q に対応する所だから Pb となる（図表応4-4）。

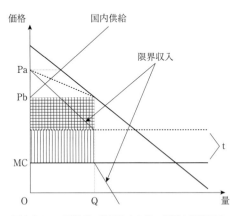

図表応4-4　関税下の外国独占企業の利潤と関税収入

210

異なるのは今関税を課された分だけ独占企業の利潤は減るという点である。関税下では独占企業の利潤は格子状の部分であり，縦線の部分は自国の関税収入となる。すなわち独占企業は関税を課されても価格を変更しないままでいることが最適であるため，それまで独占企業が得ていた利潤の部分を関税として徴収することができているということである。このことを「レント移転」と呼ぶ。外国企業が獲得していたレント（独占利潤）を自国に移転するという意味である。

生産量も国内価格も変化していないから，このレント移転の分だけ自国は余剰が大きくなっている。これが外国に独占されている市場で自国ができる戦略的貿易政策の1つである。

第9章で見た戦略的貿易政策も，レント移転という観点から見ることもできる。第9章ではアメリカのボーイングとEUのエアバスが競争している状況を見た。アメリカ政府もEUも貿易政策を取らない場合には，エアバスが生産してボーイングは生産しない状況が発生しうる。すなわち，EUのエアバスが利潤（レント）を獲得し，アメリカのボーイングは獲得できない状況である。そこで，アメリカ政府のみが輸出補助金を行うことで，ボーイングが常に生産できる状況を生み出せる。これは，エアバスが獲得していたレントをアメリカ政府の政策でボーイングのレントへと移転させているとも考えられる。

これら戦略的貿易政策については1980年代にブランダーとスペンサーによって多くの分析が行われ（Brander and Spencer 1981, 1985），またその時代には産業組織論や国際貿易論でゲーム理論が応用され，重要な知見が発見された。1つの知見として，「政策の信頼性」という問題が挙げられる。輸入競争にさらされている自国企業と政府を考えよう。政府としては，自由貿易を行い輸入競争により自国企業に努力してもらい効率的な生産を行ってほしいと考えている。しかし自国企業は努力したくないとする。そして，輸入競争にさらされてかつ努力しなかったために自国企業が破綻することは政府としても望ましくない。これを図表応4-5の展開系ゲームで記述してみよう。

最初に政府が自由貿易を採用し継続することをアナウンスする。その下で，自国企業は「努力する」か「努力しない」かを選ぶ。その選択の後で，政府が「自由貿易」の継続か「保護貿易」へ転換を選ぶことができるとなっている。

応用編

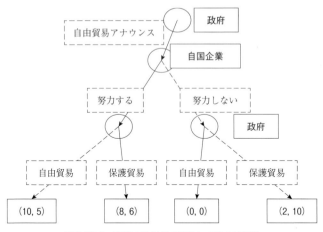

図表応4-5 政府の政策が「裁量」の時の展開形

　政府と自国企業の利得は0から10の数値で表されている。1番左の結果では，政府にとっては自由貿易で自国企業が努力するのが最もよいから，10の利得，企業にとっては努力コストがかかるので5。左から2つ目の結果では政府にとっては自国企業が努力するが保護貿易で死荷重損失が生じるから8，自国企業にとっては努力コストはかかるが保護されるので自由貿易よりも高い利得6。右から2つ目では自由貿易で努力していないので自国企業が破綻するとして両方とも最も悪い0。一番右は自国企業が努力しないで保護貿易なので政府にとっては企業が破綻するよりかはよいので2，企業にとっては努力コストがかからないし保護されるので最高の10の利得だとする。

　第9章と同様に後ろ向き帰納法で見てみよう。最後にプレーするプレーヤーは政府だから政府の選択を考える。左の情報集合の自国企業が努力した場合は，自由貿易を継続した方が望ましい。しかし，右側の自国企業が努力しなかった場合の情報集合では自由貿易のままだと破綻してしまうため，保護貿易への転換が望ましい。

　次は自国企業の行動を考える。自国企業は努力すると，次に政府が自由貿易を継続してしまうので企業としては望ましくない。これに対して自国企業が努力しないを選ぶと，政府は保護貿易を選ぶことが分かっているから，こちらの方が自国企業には望ましい。したがって，自国企業は努力しないを選択する。

よってサブゲーム完全ナッシュ均衡は（自国企業の戦略，政府の戦略）とすると，（努力しない，（自由貿易，保護貿易））となり，この状況で自国企業は努力せず，政府も保護貿易を選択するということが発生する。図では点線の矢印の戦略の組み合わせである。すなわち，政府が自由貿易を行うとアナウンスしても，その政策に信頼性がないのである。実際に自由貿易を継続するか否かという段階になると，企業は自分が破綻すると政府が困るので必ず保護貿易にするということが分かっているからである。

この問題は，政策の「ルール」と「裁量」と呼ばれる考え方で1970年代に多く議論された。ルールとは一度決めた政策を変更しない，コミットするという意味で，裁量は政策の変更の自由があるという意味である。一見したところ，裁量の方が自由度があってよいように思えるが，先ほど見たように政策の信頼性がなくなり，経済として望ましくない結果になるケースもあるのである。

では「ルール」の政策はどう考えればよいのだろうか。図表応4-6の展開系ゲームで表されるように，先に政府が「自由貿易」か「保護貿易」を選択し，政府の政策を観察した後で自国企業が「努力する」か「努力しない」かを選択するとする。政府は「ルール」として最初の政策を変更できないという意味で政府の行動はこれで完結する。

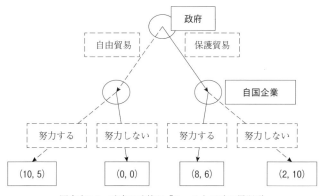

図表応4-6　政府の政策が「ルール」の時の展開形

この場合は，自国企業は努力を選択し，政府は自由貿易を選択するということが均衡で発生する。裁量による自由度を制限した方が望ましい結果を生み出

すことができるのである。

　本章で最初に見た外国独占に対する関税も，政府が関税にコミットし，外国独占企業がその後供給の決定をするとも見ることができる。この戦略にコミットできるか否かという問題は，国際貿易でも，国際貿易に限らず他の社会的状況でも生じる重要な問題である。

第5章

# ゴミは世界をめぐる？

［廃棄物貿易］

キーワード：リサイクル　二次資源　環境規制

---

　私たちの日常生活において，日々多くのモノが不要になる。通常私たちは，それらの不要になったものを，可燃ごみ，不燃ごみ，プラスチック，カン，ビン，ペットボトル，紙，布などに分別して，それぞれの収集日に指定のゴミ集積所に出している。読者の皆さんは，これらのうちの多くのものが輸出されてきたことを知っているだろうか。本書でも見てきたとおり，一般的に「モノの貿易」というと，これから使用する新品や，製品を生産するための中間財（部品）をイメージするかもしれない。しかし，私たちが捨てたゴミも，また国境を越えて取引されてきた。

　日本のゴミの輸出の推移をみることから始めよう。ゴミというと燃やすか処分場に廃棄するしかない無価値のモノのような印象を受けるかもしれない。しかし，一般的に廃棄されたモノでも，再利用（リユース）が可能なものや，リサイクル可能なものが含まれている。実際に，ゴミ集積所から収集されたペットボトル，カン，ビン，プラスチックなどは，リサイクルされている。本章では，こうしたリサイクルやリユースが可能なものを含めて廃棄されたものすべてを「ゴミ」と呼ぶこととする。

　輸出入されるすべてのモノ（商品）は，「商品の名称および分類についての統一システム（Harmonized Commodity Description Coding System）に関する国際条約（HS条約）」に基づいて定められた番号で分類される。HSコード，あるいは輸出入統計品目番号などと呼ばれる。上6桁は世界共通であり（上2桁が類，類を含む上4桁が項，項を含む上6桁が号），7桁目以降の下3桁ないしは4桁は各国で定められている。例えば，プラスチックおよびその製品は第39類，プラスチックのくずは3915，その中でも廃棄後収集されたペットボトルをフレーク状にしたものは3915.90.110に分類されている。また，「木材パルプ，繊維

応用編

素繊維を原料とするその他のパルプおよび古紙」は第47類，古紙は4707に分類されている。ただし，日本国内で古紙を利用してパルプになったものは4706.20に分類されている。

　図表応5-1は，日本のプラスチックくずの輸出量を表している。2000年代に入ってから2010年代半ばにかけて増加し，最も多い時期で年間160万トンを輸出していたことが分かる。160万トンと言ってもピンとこないかもしれないので，ペットボトルを例にとって回収量と比較してみよう。回収実績のデータで最も新しく取得できる2021年で比較すると，ペットボトルの回収量が344,363トンであるのに対し，フレーク状にされたPET（3915.90.110に分類）の輸出量が126,448トンであり，実に3分の1以上の廃棄・回収されたペットボトルが輸出されているのである（PETボトルリサイクル推進協議会）。なお，2017年以降プラスチックくずの輸出量が減少していることについては，後述する。また，図表応5-2は，日本における古紙の回収量，消費量，輸出量を表している。2000年代に入ってから，古紙の輸出量が増加している。また2023年時点においても回収された古紙の10％以上が輸出されていることが分かる。

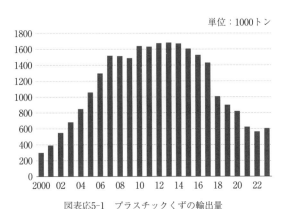

図表応5-1　プラスチックくずの輸出量
（出所）財務省貿易統計より筆者作成

　こうしたゴミの輸出は，日本に特有の現象ではない。世界の多くの国々で，ゴミの輸出や輸入が行われている。グラフでは，廃プラスチックと古紙をとりあげたが，その他にも鉄スクラップや銅スクラップなどの金属スクラップも大

第5章　ゴミは世界をめぐる？

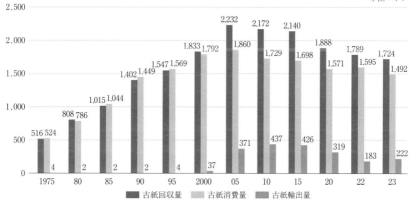

図表応5-2　古紙の回収量，消費量，輸出量
（出所）公益財団法人古紙再生促進センター http://www.prpc.or.jp/recycle/number/

量に貿易されているのである。

　それでは，なぜゴミが貿易されるのだろうか。日本から輸出されたゴミはどういった国々に輸出され，どのように処理されたり利用されたりしているのだろうか。ここでも，需要と供給の概念を使って考えることができる。廃プラスチック，古紙，あるいは金属スクラップは，処分場に廃棄しなければならない無価値の廃棄物ではない。それらは，新しい製品を作るための投入物として十分に利用可能なものである。古紙は，新しい紙，段ボール，トイレットペーパーなどの生産に利用することができる。また，廃プラスチックは作業着，建築資材，文具など様々なものの原材料となり得る。金属スクラップは，鉄製品，レール，船・車・電化製品などの部品など多くの用途が存在する。一般的に，開発途上国では，一次資源（石油や木材などの天然資源）の供給だけでは生産のための資源が十分ではなく，二次資源（リサイクル資源）の需要が大きい。また，リサイクル資源を用いることが可能な製品の生産に比較優位を持っている場合もある。二次資源（リサイクル資源）市場に着目すると，開発途上国の需要者の支払意志額が，日本のような先進国の二次資源市場の価格よりも大きい（高い）。基本編で学んできたことを応用させて考えてみると，二次資源の貿易が自由に行われるようになると，先進国から開発途上国への二次資源の輸出が起

217

応用編

こることになる．この貿易自体は，これまでの財の貿易と同様に，輸出国と輸入国の双方に貿易の利益をもたらす．貿易の利益を図表応5-3で確認しておこう．左側の図はリサイクル資源の輸入国を表し，貿易がない時の均衡価格が $P^*$ で表されている．一方，右側の図はリサイクル資源の輸出国を表し，貿易がない時の均衡価格が $P^{**}$ で表されている．リサイクル資源が自由の貿易される状況では，両国の価格（＝国際価格）が $P^W$ で表され，貿易の利益である総余剰の増加分が灰色で塗られた部分で表される．

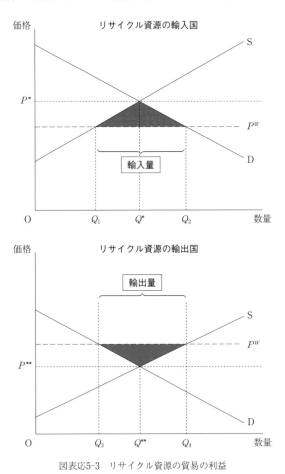

図表応5-3　リサイクル資源の貿易の利益

しかし，ゴミの貿易には，負の側面も存在している。開発途上国では，ゴミが輸入されたのち，そのまま処分場に廃棄される場合がある。この場合，「ごみ処分サービス」を輸出国である先進国が輸入国である開発途上国から購入していると考えることができる。ところが，処分場が適切に建設，管理されていない場合，またそもそも輸入されたゴミが処分場以外に放置・廃棄される場合，輸入国内において環境問題や住民の健康問題を引き起こすことになる。例えば，有害物質が取り除かれていない金属スクラップが廃棄されると，有害物質が環境中に放出されることで環境問題が発生し得る。さらに，輸出入の時点で，輸出国と輸入国それぞれの税関に「リサイクル可能なゴミ」として申告されていたとしても，実はリサイクル不可能な有害廃棄物であったという事案も発生してきた。開発途上国では，環境政策が緩かったり，環境規制遵守のモニタリングが機能していなかったりするため，有害なものを含めたゴミが持ち込まれているに過ぎない場合がある。「ゴミ処分サービス」の対価に，環境問題・健康問題の社会的費用が含まれていない場合には，輸入国は損失を被ることになる。国境を越える外部費用が発生してきたのだが，時にはこの額は大きなものになってきた。このような状況を廃棄物逃避地（Waste Haven）と呼ぶことがある。

　Kellenberg (2012)は，グラビティモデルを用いて廃棄物逃避地仮説が成り立つかどうかを検証した。一般的な二国間関係を表す変数に加えて，二国間の環境政策の厳しさの「差」を説明変数に採用している。ゴミは，他の一般的な財に比べて価値は小さい。つまり，重量単位当たり，あるいは容積単位当たりの価格は低い。したがって，「二国間の距離」は一般的な財よりも大きく影響を与えると考えられる。実際に二国間の距離が大きくなればなるほどゴミの貿易額は小さくなることが示されている。そして最も重要な変数である環境政策の厳しさの「差」は，二国間の貿易額に正の影響を与えていることを明らかにしている。より環境厳しい政策の国から，より環境政策の緩やかな国へ，ゴミが輸出されていたことになり，廃棄物逃避地仮説のエビデンスが示されたのである。Okubo et al. (2016)は，日本からアジアの国々への輸出データを用いて，同様にアジアの国々が日本の廃棄物逃避地になったことを明らかにしている。

　このような状況から，多くの新興経済国や開発途上国は，ゴミや中古品の輸

入に関して規制を設けている。例えば，タイは「ゲーム機，クロロフルオロカーボン（CFC）使用の冷蔵庫，モーターバイクの中古エンジン・部品および備品，中古タイヤ，クレーン車と救急車を除く中古車」の輸入を一切禁止している。また，製造日から3年以上（コピー機は5年以上）経過した中古電子・電気機器の販売・再利用目的の輸入も禁止されている。中古品の輸入規制は，程度の差はあれ，他のアジアの国々も同様の規制を行っている。

また，例えば中国は2013年2月から11月にかけて，Operation Green Fence という，有害ゴミの輸入規制の厳格な実施を行っている。さらに，2017年末には廃プラスチック輸入を禁止しているが，リサイクル不可能な廃プラスチック，電子機器，家庭ごみが実際には「廃プラスチック」として輸出されていたこともこの輸入禁止が行われた原因の1つである。日本の多くの廃プラスチックが中国に輸出されていたため，一時的に廃プラスチックの流通に混乱が見られた。こういった輸入規制が効果的かどうかについての検証も行われてきている。Sun（2019）は，Operation Green Fence が実際にゴミの輸入を効果的に減らしたかどうかを，差の差分析の手法を用いて検証している。ここでは，

　　対照群：ごみ以外の製品の輸入

　　処置群：ごみの輸入

である。そのうえで，既存の輸入規制の実施レベルを厳しくすることで，輸入量や輸入額が有意に減少することを明らかにしているが，図表応5-4において，左図が輸入重量，右図が輸入額の推移を表しており，対照群の輸入に比べて処置群の輸入がどの程度 Operation Green Fence の影響を受けたかが分かるようになっている。"Years of Adoption" が2013年であり，政策実施前に比べて政策実施後にゴミの輸入が減少していること，つまり政策の効果があったことが分かる。

有害な廃棄物が越境する，特に先進国から開発途上国に貿易されることで，環境問題・健康問題を引き起こすことの問題がすでに1970年代から認識されていたことから，多国間でも有害廃棄物貿易の管理は早くから議論されてきた。OECD および国連環境計画（UNEP）で検討が行われた後，1989年3月にスイスのバーゼルにおいて，「有害廃棄物の国境を越える移動およびその処分の規制に関するバーゼル条約」が作成された（バーゼル条約）。この条約は，1992年

第5章 ゴミは世界をめぐる？

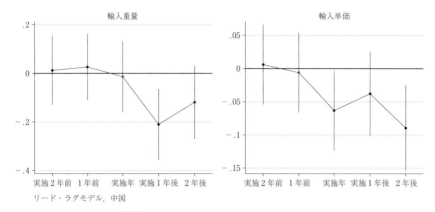

図表応5-4 Operation Green Fence のインパクト
注：実施前，実施中，実施後の各年のトリートメント効果（95％信頼区間つき）。下軸には2013年にOperation Green Fence が施行された年からの相対年数を示す。アウトカム変数はそれぞれ輸入重量と輸入単価の対数値である。
（出所）Sun, M.（2019），p465

5月5日に効力が発生しており，2023年11月現在の締約国数は189カ国にのぼっている。この条約は，多くの改正を経てきており，「先進国から開発途上国への有害廃棄物の輸出の禁止」が規定されている。

さて皆さんは，シップリサイクルという単語を聞いたことがあるだろうか。原油を運ぶタンカー，穀物や鉄鉱石などを運ぶバルク船，クルーズ船など，大型船舶をイメージしてもらいたい。それらの船舶も一定年数使用後は廃棄の段階を迎えることになる。船舶にはそのまま環境中（大気や河川など）に放出すると環境負荷が大きくなる物質も含まれるため，適切な環境対策や従業員の安全対策を行ったうえで解体する必要がある。先進国で解体する場合には，これらの対策が施される。しかし，先進国では賃金水準が高く，また環境対策には追加的なコストがかかる。

それでは，船舶解体に比較優位を持つ国はどのような国だろうか。そのような国の1つにバングラデシュがある。バングラデシュの賃金は2024年現在でも，先進国に比べると低い水準にある。また，船舶解体に適した海岸が存在する。この海岸を利用し，低賃金の労働を投入して大型船舶の解体が行われてきた。まず，満潮時に大型船舶をできるだけ陸に近いところまで運び，潮が引いたあ

応用編

とに浜辺に打ち上げられた形になる船舶を労働集約的な方法によって解体する。十分な環境対策や労働者の安全対策を施していない場合があり，有害物質が放置されたり海に放出されたりすると，環境問題や健康問題の原因となる。一方で，解体された船舶から取り出された鉄鋼，非鉄金属，部品（厨房の設備に至るまで）は，すべてリサイクルやリユースされる。経済成長に伴って資源需要が高まっているバングラデシュにおいて，重要な資源の供給源となっている。ここにも，貿易の利益（リサイクルやリユースによる余剰）と国境を越える負の外部性（解体に伴う環境問題や健康問題）のジレンマが存在する。

状況は少しずつではあるが，改善してきている。国際海事機関（IMO）において2009年に「2009年の船舶の安全かつ環境上適正な再生利用のための香港国際条約（シップリサイクル条約）」が採択された。国々の間で批准が進み，2023年6月にバングラデシュとリベリアが批准した時点で発効要件が達成され，2025年6月26日に発効することが決定している。この条約の下では，500国際総トン以上のすべての船舶に存在する有害物質等の概算量と場所を記載した一覧表（インベントリー）の作成および維持管理が義務付けられる。また，各国のシップリサイクル関連法を所管する官庁により承認された船舶リサイクル施設以外では，船舶を解体・リサイクルすることができない。

バーゼル条約やシップリサイクル条約ですべてのゴミや船舶解体の貿易に関連する問題が解決したわけではない。厳しい環境規制は，一般的に不法投棄や違法取引のインセンティブを生み出す。国境を越える負の外部性を最小化しつつ，資源の有効利用の観点からゴミの取引が適正に行われるように国内制度，および国際ルールを作っていく必要がある。

# 第6章

# 労働は国境の壁を越えられるか？

［オフショアリング，タスク，タイムゾーン］

キーワード：アウトソーシング　オフショアリング　サービス産業

　基本編では，企業活動が国境を越えて行われること（第12章，第13章），労働が国境を越えて移動すること（第16章），およびそれらの効果を学んできた。第16章では，「労働の国境を越える移動」と「人の国境を越える移動」とを，ほぼ等しいものとして考えた。このことは，必ず成り立つのであろうか。ある人が労働を外国の雇用者に提供（供給）するためには，国境を越えてその外国に移動しなければならないのだろうか。サービスの取引が行われるためには，消費者と生産者（供給者）が同じ国にいる必要があるのだろうか。本章では，人の移動を伴うことなく「労働が国境を越える」ことを捉え，それがもたらす影響について考えてみよう。

　労働サービスの国境を越える移動は，企業の国境をまたぐ活動と切り離せない関係にあることから，第13章で学んだオフショアリングについて，簡単に整理することから始めよう。オフショアリングと労働サービスの関係や課題については，Broecke（2024）に分かりやすくまとめられている。図表応6-1を見てもらうと，アウトソーシングとオフショアリングの関係・違いが分かってもらえるのではないだろうか。アウトソーシングとは，ある生産工程を自社で行うのではなく，他社に委託するなどして行うことを指す。図では，黒い太枠で囲まれた部分がそれに該当する。一方でオフショアリングとは，自社によるか他社に委託するかに関わらず，ある生産工程を外国で行うことを指す。図では灰色で塗られた部分がそれに該当する。図の4つの分類の中で，特に右上の「垂直的直接投資・外国子会社による生産」に着目してみよう。グローバルバリューチェーンのところで学んだ通り，現在ではある製品が完成して販売されるまでに，いくつもの国を経由することも決して珍しくない。製品の開発・設計，部品の生産，製品の組み立て，パッケージ，販売が異なる国で行われることも

応 用 編

普通のことになっている。ある製品を生産する親会社の立地する国と，その製品の生産に携わる労働者の居住する国とが異なっているのだ。右下の「国際アウトソーシング・独立企業間契約」の場合には，労働者と企業の立地する国が同じ場合もあるが，いずれのオフショアリングの形態であっても，本来親会社の立地する国で行われていた生産工程が，それ以外の国で行われるようになる。オフショアリング先の国の「人」が提供する労働が，親会社の立地する国の「人」の労働を代替したことを意味する。

|  |  | 立　地 | |
|---|---|---|---|
|  |  | 国　内 | 国　外 |
| 事業主体の所有権 | 企業内 | 国内自社生産 | 垂直的直接投資　外国子会社による生産 |
|  | 企業外（他企業） | 国内アウトソーシング | 国際アウトソーシング　独立企業間契約 |

図表応6-1　アウトソーシングとオフショアリング

　それでもそれぞれの生産工程に関する限り，その工程が行われる国で労働サービスが提供されており，独立企業間契約であれ外国子会社であれ，直接の雇用者と労働サービスを提供する「人」とが同じ国に存在する。しかし，最近では，さらにオフショアリングが深化してきている。
　コロナ禍をきっかけに誰もが知るようになった働き方を表す単語に「リモートワーク」がある。これは，会社（勤務地）から離れた場所で働く勤務形態のことを指す。一般的には，会社に行くことなく自宅で働く場合に使用されることが多い。図表応6-2は，アメリカにおいて2019年から2023年にかけての求人数（job postings）と求職数（job searches）に占めるリモートワークの比率が示されている。コロナ禍を契機として比率が急速に増加したこと，およびコロナ禍が過ぎたのちの2023年になっても，その比率はそれほど大きく減っていないことが分かる。
　リモートワークは，自宅と会社の間の距離くらいでしか成り立たない勤務形態だろうか。例えば，東京とバンコクの間ではどうだろうか。このことは，サービスの取引を考えてみると分かりやすい。半世紀前の国際経済学のテキスト

第6章　労働は国境の壁を越えられるか？

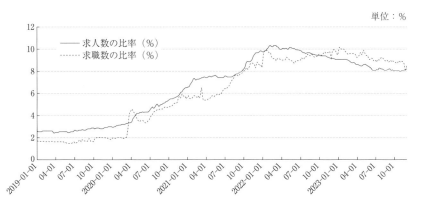

図表応6-2　アメリカにおけるリモートワークの比率（求人数と求職者数）
注：リモートワークに対する求職数と求人数の大幅な増加を表す（求人数と求職数全体に占める「リモートワーク関連用語を含む」求人数・求職数の比率）
（出所）Broecke（2024），p9

であれば，「サービスの取引が行われるためには，消費者と生産者（供給者）が同じ国にいる必要がある」ことを前提にサービス貿易の説明をするだけで十分だったかもしれない。例えば，講義などでも以下のような説明がされていた。

　　サービスは，生産と消費のロケーションが切り離せない。例えば，医療サービスを考えてみよう。医師や看護師が医療サービスを提供するためには，患者と直接会って，診察をする必要がある。

しかし，現在を生きる読者の皆さんがこの説明を聞いたとしたら，疑問に思うかもしれない。なぜなら，医療サービスはオンライン診療によって提供されることができるからである。患者と離れた場所にいながら，患者を診察することができる。さらに，情報通信機器と手術ロボットが発達したことで，遠隔地にいる医師がリアルタイムで手術を行うことも可能になっている。医療サービスが提供できるくらいだから，その他のサービスも消費者がいる場所から離れたところから提供され得ることは，容易に想像できるのではないだろうか。例えば，企業の製品情報や購入後の問い合わせに答えるためのコールセンターを皆さんも利用したことがあるだろう。消費地と同じ言語を話すことができる労働

225

応 用 編

者をオペレーターとして雇用することができさえすれば，消費者が居住する国とは異なる国にコールセンターを立地させることも可能である。この場合には，1ページの図のどれにも該当しない雇用契約も存在し得る。消費者の居住国に立地する親会社が，直接外国の人と雇用契約を結ぶことができる。定義に照らし合わせると，オフショアリングの1つの形態であることは明らかであり，この場合，「人」が国境を越えて移動することなく「労働」が国境の壁を越えていることになる。

　実際に，リモートワーク，特にサービスの取引に関して，国境はどの程度高い壁なのだろうか。Head et al. (2009) は，サービスの二国間貿易をグラビティモデルを用いて分析を行い，二国間の物理的距離がサービス貿易に影響を与えていることを明らかにしている。サービス貿易にも多くの種類があるが，Head et al. (2009) では，「政府サービス」，「輸送」，「旅行を除いた「その他サービス」に焦点を絞っている。この「その他サービス」には，金融サービス，情報通信サービスやコミュニケーションサービスなどが含まれる。図表応6-3は，横軸に「イギリスとそれぞれの貿易相手国との距離」が，縦軸に「その貿易相手国からのその他サービスの（イギリスの）輸入額をその相手国のGDPで除したもの」がとられている。図中の点（ドット）は貿易相手国を表している。二国間の距離が離れているほど，「その他サービス」の輸入額が小さくなっていることが分かる。製品は貿易をするためには輸送しなければならず，輸送費などがかかることから，「二国間の距離」と「その二国間の貿易額」が負の関係にあることは分かりやすい。同様のことがサービスについても成り立つことが示されている。ただし，Head et al. (2009) は，距離の効果が1990年代から2000年代にかけて小さくなってきていることも同時に示している。そこから10年以上経過した現在，サービスの種類によっては，距離の効果がさらに小さくなっていることが推測できる。「人」が異動することなく「労働」が国境の壁を越えるための障害として，物理的距離以外にどのような要素が考えられるだろうか。

　第1に，言語の壁がある。使っている言語が異なると，サービスによっては取引が難しくなる。例えば，先に例を挙げた医療サービスやコールセンターを考えてみよう。オンライン手術であれば共通の専門用語で手術ロボットを操作

第6章 労働は国境の壁を越えられるか？

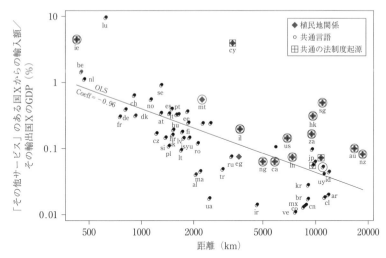

図表応6-3 二国間距離とその他サービスの輸入額の関係（イギリス）
注1：図のアルファベットは国名（例えばnzはニュージーランド（法務省国コード表参照））
注2：二国間距離が「その他サービス」輸入に与える影響：2000年〜2006年平均
（出所）Head et al. (2009), p436

したり，遠隔で医師同士がコミュニケーションをとったりすることが可能かもしれない。しかし，オンライン診療において，患者が話す言語を医師が話すことができないと，医療サービスの提供は困難になる。コールセンターでも，英語圏の消費者向けのコールセンターを，公用語として英語を話さない国に立地させることは企業にとって合理的な選択とは考えにくい。図表応6-3のドットの中で，○で囲まれているものがある。これは共通の英語を公用語としている国である。イギリスと共通の言語を話す国との「その他サービス」の貿易額は，そうではない国との貿易額よりも大きい（ドットが距離と貿易額の関係を表す直線の上方に位置する）ことが分かる。

第2に，タイムゾーン（等時帯）である。これはサービス貿易にとってネガティブな要素にも，ポジティブな要素にもなり得る。オンライン診療の場合，医師と患者とが同じ時間に，サービスの取引のために時間を割く必要があることから，時差が大きいと取引がしづらくなるかもしれない。一方で，コールセンターの場合，様々なタイムゾーンにコールセンターを設置することで，それ

応 用 編

| 非定型分析<br>(Non-routine Analytic) | 高度な専門知識と抽象的思考に基づく問題解決を伴う仕事 | 研究開発, デザインなど |
|---|---|---|
| 非定型相互<br>(Non-routine Interactive) | 高度な対人コミュニケーションを通じて価値を創造し, 提供する仕事 | 経営管理, 対人サービス業など |
| 定型認識<br>(Routine Cognitive) | 一定のの基準を正確に満たす必要のある事務作業 | 会計, 事務職など |
| 定型手仕事<br>(Routine Manual) | 決められた基準を正確に満たす必要がある体を使う労働 | 製品加工, 農業など |
| 非定型手仕事<br>(Non-routine Manual) | 高度な専門知識を必要としないが, 状況に応じて柔軟な対応が求められる体を使う労働 | 修理・整備など |

図表応6-4　タスク分類
（出所）Tomiura et al. (2014), Maruyama（2024）などをもとに筆者作成

ぞれのタイムゾーンの日中の時間帯にその国の労働者にオペレーターとして働いてもらうことで, 消費者は24時間購入やメンテナンスのためのサービスを受けることができる。また, それぞれの国の金融市場が開いている時間帯が異なることから, 金融サービスも時差の影響を受けにくい。

　上記以外にも, 法体系が同じであるかどうか, 歴史的に特別な関係（宗主国と従属国など）にあったかどうか, といったこともサービス貿易に影響を与えうる要素として挙げることができる。

　オフショアリングは, 国内の労働市場にどのような影響を与えるだろうか。このことを考える際には, 労働のタスクという概念を整理することが必要になる。次章でも詳しく説明するが, 過去数十年間に, 企業のオフショアリングの形態は大きく変化してきている。ある製品を生産するすべての工程が一度にオフショアリングされるのではなく, 特定の工程やタスクが分離されてオフショアリングされるようになってきている。したがって, オフショアリング元の国内市場（A国企業がオフショアリングした場合におけるA国市場）にどのような影響を与えるかは, 産業別に見ているだけでは十分ではない。なぜなら, どういう人が大きな影響を受けるかは, その人がどの産業で働いているかだけではなく, どのようなタスクを提供しているかにも大きく依存するためである。図表応6-4は, 研究, 政策, 経営の分野で広く用いられているタスクの分類である。なお, 産業, タスク以外にも, 職業やスキルなども重要な分類である。例えば,

職業分類としては、「建設・鉱山」、「運送・機械のオペレーション」、「製品製造」、「農林水産業」、「サービス業」、「営業セールス」、「販売」、「経営管理」などに分類する方法がある。また、スキル分類としては、教育水準を利用する方法がある。

　Becker et al. (2013) は、ドイツの多国籍企業のデータを用いて、オフショアリングによって、ドイツ国内における雇用が、(i)非定型なタスクへ、(ii)相互なタスクへ、(iii)教育水準の高い労働者へとシフトしたことを明らかにしている。また、Hummels et al. (2014) は、デンマークの労働者と企業をマッチさせたデータを用いて、(i)オフショアリングが熟練労働（非熟練労働）の賃金を増加（減少）させたこと、および(ii)平均以上に定型の程度が高いタスクに対する賃金が減少し、非定型の程度が高いタスクに対する賃金が上昇したこと、を明らかにしている。需要と供給の概念を用いて、先進国企業が開発途上国に子会社を立地させるようなオフショアリングを考えてみよう。開発途上国に豊富に存在する労働（タスクをこなす能力）の供給を考慮に入れてオフショアリングする、つまりそれらの労働をオフショアリング先で主に雇用すると考えられる。これは定型的なタスクや非熟練労働に対する需要が、オフショアリング元の先進国において減少することを意味し、結果として定型的なタスクに対する賃金や非熟練労働の賃金の低下につながったと考えられる。

　情報通信技術の進化はロボットの遠隔操作などを可能にし、高度技術者のリモートワークも可能にし、routine task をロボット化できる。このトレンドが継続すると、様々なタスクのオフショアリングコストが低下することから、より多くのタスクが影響を受ける可能性がある。

# 第7章

# サプライチェーンの分断と再構築は誰の利益・損失となるのか？

［グローバル・サプライチェーン］

キーワード：サプライチェーン構造　デカップリング　貿易政策の影響

　2024年2月、日本では熊本県菊陽町がニュースで話題となっていた。世界最大手で台湾の半導体メーカー TSMC の工場が始動したのである。「日本政府の巨額支援のもと、半導体サプライチェーン（供給網）の基盤の再構築が始動（日本経済新聞）」したことの表れでもある。そこから9ヵ月後の2024年11月、アメリカ大統領選挙でドナルド・トランプ氏が当選すると、サプライチェーンの分断のリスクがマスメディアや SNS を賑わした。基本編の第12章、第13章で学んだように、サプライチェーンは国境を越えてグローバルに形成されている。サプライチェーンにネガティブな影響を与える要因として、地政学的要因（紛争、貿易政策の急激な変化や不確実性）、環境要因（自然災害、気候変動、パンデミック）、経済要因（需要ショック、原材料の不足）、技術要因（情報通信・輸送の途絶）が挙げられる。本章では、特に地政学的要因の例を用いながら、ここまで学んできた知識を応用させて、サプライチェーンの分断と再構築の損失や利益を考えてみよう。

　最初に日系製造業を例に、サプライチェーンがグローバルに展開されていることを見ておこう。図表応7-1の矢印は、立地国・地域における日系製造業企業の調達の流れを表している。立地先の現地での部品などの調達、および日本からの調達が多いことが分かる。さらに、それ以外の国・地域からも調達が行われているが、特にアジア域内での調達（サプライチェーン構造）が複雑に入り組んでいることが分かる。このようなグローバル・サプライチェーンは日本に限ったことではなく、先進国、新興国、開発途上国に関わらず、多くの国々の企業が、自社にとって最適な「国境を越えるサプライチェーン」を構築しようとしている。

第 7 章　サプライチェーンの分断と再構築は誰の利益・損失となるのか？

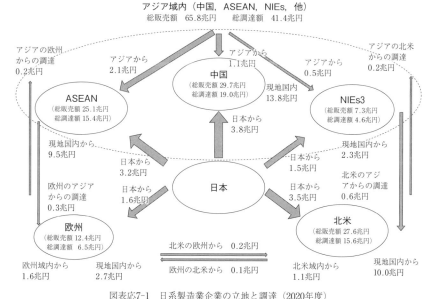

図表応7-1　日系製造業企業の立地と調達（2020年度）
注：統計の関係から，シンガポールは，ASEAN，NIEs3の両方に含まれるため，一部重複がある。
（出所）通商白書2023，p152，第Ⅱ部第1章第1節

　冒頭にあげた例は，地政学的要因によるサプライチェーンへの影響，もしくは影響の可能性である。2017年から2021年にかけてのトランプ第1次政権の時に始まった，米中貿易摩擦が顕著な例である。2018年3月に米国が中国から輸入される鉄鋼やアルミ製品を対象に関税を上乗せする措置を発動したことを皮切りに，お互いに相手国からの輸入品への関税を引き上げていき，また対象とする製品の範囲も広げていった。この米中貿易摩擦は，世界全体にどのような効果をもたらしたのだろうか。アメリカと中国への直接的な影響は，第5章で学んだ関税の効果を応用させて考えることができる。それぞれの国で関税をかけた製品の国内価格が上昇し，同じ製品を作っている国内生産者の余剰は増加する一方で，消費者余剰が減少する。関税収入が発生するものの，消費者余剰の減少の効果が大きいため，総余剰が減少する。しかし，高度に生産工程分業（フラグメンテーション）が深化し，グローバル・サプライチェーンが構築されている状況では，影響はもっと複雑である。

応用編

　アメリカの生産者は，本当に利益を得るだろうか。ノートパソコン（以下PC），衣料製品などの例で考えてみよう。もし，アメリカ企業がPCをアメリカ国内で生産しているのであれば，中国からのPCの輸入関税率の上昇はアメリカ企業の利益を増やすかもしれない。もちろん，PC生産に必要な素材の関税率も同時に上昇していれば，損失が発生するかもしれない。衣料製品についても同様である。しかし，これらのアメリカ企業がグローバル・サプライチェーンを構築して，中国でPCの組立生産や衣料製品の生産を行ってアメリカに輸出していたとしたらどうだろうか。アメリカ企業が損失を被ることになる。
　アメリカと中国以外の企業はどうだろうか。Sun et al. (2019) は，日本企業の在中国現地法人をについて，北米貿易依存度の高い子会社と低い子会社で米中貿易摩擦による影響が異なったことを明らかにしている。Sun et al. (2019) は，因果推論の手法の1つである差の差分析を行っているが，対照群（control group）と処置群（treatment group）をどのように設定したのだろうか。別の言い方をすると，どのようなパラレルワールドを考えたのだろうか。米中貿易摩擦を直接受けるのは在中国現地法人であり，中国以外のアジアに立地している日本企業の現地法人は直接的な影響を受けない。

　　対照群：中国以外のアジアに立地している日本企業の現地法人
　　処置群：日本企業の在中国現地法人

　在中国現地法人間には北米貿易依存度に違いがあることから，それぞれの在中国現地法人に対する処置の程度が異なっていることにも注意してもらいたい。この設定の下で，Sun et al. (2019) は，処置群と対照群とに，米中貿易摩擦という介入が異なるインパクトを与えたこと，つまり日本企業の在中国現地法人がネガティブな影響を受けたことを明らかにしたのである。米中貿易摩擦は，グローバル・サプライチェーンを構築している日本企業にも大きな影響を与えたことが分かる。ドナルド・トランプ氏は第2次政権において，メキシコとカナダからの輸入に対しても関税を引き上げることを示唆している。カナダ，メキシコ，アメリカは，1994年に発効した北米自由貿易協定（NAFTA），およびその後継の米国・メキシコ・カナダ協定（USMCA）によって，自由貿易を実現してきた。このため，域外の国々の企業で，メキシコに事業活動の拠点（工場など）を立地している企業も多い。実際にこうした政策が実施されると，企

業のサプライチェーン戦略，その結果としてグローバル・サプライチェーンの構造に影響を与えることになる。

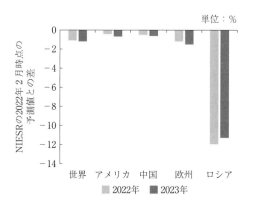

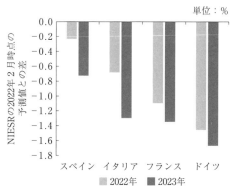

図表応7-2　ロシア・ウクライナ戦争の経済的影響
注：GDPの予測値との差（パーセントポイント）
（出所）NIESR（National Institute of Economic and Social Research）https://www.niesr.ac.uk/
NIGEM: National Institute Global Econometric Model　https://www.niesr.ac.uk/nigem-macroeconomic-model

　地政学的リスクが顕在化したもう1つの重要な出来事として，ロシア・ウクライナ戦争が挙げられる。2022年2月にロシアがウクライナに侵攻したことで，世界経済は少なくとも短期的に減速をした。Liadze et al.（2022）は，この戦

争の経済的なコストを推計している。図表応7-2は，2022年時点の予測値と比較して実際のGDPがどの程度小さかったかを示している。この中ではロシアが最も大きな影響（10%以上の低下）を受けている。また，このグラフには示されていないが，Liadze et al. (2022) によるとウクライナのGDPは30%以上低下したと考えられている。さらに，この戦争は，世界全体に負の経済的インパクトを与えたことが分かる。直接的には，エネルギーや食糧の問題が大きな要因である。ロシアは天然ガスや原油の輸出国であり，ウクライナは主要な小麦，トウモロコシ，ひまわり油の輸出国である。エネルギー価格の上昇や，エネルギー調達リスクの高まりが，世界経済の減速をもたらしたと考えられる。

　しかし，より長期的には，米中貿易摩擦やロシア・ウクライナ戦争によって，世界経済が分断されていくことの損失が大きくなることの方が問題である。最近の地政学的問題の発生によって，米国と外交政策の類似度が高い諸国による陣営と，米国によって経済制裁を科されている諸国による陣営との間で，お互いに相手陣営の国々に対する関税を引き上げたり，その他の取引・立地規制を増やしたりしていくことで，グローバルな分断（デカップリング）が進行している。冒頭のTSMCの例の「半導体サプライチェーン（供給網）の基盤の再構築」とは，この分断の流れに沿ったグローバル・サプライチェーンの再構築なのである。米中貿易の利益・損失を考えた際にはグローバル・サプライチェーンの構造を所与として考えていたが，地政学的要因はその再構築をもたらし，この再構築には設備投資を含めた大きなコストが発生する。実際アメリカは，先端技術製品（Advanced Technology Products）リストからHS2桁レベルで戦略産業（strategic industries）を定義（Freund et al., 2023）し，これらに対する貿易規制や企業の相手側陣営での活動に対する規制の水準を高めている。相手側陣営の国々に生産工程を立地させることができなくなると，最適なサプライチェーンの展開が不可能になり，さらに利益が減少してしまうことになる。

　この地政学的分断（geoeconomic fragmentation）のインパクトは多くの研究によって推計されている。Bolhuis et al. (2023) は，

(i)「アメリカとEU」，「ロシアと中国」がお互いに関税率を上昇させる戦略的デカップリング

(ⅱ)世界の国々が上記のどちらかの陣営に加わり、お互いにすべての産業部門の製品の関税率を上昇させる地政学的分断（地政学的デカップリング）

を含むいくつかのシナリオのもとでのデカップリングの経済的インパクト（生産額に与える影響）を推計している。推計モデルの詳細は本書の範囲を超えるので詳しくは説明しないが、2つ目のシナリオである地政学的分断の負の影響は大きなものとなることが示されている。図表応7-3で、AE（EM、LIC）と表示されている棒が、それぞれ先進国（新興経済国、開発途上国）に与える影響を棒で表しており、左側が短期的な影響、右側が長期的な影響である。また、点線は世界平均を表している。長期的な影響のほうが貿易の弾力性が大きいことを想定しており、生産の代替や貿易相手国の代替が行われるため、負の影響は小さくなっている。特に開発途上国への負の影響が大きいことが分かる。

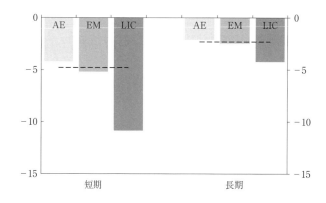

図表応7-3　地政学的分断の経済的影響の推計
注1：地政学的分断シナリオ（分断前からの変化率）
注2：AE＝advanced economy（先進国）、EM＝emerging market economy（新興経済国）、LIC＝low-income country（開発途上国）
（出所）Bolhuis et al,（2023）, p19

　誰が利益を得て、誰が損失を被るのかについて、3つのキーワードでさらに丁寧に考えてみよう。
　第1に「貿易転換効果」である。ロシア・ウクライナ戦争が始まる前年の

応用編

2021年から2022年にかけて世界の国々の原油輸入先が変化した（図表応7-4）。アメリカ，EUの多くの国々，日本，韓国などは，ロシアからの原油輸入が減少する一方で，それ以外の国々からの原油輸入が増加している。これは，輸入元の代替が進んだことを示している。ロシア以外の原油を輸出している国々にとっては，原油価格の上昇とともに利益を得たことになる。また，東ヨーロッパの一部の国々やインドなどは，ロシアの原油への依存を高めており，原油の貿易構造からも地政学的分断が見てとれる。ウクライナの主要輸出品目である小麦，ひまわり油，トウモロコシについても，ウクライナ以外の輸出国の輸出額が増加している。地政学的なサプライチェーンの分断は，多くの国々にとって様々な財の輸出先や輸入元が変わる「貿易転換」につながる。この過程において，ロシア以外の原油輸出国やウクライナ以外の食糧輸出国が利益を得る場合がある。

第2に，「間接輸出」である。冒頭のTSMCの熊本工場の例を思い出してもらいたい。TSMCが自社のサプライチェーンの再構築の中で熊本を選択した理由の1つに，もともと九州には半導体関連産業の企業が集積していたことが挙げられる。TSMCの工場稼働によって，半導体部品や半導体製造装置に対する需要が高まると，九州地域の関連産業の企業の利益が増加する。これらの企業自身も自社製品を輸出しているが，TSMCの半導体輸出を通じて，間接的に部品を輸出している。グローバル・サプライチェーンの再構築によって新たに生産工程が立地する地域は，直接サプライチェーン上にある企業だけではなく，その企業と取引のある企業にも利益をもたらす。逆に，再構築の過程で生産工程が撤退した地域は大きな損失を被ることになる。

第3に「アンバンドリング（分離）」と「タスク」である。Baldwin（2016）によると，グローバリゼーションにとって重要なアンバンドリングが3つある。19世紀半ばから1980年代にかけて，輸送手段や物流システムが深化したことによって製品の輸送コストが大幅に低下した（第1のアンバンドリング）。これにより，財の生産と消費のロケーションの分離が可能となった。次に，1990年ごろから2015年ごろにかけて，通信コストが大幅に低下した（第2のアンバンドリング）。生産工程をタスクごとに分割することが可能となり，タスク単位の国際分業が起こった。そして，2015年ごろ以降，情報通信技術の発展によって，

第7章　サプライチェーンの分断と再構築は誰の利益・損失となるのか？

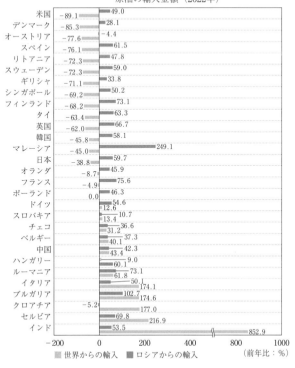

図表応7-4　ロシア・ウクライナ戦争の原油輸入に与えた影響
（出所）令和5年通商白書第1章第2節, p17

人の移動コストがさらに低下した（第3のアンバンドリング）。前章で述べた国境を越えたリモートワークが可能となり，個人単位でのタスクの分離が起こっている。通商白書2020では「バーチャル移民」という用語も使われている。第2のアンバンドリングは，グローバル・サプライチェーンの深化をもたらした。企業は工程ごとに分割して立地を選択することが可能になった。それぞれの工程が立地した地域では，それぞれのタスクに関連した能力を持った人（労働）が利益を得ることができる。第3のアンバンドリングでは，バーチャル移民が可能なタスクが主となる工程，およびそのタスクに適した能力を持つ人（労働）にとっては，工程の立地場所はあまり大きな意味を持たなくなっていくと考えられる。

本章の最後に，環境要因，および制度要因について簡潔に触れておこう。2011年の東日本大震災，タイの洪水，2016年の熊本地震などがサプライチェーンに影響を与えた災害として挙げられる。一次的に部品供給やその輸送が停止したことにより，製品生産の下流の工程（タスク）にも影響が発生した。しかし，これらの災害においては，比較的早期に復旧したことが明らかにされてきている（通商白書2021, 第Ⅱ部，第1章，第2節）。また，危機における代替生産の仕組みが構築されるなどサプライチェーンが強化されることも明らかにされている。一方で，長期的な気候変動に対応して企業がサプライチェーンを再構築しているエビデンスも示されている。Pankratz and Schiller（2023）は，企業が立地する場所の気温のデータ（30度以上の日数）を用いて，猛暑がサプライチェーン上の企業間の取引に負の影響を与えていることを明らかにしている。洪水の影響についても同様の結果を示しており，企業が気候変動リスクに対応して，リスクを小さくするようにサプライチェーンの再構築を行っていることが分かっている。

制度的要因として，EUによるIUU漁業由来の水産物にたいする輸入禁止措置を挙げておこう。IUU漁業とは，Illegal, Unreported, Unregulated（違法，無報告，無規制）漁業のことである。EUは，2010年1月1日より，商業漁業に従事するすべての漁船を対象とし，IUU漁業由来の水産物（水産加工品を含む，なお，養殖魚や淡水魚は除く）がEU域内に入る，つまりEU域内市場で取引されることを防止，抑止および廃絶することを目的とした漁業規則を施行している。EU域内の漁業者や取引業者にも適用される。この規則には，輸入禁止措置が含まれ，IUU漁業を適切に管理していない国からの一切の水産物の輸入を禁止することができるようになっている。水産加工品は，原材料として魚介類を使用するが，例えば日本の水産加工業者が加工品をEUに輸出する際には，原材料がIUU漁業由来ではないことの証明書を添付しなければならない。水産加工品の原料の多くは輸入されているが，IUU漁業が多くIUU由来の魚介類が含まれるリスクがある場合には，サプライチェーンの再構築が必要となるかもしれない。また，輸入禁止措置を発動された国の漁業者は，逆に新たな輸出先を見つけることになるが，この段階で貿易転換効果が生まれることになる。

# 第8章

# 誰が貿易政策を決めているのか？
［貿易政策の政治経済学］

キーワード：中位者投票定理　利益団体　共同エージェンシー

---

貿易政策には様々なものがある。例えば輸入関税。日本ではどういう水準の関税が課されているか、税関の実行関税率表（https://www.customs.go.jp/tariff/）で見ることができる。例えばコメは精米（HS1006.30）に対して1キログラムあたり402円の関税が課されている。

別の例としては、自由貿易協定を締結することも貿易政策の1つである。経済産業省のホームページでどういった自由貿易協定を結んでいるか見ることができる（https://www.meti.go.jp/policy/trade_policy/epa/index.html）。2023年8月時点での日本の協定を図示したものは図表応8-1のようなものである。

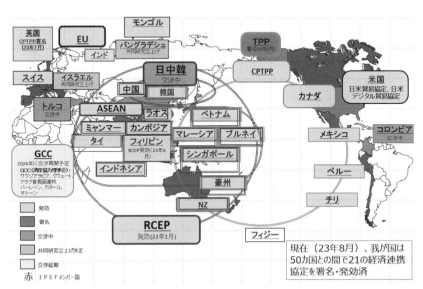

図表応8-1　日本の経済連携協定

（出所）経済産業省

応用編

　ではいったい誰がそれらの貿易政策を決めているのだろうか？　誰がどの商品にどれくらい関税を課すと決めているのか？　誰がどの国・地域と貿易協定を締結しようと決めているのだろうか？

　貿易は第3章で見たように，社会的余剰を増大させるという経済全体の押し上げを行い経済に幅広く便益をもたらす。しかし，やはり第3章で見たように，その便益の発生には経済のグループによって違いが生じる。消費者に便益をもたらすが生産者の利潤を減らすこともある。現実にも，貿易によって影響を大きく受ける産業・グループが存在することが知られている。中国からの輸入競争圧力はアメリカの地域ごと・製造業の分野ごとで大きく異なる。競争圧力が高い地域・産業では，賃金や雇用が大きく下落し，それらに対処する社会保障費の増大を生むなど，貿易の負の影響を大きく受ける地域があることが知られている（Autor, et al 2013）。

　よって，貿易政策を考える上では，様々なグループが政治的な過程を通じて影響をもたらす可能性を考えることが必要となる。貿易から利益を受けるグループと損害を受けるグループが政治的な行動を行った結果，その国での貿易が決定されるのである。政治的な行動は，我々自身，政治家，利益団体，官僚など様々な経済主体によって行われ，そこで取られる政治過程も様々な形態を取る。本章では，選挙と利益団体のロビー活動に焦点を当てる。

　まず選挙について考えてみよう。日本のような民主主義国家では，政府の政策は究極的には我々によって決められている。我々の投票により政治家・政府が選ばれ，政治家・政府が国際経済政策を決定している。そして，最も単純な政治過程は直接民主主義である。すなわち，国民が政治家のような代議員を使わず直接投票などにより政策を決定する方法である。そこで，まず最初に国民が国際経済政策を投票で決定する世界を考えてみよう。投票により政治家を選び，その政治家が国民の代理人として政策を決定すると考えれば，政策決定に関しては政治家を介する議会民主主義も同じようなメカニズムで考えられるだろう。

　例えば，自由貿易協定をある国と締結するかしないかという政策決定があるとする。どのように決定されるのだろうか。投票で締結に賛成が多数になれば締結するとするならば，多数決が重要なメカニズムである。この時，中位数と

いうものが重要になる。

　中位数というのはグループの中で順番をつけた時に，ちょうど真ん中にくる数のことである。例えば関税に関する選好が低い税率から高い税率に住民を並べると，

　　0％　　　1％　　　5％　　　10％　　　20％
　　住民1　　住民2　　住民3　　住民4　　住民5

となり，ちょうど真ん中にくる人は3人目なので5％の関税を望ましいと思っている3の人が中位数の人であり，中位者になる。

　そして，投票による決定について重要な考え方に，中位者投票定理（median voter theorem）というものがある。これは，投票により政策を決定する時に，中位者（ちょうど真ん中の人）の決定で決まるというものである。例えば3人いる社会で，自由貿易協定に反対から賛成の意見の度合いで人を並べてみる

　1＝絶対反対，2＝どちらでもない，3＝絶対賛成

この場合，中位者は2の人である。そして，もし中位者が少し反対の気分の場合，多数決の投票では2票対1票で反対が決定される。しかし，もし中位者が少し賛成の気分であれば，逆に多数決で賛成となるだろう。このように中位者の行動が全体を大きく決定するのである。

　ここで3人の社会のケースでの投票行動をもう少し詳しく考えよう。投票により関税率を決定するとし，各住民は関税率に関して以下のような選好を持っているとする。

　　住民1：　0＜5＜20　　不等号が大きいものほど望ましいと思っている＝
　　　　　　　　　　　　関税が高いほど望ましいと思っている
　　住民2：　0＜20＜5　　ほどほどの関税が一番望ましいと思っている
　　住民3：　0＞5＞20　　関税が低いほど望ましいと思っている。

そして，投票は2択で順番に行うとする。すなわち，第1ラウンドでは関税0％対関税5％で投票を行う。そして，第2ラウンドでは投票で勝った選択肢と残った関税率20％で投票を行い，最終決定する。

　第1ラウンドの投票では，住民1は5％，住人2も5％，住人3は0％に投票するから，関税率5％が選ばれる。第2ラウンドでは，勝った5％と残った20％が投票で決められる。第2ラウンドでは，住人1は20％，住人2は5％，

住人3は5％を選ぶから，5％が最終的に選ばれることになる。すなわち，ほどほどの関税が最も望ましいと思っている，関税率の選好から見れば中位者の選考が政策として選ばれていることが分かる。したがって中位者の特性が重要になるのである。

問題はその社会で誰が中位者になるのかという点である。中位者が誰になるかは，その国の経済構造に大きな影響を受ける。第11章で生産関数を考えた際に，資本と労働を用いて生産が行われるという世界を考えた。資本と労働がその国の住民によって所有されているならば，資本と労働からの収益が国際経済政策によって影響を受けるため，それを反映した意見を持つことになるだろう。

多くの国では資本の所有は均等ではない。特定の人々が多くの資本を所有するという構造になっている。仮に

　　経済に101万の資本と住民101人存在

するならば，平均すれば1人当たり資本＝1万円の保有となる。仮に労働の価値も1万円であれば，平均して資本1万円，労働1万円の生産要素を持っていると言える。しかし，もし

　　91万円は21人が所有し，10万円を80人が所有

という資本の所有が偏在した経済ではどうなるだろうか。資本所有の中位者は51番目の人であるから，10万円を80人が保有するグループの1人である。よって中位者は$10/80 = 0.125$となり，1250円しか保有していない。よって，関税を上昇させることで労働所得が上昇するならば，労働所得に比べて資本所得が減少してもその影響は小さいだろうから，関税により労働所得を上昇させる政策が選択されるのである。すなわち，労働を使用する割合が高い産業で貿易保護が行われやすいと考えられる。

この中位者投票理論は政治過程による政策の決定という重要な側面を明らかにしているが，例えば個別の輸入財に対する関税率といった細かい政策にまでひとつひとつ投票している訳ではないため，異なる政治過程が重要な役割を果たしている可能性もある。現実には関税率は品目によって事細かく分かれている。例えば「竹製のもの」というカテゴリー（HS4432.91）では，竹製の「串」には10％の関税が課されるが，それが「マッチの軸木」であれば0％の関税になっている。

このように産業ごと，品目ごとで細かく分かれる貿易保護はどういった政治過程で形成されうるだろうか？異なる政治過程として，利益団体の活動が考えられる。ロビー活動と呼ばれることもある。産業ごとに貿易政策による影響は異なる。したがって，自分の産業に望ましい貿易保護を行わせるために，産業が利益団体を設立し，政府に影響を与えるというものである（利益団体の影響については第 5 章の関税の所でも触れた）。

利益団体が政府に影響を与えて貿易政策を決定する構造は Grossman and Helpman（1994）により，利益団体と政府の戦略的状況として考えられた。利益団体には産業に関する情報を提供して政府により望ましい規制を行ってもらうという情報提供の役割と，政治家達が選挙で当選するために必要な資金を提供するという資金提供（献金）という役割がある。ここでは献金の役割に焦点を当てる。

政治過程の構造として，それぞれの利益団体が同時に献金スケジュールを政府に提示し，それに応じて政府が政策を決定するというものを考える。献金スケジュールというのは，関税に応じた献金額という意味であり，例えば「産業 1 は関税10％，産業 2 は関税20％」であれば献金額100，「産業 1 は関税15％，産業 2 は関税 5 ％」であれば献金額200といったものである。

この政治過程も第 9 章や応用編第 4 章で見た戦略的状況である。プレーヤーは政府と利益団体，戦略は政府は輸入関税，利益団体は献金スケジュール。タイミングは利益団体たちが同時に献金スケジュールを取り，それを観察した後で政府が関税率を決定する。そして利得は政府は「献金額の合計 + 一般の余剰」，利益団体は「利益団体の余剰 − 献金額」とする。政府は利益団体が提供する献金を考慮しながら関税を決定するが，その際には献金だけでなく，献金と一般社会の余剰の両方を考慮すると考える。一般社会の余剰を考えるのは，それが全体の選挙に影響するからである。あまりに献金のことばかり考えている政府は，選挙で落選するリスクが高くなると考えるのである。

利益団体が N 個あるとして，展開形ゲームの構造を単純にして描くと図表応8-2のようになる。

これは第 9 章でみた同時手番ゲームと逐次手番ゲームが組み合わさったものである。利益団体 1 から N までが献金スケジュールを同時手番で政府に提示

応用編

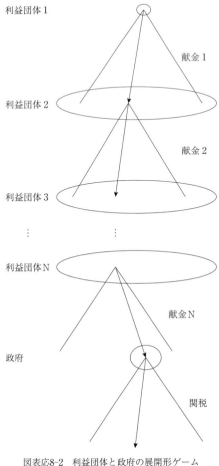

図表応8-2 利益団体と政府の展開形ゲーム

する。それを観察した後で政府が関税率を決定するという形である。このような構造を共同エージェンシー問題と呼ぶ。複数の利益団体が1人の共同のエージェント（代理人）に対して働きかけを行う構造であるためである。

　この共同エージェンシー問題を考える時も，戦略的状況であるから，第9章や応用編第4章などと同様に最適反応を求めていく。各プレーヤーは相手の戦略を所与として自分の利得を最大化する最適反応という行動を取るので，ここでは利益団体と政府の最適反応を求めてどういった献金スケジュールが達成され，どういった関税率がナッシュ均衡で決定されるかを考えることになる（より詳しい解説・グラフでの説明は中西（2013）参照）。ゲームのプレーヤーは自らの利得を考えて，それを最大にしようとするので，

　　自分の最適反応による利得 ＞ 他の戦略による利得

が最適反応により成立する。よって，「利益団体の最適反応の利得＞利益団体の他の戦略の利得」と「政府の最適反応の利得＞政府の他の戦略の利得」となる。お互いがお互いに最適反応している状態がナッシュ均衡として達成される。

　この利益団体と政府の戦略的状況のナッシュ均衡の注意点として，最適な献金スケジュールや政策（関税）は単に自分の利得最大化だけでは決まらないという点がある。利益団体は政府の政策を自らの献金で操作しようとしている。

自らの最終的な利得は政府の政策によって決定される。そのため，いわば利益団体と政府が提携して，共同の利得を最大にするような政策を取らせる献金（戦略）がナッシュ均衡には必要となってくる。

　　利益団体・政府の共同利得最大化の戦略による共同利得 ＞ 他の戦略による共同利得

そして，利益団体の純便益は「利益団体の利得－献金」であり，政府の余剰は「献金合計＋一般余剰」であるから，

利益団体・政府の共同利益＝利益団体の余剰－献金＋献金合計＋一般余剰

であり，献金や政府の政策はこれを最大化している必要があるのである。

　なぜ単純に自分の利得だけを最大化するというだけでなく，共同利得の最大化をしている必要があるのかについては，厳密さを犠牲にして基本的なアイディアを見てみよう。基本的なアイディアは，「もし共同最大化をしていないなら，共同最大化になる別の献金額が存在し，その別の献金額の下で利益団体も政府もより利得が高くなる」というものである。そこで，現在の献金・政策が現在の共同利得を最大化していないとして，共同最大化するような新しい献金額を考えよう。

　　自分の新献金＝現在の献金合計＋現在の一般余剰 －（自分以外の新献金合計＋新一般余剰）＋1円

とする。また，1円というのは極めて少額の献金額という意味である。これにより政府の余剰は上昇し，新しい政策がとられるだろうか？　すなわち，

　　新献金下での政府余剰 ＞ 現在献金下での政府余剰

が成立するだろうか。

　新献金下の政府余剰は，

　　自分の新献金＋自分以外の新献金合計＋新一般余剰

で表されるから，先ほどの自分の新献金を代入すると，

　　現在の献金合計＋現在の一般余剰－（自分以外の新献金合計＋新一般余剰）
　　＋1円＋自分以外の新献金合計＋新一般余剰

となる。よって，

　　現在の献金合計＋現在の一般余剰－（自分以外の新献金合計＋新一般余剰）
　　＋1円＋自分以外の新献金合計＋新一般余剰 ＞ 現在の献金合計＋現在の

応用編

　　一般余剰

が成立すればよい。上の不等号をまとめると，

　　1円＞0

となり，この不等号が成立することが分かる。よって政府は新しい献金の下で新しい関税率を採用するインセンティブがある。

では利益団体にとってはそういった新しい献金を行うインセンティブがあるだろうか。すなわち，

　　新献金下の利益団体の余剰 － 新献金 ＞ 現在の利益団体の余剰 － 現在の献金

となるだろうか。

これも左辺の新献金に先ほどの新献金を代入してこの不等号が成立するか見ればよい。

　　新献金下の利益団体の余剰 －（現在の献金合計＋現在の一般余剰 －（自分以外の新献金合計＋新一般余剰）＋1円）＞ 現在の利益団体の余剰 － 現在の献金

が成立するだろうか。左辺に新献金を引いて足すと，

　　新献金下の利益団体の余剰＋「新献金－新献金」－（現在の献金合計＋現在の一般余剰 －（自分以外の新献金合計＋新一般余剰）＋1円）

　　＝新献金下の利益団体の余剰－新献金＋新献金合計＋新一般余剰 － 1円 －（現在の献金合計＋現在の一般余剰）

となるので，最後の括弧の項を右辺に移動すると，

　　新献金下の利益団体の余剰 － 新献金 ＋ 新献金合計 ＋ 新一般余剰 － 1円 ＞ 現在の利益団体の余剰 － 現在の献金 ＋ 現在の献金合計 ＋ 現在の一般余剰

となる。この左辺は，「新献金下の共同利得 － 1円」であり，右辺は「現在の共同利得」であり，新献金が共同利得を最大化していて1円が十分小さいなら1円引いていてもこの不等号は成立する（極限，稠密性などの数の性質については田島（1981）など参照）。よって利益団体にとっても新献金を行うインセンティブがあるのである。したがって，利益団体と政府がいわば「提携」して共同利得を最大化する状態がナッシュ均衡になるのである（厳密にはBernheim and

Whinston 1986 Lemma 2およびGrossman and Helpman 1994 Proposition 1を参照)。

このような利益団体と政府の「提携」のような観点から,利益団体が献金を行うことで,各産業の貿易保護が決定される。そして各産業の関税率は

「国産比率／輸入需要の価格弾力性」

に依存して決定される。これは国産比率が高い(国内産出が輸入よりも大きい)産業は保護の利益が高いため,関税率も高くなるからである。また,輸入需要の価格弾力性が低いならば,その産業の関税率は高くなる。これは,輸入需要の弾力性が低いならば,関税を課した時の死荷重損失が小さくなるためである。グラフの左が弾力性が高い傾きが緩やかな需要曲線のケースであり,右側が弾力性が低いケースである。同じ関税率の下でも,格子状の部分の大きさから分かるように弾力性が低い方が死荷重損失が小さい(図表応8-3)。

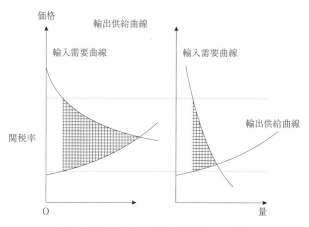

図表応8-3　輸入需要の弾力性と死荷重の大きさ

すなわち,関税を課しても死荷重が小さいならば,一般社会に対する悪影響は小さい。よって献金を重視して関税を引き上げやすくなるというわけである。実際にデータを使って分析を行うと,この利益団体・政府行動の関税率が予測と合致することが示されている。

政治過程による貿易政策の決定について見てきたが,貿易を自由化するという流れは時折逆向きの指向になることがある。大恐慌時代の関税引き上げによ

る貿易の下落もそうであるし，反グローバリズムの流れもその1つである。そして特にアメリカやヨーロッパにおける反グローバリズムの流れを理解する上で重要と考えられているのが，人々の貿易政策に対する考え方の変化である。

これまでの分析でも見てきたが，基本的に人々は自分の所得がどう変化するかを考慮して貿易政策を決定するとしてきた。しかし，アイデンティティ政治(Identity Politics)という言葉で表されるような，自分が属している（と感じている）グループの利得に注目する人々が増えてきていると考えられている。

アイデンティティ政治による貿易政策の選択とは，自分が所属するグループ（人種，性別，民族，職業，宗教など）にとって望ましいと考える貿易政策を選択するという見方である。グループにとって望ましくない政策が取られることで心理的・社会的な負担を感じるのである。実際にはその政策が自分自身の所得などを上昇させるとしても，アイデンティティが意思決定の重要な要素になる。例えばアメリカでは，アイデンティティには自分のグループ，「白人・労働者」といったものだけでなく，「アメリカ人」といった国全体に属しているというアイデンティティもある。

もし，社会のグループが「エリート」と「労働者」に分けられるとするならば，それぞれのグループに属している人がそれぞれのグループの便益のみを追求する場合，エリートの自由貿易指向と労働者の保護貿易指向がバランスされ，政治的には自由貿易が達成される可能性がある。しかし，どちらからのグループが「アメリカ人」に属していると感じるならば，保護貿易により賃金のギャップなどが縮められることで心理的な便益を感じるため，保護貿易が指向される。また，ポピュリズムと呼ばれる，政治家の主張として社会におけるエリートを批判し自分たちが一般市民を代表しているとする考えが浸透した場合，「労働者」がアイデンティティを広く「アメリカ人」と認識することを辞めて「エリート」を心理的に排除することが起きうる。結果として人口におけるエリートの割合が小さいと保護貿易による死荷重損失の影響を少なく評価するようになるため，保護貿易という政策を選好するようになる可能性がある。このような社会心理を反映した行動経済学的アプローチが貿易政策の選択にも考えられている（Grossman and Helpman 2021）。

以上見てきたように，貿易政策は政治過程を通じて決定される。政治過程は

経済的要因・社会的要因によって大きな影響を受ける。貿易政策の政治経済学は幅広い経済・社会に対する観察や理解が必要とされる分野であると言えよう。

---

### コラム▶▶コンドルセのパラドックス，背理法

　中位者投票定理は多数決で決めるならば真ん中の人で決まるという単純なものに見えるが，投票による決定を考える際には少し困った問題が生じることがある。それは各住人の政策に対する選好がいびつな時に生じる。本文の例では各住人の関税に対する選好は，低いほどよい，中くらい程よい，高いほどよいといった単純なものであった。ここで住人1は本文とは異なり，5％の関税が最も嫌で，次に0％，最も望ましいのは20％だとする。これに対し住人2と住人3は本文と同様であるとする。

　この時，本文と同様に2択の投票を行うとどうなるだろうか。第1ラウンドを0％と5％の選択で投票すると，住人1と2が0％を選択するため，0％が選ばれる。第2ラウンドで勝った0％と20％の選択で投票すると，住人1と2が20％に投票するので20％が選ばれる。ここで，延長戦としてこの勝ち残った20％と第1ラウンドで敗退した5％の選択の投票を行う。すると住人2と3が5％に投票するので5％が選ばれる。しかしこの5％という選択肢は第1ラウンドで選ばれなかったものであった。

　このように循環が生じてしまい，投票で選好に基づいた決定ができなくなるのである。この状況をコンドルセのパラドックスと呼ぶ。パラドックスは住人1が単純な選好を持っていない（単峰形でないと呼ばれる）ために生じており，中位者投票定理が成立するためには住人の選好について条件が必要なのである。

　利益団体が活動する戦略的状況を本文で分析しているが，「ナッシュ均衡であれば共同利得最大化が成立している」ということは背理法で示される。背理法は結論「共同利得最大化が成立している」を否定して矛盾（ナッシュ均衡であってかつナッシュ均衡でない）が導かれると元の推論が正しいとする方法である。すなわち，ここでは結論である「共同利得最大化」を否定して「共同利得最大化でない」とする。すると，ナッシュ均衡でなくなる（別の戦略をとるインセンティブがある）ことが示されるのである。よって「ナッシュ均衡であってかつナッシュ均衡でない」という矛盾が生じるので，もともとの推論が正しいとなる。

　論理の正しさを正しいのは「真」，正しくないのは「偽」で表すと，AならばB（A→B）という推論の正しさは真理表と呼ばれるもので表すと以下のようになる。

応用編

| A | B | A→B |
|---|---|---|
| 真 | 真 | 真 |
| 真 | 偽 | 偽 |
| 偽 | 真 | 真 |
| 偽 | 偽 | 真 |

例えばAが正しくBも正しい場合はAならばBという推論は正しい（ここではAは「ナッシュ均衡」，Bは「共同利得最大化」）。

背理法はここで¬B（Bの否定）を仮定して，矛盾すなわちA∧¬A（∧は同時に成立するという意味で，「AであってAでないということが同時に成立する」ことになり矛盾と呼ぶ）が成立するかを考えるやり方である。すなわち背理法ではA∧¬B→A∧¬Aを求めている。

| A | ¬B | A∧¬B | A∧¬A | A∧¬B→A∧¬A |
|---|---|---|---|---|
| 真 | 偽 | 偽 | 偽 | 真 |
| 真 | 真 | 真 | 偽 | 偽 |
| 偽 | 偽 | 偽 | 偽 | 真 |
| 偽 | 真 | 偽 | 偽 | 真 |

この背理法の推論A∧¬B→A∧¬Aを見ると，もともとのA→Bという推論と同じ真偽のパターンが得られている。したがって背理法で「前提と結論の否定（A∧¬B）→矛盾（A∧¬A）」を表すことができれば，もともとのA→Bを示すことができたことになる。

# 第9章

# 国際経済紛争はどう処理されるのか？
[世界貿易機関の判決の影響]

キーワード：紛争処理　上級委員会

---

　世界貿易機関の重要な機能の1つに、紛争処理がある。第19章で見たように、世界貿易機関は自由貿易体制のルールを定めている。例えば関税を引き下げるといったルールである。このルールがもし破られた場合には、世界貿易機関で処理されるのである。日本からアメリカに輸出していた時に、アメリカが勝手に関税を引き上げたとする。その行為がWTOのルールに違反していると訴えることができるのである。

　WTOの紛争処理では、まずルール違反やルール違反の疑いがあった場合に、ルール違反をしている国と協議を行うというステップがある。仮にこの協議で解決しなかった場合、WTOの裁判で処理するという流れになる。WTOでは2審制をとっており、最初の裁判所は小委員会（パネル）、最高裁にあたる裁判所は上級委員会と呼ばれる。

　裁判開始（パネルの設置）は加盟国のすべてが反対しないならば設置される。これをリバースコンセンサス（ネガティブコンセンサス）方式と呼ぶ。1995年以前のGATT時代はコンセンサス方式で、一国でも反対すれば裁判が開始できなかった。しかしながらWTOではすべて反対でないかぎり認可すなわち同意する国が1カ国でもあれば設置される。通常提訴した国は裁判を行う意思があるため提訴しているから、その提訴した国がパネルの設置に同意するので、裁判は必ず行われる。

　パネルではその都度裁判官が3名選択され、法律家や外交官などが担当する者が多い。そしてパネルで提訴された内容が認められるかどうか審議され、判決が出される。もしパネルの決定に不服がある場合には、WTOの最高裁判所にあたる上級委員会へ上訴が可能である。上級委員会（Appellate Body）は7名の上級委員から構成され、各案件を3名で担当して判決を行う。上級委員会

応 用 編

の決定が最終決定となる。

　パネルや上級委員会の判決（決定）では勧告がなされる。これは当該国の措置がWTO違反である場合にはWTOに整合的になるように是正を促す勧告である。もし勧告の実施がなされず，WTOルール違反の状態が解消されない場合はWTOが対抗措置（同分野，もしくは別分野（cross retaliation））をとることを認める。これを執行の圧力として違反状態を是正させるのである。

　パネルや上級委員会では似たような紛争を処理することが多い。後で詳しく見るが，アンチダンピングに関する紛争は数多くある。それらの紛争は似たような問題を扱っているため，過去のパネルや上級委員会の決定が参考になるケースが多い。国際的な問題でなく，国内での法律や裁判のケースでは，過去の裁判所の判決は判例と呼ばれ，似たような事例では判例を利用して同様の決定を下すことが多い。判例に拘束されるという言い方もできる。

　しかしながら国際法では，過去の国際裁判所の決定は，その後の決定を拘束する判例とはならない。例えば国際司法裁判所規定には国際司法裁判所の判決はその事件にのみ拘束力を持つと明記されている。

　したがってWTOの裁判所の様に国際法の下で決定を下す裁判所の場合は過去の判決・決定を参考にする必要はない。しかしながら実際には過去の決定を引用することが多く，過去の紛争と同じようなトピックを扱う紛争では，過去の紛争での決定と同様の決定を行うことが多い。これはルール違反があった時の予測可能性を高めるという意味で，安定的な国際経済関係にとっては必要な行為と言える。

　この点について，アメリカのWTO紛争処理に対する不満がある。アメリカと他の国のWTO紛争処理システムへの考え方の違いがその原因であるが，EUなどはWTOのパネル・上級員会を「裁判所」として考えている。これはWTOの条文にルールがかかれており，そのルールを解釈することで紛争を整合的に処理・判断するという立場である。これに対し，アメリカはWTOを「契約書」として考えている。WTOの条文は契約ルールであり，契約ルールが対象の紛争にどう当てはまるかを個別に判断しなくてはならない。よって，条文にかかれていない点を解釈によって補うことは，EUなどにとっては自然だが，アメリカにとっては逸脱と考えるのである。したがって，アメリカは特

第 9 章　国際経済紛争はどう処理されるのか？

に上級委員会が，WTO ルールから逸脱して（overreach）判断を行い，法律を作り出している（judicial activism）と考えているのである．

このことが顕著な例として，アンチダンピング紛争がある．第19章でも簡単に述べたが，ダンピングとは費用よりも低い価格で販売することであり，不公正な方法だと考えられている．結果，不公正な供給により国内産業が損害を受けているならば，費用と価格の差額分だけの関税をアンチダンピング（Anti-dumping）税として課して同じ競争条件を達成させる措置である．

ダンピングとして認定されるには3つの条件が必要である．まず第1に正常な価額（normal value）よりも低い価格で供給されていることである．正常な価額とは，生産国での価格か第三国での価格，もしくは構成価格（constructed price＝生産費用＋販売費用＋利潤）すなわち生産費用の様な基準である．輸出している国の自国での価格や，生産費用よりも安い価格で輸出されれば，ダンピングによる輸出と考えられる．そして，第2の条件として，ダンピングにより国内産業に実質的な損害（material injury）が存在するという点が必要である．そして最後の第3に，ダンピングと国内産業の損害に因果関係があることが必要である．国内産業の販売が低迷する理由はダンピングによる輸入とは限らず，その他の国内要因の可能性もあるため，ダンピングによる輸入が国内産業の不振を引き起こしたという点が必要なのである．

これらの条件が満たされると，アンチダンピング税が発動されることになる．WTO における貿易救済措置の中でも，アンチダンピング税は数多くの例がある．例えばダンピングが行われているか調査した数では，アメリカは1979年から2015年で600件，日本は1993年から2015年で7件，EU は1978年から2015年で379件に上る（Global Antidumping Database）．

アンチダンピング税については，アメリカが採用する方法の特徴に「ゼロイング（zeroing）」，すなわち「ゼロにする」というダンピングの大きさの認定方法がある．先に述べたように，ダンピングは国内での販売価格や費用以下の価格販売であり，「国内価格－輸出価格」もしくは「費用－輸出価格」の分の関税を課すことができる．

ここでアンチダンピング協定の条文が問題となる．AD 協定2.4.2条では，

　　輸入している産品の（費用－価格）の「加重平均」か

253

応用編

輸入している産品の各取引ごとの（費用－価格）
を計算してダンピングの幅を計算するとしている．そして，「加重平均」を使
う場合は「すべての比較可能な取引」のデータを用いると書かれているが，
「各取引」の場合はそういった文言はない．

### AD協定2.4.2条

2.4.2 Subject to the provisions governing fair comparison in paragraph 4, the existence of margins of dumping during the investigation phase shall normally be established on the basis of <u>a comparison of a weighted average normal value with a weighted average of prices of all comparable export transactions</u> or <u>by a comparison of normal value and export prices on a transaction-to-transaction basis</u>.

このダンピングの幅の計算については，2001年にECのインドに対するアンチダンピング紛争で，ゼロイングについての判断がなされた．それは，ダンピングされていない産品は除外してダンピングの幅を計算するのは，「すべての比較可能な取引」の文言に違反しているから，ゼロイングはWTO違反であるという決定である．

例として，インドからECに2月2日，3月3日，4月4日に輸出が行われたとする．

　　2月2日：インド国内価格100円　輸出価格（EUでの価格）50円
　　3月3日：インド国内価格200円　輸出価格（EUでの価格）130円
　　4月4日：インド国内価格300円　輸出価格（EUでの価格）420円

であるとすると，2月2日と3月3日は輸出価格の方が国内価格よりも安いのでダンピング，4月4日は輸出価格よりも国内価格が安いのでダンピングではない．この時に，すべての商品について費用と価格の加重平均を計算する．加重平均はここでは単純に合計とすると，国内価格合計＝600，輸出価格合計＝600となり，国内価格－輸出価格＝0であり，ダンピングがおきていないのでアンチダンピング税は0となる．

これに対して，ダンピングされていない産品を除外して国内価格－輸出価格

を計算すれば，4月4日はダンピングでないので除外して，2月2日と3月3日のみ考えることになる。2月2日と3月3日の価格の合計は300円，輸出価格の合計は180円なので，合計120円のダンピングである。総輸出額は600円であるから，ダンピング率を2月2日と3月3日のダンピング額を輸出総額で割ることで求めると，120/600＝0.2であり，20％の関税を課すことができるのである。

よってゼロイングによってより高いアンチダンピング税を課すことができるため，貿易制限が過剰になる可能性がある。そういったことも制限するために，ゼロイングによってダンピングが起きていない産品を除外することは「すべての比較可能な取引」の文言に違反しているとして，ゼロイングはWTO違反と認定された。

その後，同様のダンピングの幅の計算について，2006年アメリカのカナダに対するアンチダンピング紛争で同様の判断が上級委員会によりなされた。このケースでは，平均価格ではなく，個別取引に関して費用と価格の差額が計算され，アンチダンピング税の大きさがアメリカにより決定された。その決定に対してカナダが提訴したものである。

先ほどと同じ数値例を使って考える

 2月2日：カナダ国内価格100円　輸出価格（アメリカでの価格）50円

 3月3日：カナダ国内価格200円　輸出価格（アメリカでの価格）130円

 4月4日：カナダ国内価格300円　輸出価格（アメリカでの価格）420円

個別の取引ごとにダンピングを確認すると

 2月2日　ダンピング50円

 3月3日　ダンピング70円

 4月4日　ダンピング－120円

となり，すべてのダンピングを足し合わせると0となり，ダンピングは起きておらずアンチダンピング税も0になる。しかし先ほどの条文には平均を用いる際にしか「すべての比較可能な取引」という文言がないため，個別の取引を比較する際にすべてを比較する必要はない。よって，ダンピングが起きた取引のみダンピングを計算する。

 2月2日　ダンピング50円

応用編

　　3月3日　ダンピング70円

　そしてダンピングが起きていない取引についてはゼロとするゼロイングを行う。

　　4月4日　ダンピング　0円

これにより，ダンピング総額は2月2日と3月3日の総額120円であり，輸出総額で割ってダンピング率を求めれば120/600＝0.2であり，20％のアンチダンピング税を課すことができる。

　しかしながら，上級委員会は，GATT6条やAD協定2.1条のダンピングの定義から，すべての取引についてダンピングを判断するのは明らかであり，ゼロイングはWTO違反であると認定した。これは，WTOルールの整合性からは当然の結果であるが，WTO協定という「契約書」に描かれていないルールを解釈で作り出したということになる。条文にない内容を解釈で補完するということは，アメリカの立場からはルールからの逸脱を紛争処理機関が行っていると判断する理由になるのである（Trade talks podcast https://tradetalkspodcast.com/podcast/60-america-may-be-doing-away-with-wto-dispute-settlement/）。

# 第10章

# 経済安全保障とは一体何なのか？

[自由貿易と安全保障]

キーワード：安全保障の例外　無効化もしくは侵害

　国の領土や国民の安全が脅かされる非常事態として，戦争や紛争，国際的な対立が挙げられる。軍事的・政治的に対立しうる国家の関係であるが，同時にそれらの国々は緊密に結びついた国際経済を構成している。国家間で紛争・問題が生じていても，輸出や輸入，直接投資といった経済活動は継続しているケースが多い。では，国家間で紛争が生じた時に国際取引を制限すべきだろうか。国際貿易ルールをつかさどるWTOではどう考えられているだろうか。

　WTOのGATT21条には安全保障の例外が明記されている。各国は自国の安全保障が脅かされると思った時には，武器の取引や核爆弾関連物質の取引を制限でき，また，戦争などの緊張状態の時は貿易を制限できるとされている。この規定は元々1947年に成立したGATTを引き継いだものである。これは第二次世界大戦直後であり，GATTを成立させる交渉時に，自由貿易により戦後の経済の発展と平和を達成すべきという考えと，戦後直後であり国家の安全保障を重要視して自由貿易が逆に例外であるとする考え方とのせめぎ合いからつくられた。

　このGATT21条の安全保障上の例外で重要な文言に，「締約国が自国の安全保障上の重大な利益の保護のために必要であると認める次のいずれかの措置……」というものがある。

　GATT21条
　1　この協定のいかなる規定も，次のいずれかのことを定めるものと解してはならない……
　(b)　締約国が自国の安全保障上の重大な利益の保護のために必要であると認める次のいずれかの措置を執ることを妨げること。

応用編

   (i)核分裂性物質又はその生産原料である物質に関する措置……
GATT Article XXI
1. Nothing in this Agreement shall be construed: ……
(b) to prevent any contracting party from taking any action which it considers necessary for the protection of its essential security interests
   (i) relating to fissionable materials or the materials from which they are derived;

　すなわち，WTOの協定では，各国が安全保障上必要と考えて取った国際取引制限を認めるというルールである。この，「締約国が…認める（which it considers）」という文言は自己判断的な（self-judging）文言と言われ，何が「自国の安全保障上の重大な利益の保護のために必要である」かは，この例外を援用する加盟国の自己判断で決められると考えられている。例えばアメリカが安全保障上重要であるため核物質の移動を制限した場合，アメリカの自己判断が尊重され，他のWTOルールを尊重する必要はないということになる。

　第12章の直接投資ルールの際に，二国間投資協定に安全保障上の例外を設けるケースがあることを見た。その際に例えばアメリカの二国間投資協定のひな型であるUS Model BIT 2004には

　　「… that it considers …」

という文言により，安全保障上の例外の場合は外国投資家の権利を制限できるとしている。二国間投資協定でのこの文言も自己判断的な文言であり，投資受け入れ国が安全保障上必要な措置を取れるように規定している。この自己判断的な文言の起源はここで見たGATT21条の安全保障上の例外の文言である。

　この安全保障の例外がWTOの紛争で扱われた例としてロシア・ウクライナ事件がある。クリミア併合などを伴うロシア・ウクライナ間の紛争時に，ウクライナ経由でカザフスタンやキルギスに陸路で向かう貨物の通過をロシアが禁止・制限した。この行為に対して，貨物通過の自由を認めたGATT5条，通商関連法令の透明性・公平性を求める10条違反であるとウクライナが提訴したケースである。

258

第10章　経済安全保障とは一体何なのか？

　この時のロシアの主張は安全保障の例外であるからWTOで議論するテーマではそもそもないという，先ほどの自己判断的な文言に基づくものであった。これに対して，WTOの判断は，WTO紛争解決了解（DSU）1条により，特段の定めがなければパネルはDSUに従って審理を進めることになるが，特にGATT21条案件であるからといってパネルが管轄権を否認される規定はDSUにないことから，21条適合性もパネルの付託事項の範囲内にあるとして，WTOで判断できるとした。

　そして，自己判断的な文言により，安全保障上の重大な利益を決定する加盟国の裁量は広く認められるが，信義則に基づき，加盟国は安全保障上どういった利益なのかを明確に説明する必要があると判断したのである。よって，安全保障の例外であればWTOルールを考慮する必要はないという考え方は否定されている。

　先に挙げたGATT成立時に，アメリカの国務省の記録でも，アメリカ議会で仮に安全保障上の例外を理由に貿易制限を行った場合に国際法の制限を受けるかという質問を受けた場合の想定問答には，国際法上の問題となりうると回答することが想定されており，第二次世界大戦直後のGATT成立時においても，安全保障上の例外は自己判断的な文言はあるものの，それによりいかなる制限も自由にできるとは考えられていなかったのである（Pinchis-Paulsen 2019）。

　安全保障上の例外として貿易制限を行うという考え方は拡大している。例えば2018年にはアメリカは1962年通商拡大法（The Trade Expansion Act of 1962）232条に基づき，安全保障上の問題があれば貿易を制限できるとして鉄鋼製品25％，アルミ製品10％の関税引き上げを行った。

　また，経済安全保障という考え方が浸透し，国家にとって重要な産業を保護することは安全保障の問題であると考えられている。例えばアメリカ商務省の2018―2022戦略計画（Strategic Plan）では，経済安全保障は国家の安全保障である（Economic security is national security）とされ，先端技術の流出，不公正な取引，基盤産業の海外依存，サイバーセキュリティや甚大災害への対応などが考えられている。

　しかしながら，経済安全保障が偽装された貿易制限に用いられる恐れもある。経済安全保障の名の下で貿易制限が容易に可能となるならば，予測可能で安定

応用編

した貿易体制ではなくなり，貿易に悪影響を及ぼすだろう。同様に，経済安全保障政策と産業政策の違いもあいまいである。国内産業の技術革新を進め技術流失を防ぐ，半導体などの基盤産業を国内で構築するといった政策は国内産業の育成・補助をつかさどる産業政策と同義とも考えられるからである。

　経済安全保障という考え方の普及により，仮に他国が経済安全保障を理由に貿易制限を行った時にWTOの下では何が可能になるだろうか。安全保障の例外GATT21条が適用され，あらゆる貿易制限がWTOルール上問題ないとされるだろうか。仮に安全保障上の例外が認められたとしても，WTOルールにはそれに対抗できるルールが定められている。それは無効化もしくは侵害（nullified or impaired）というルールである。

　無効化もしくは侵害というのは，仮にある輸入国の政策がWTOルールに違反していなくても，WTOの下で確保されていると考えられる輸出国の利益が失われているならば，対抗措置を取ることができるというルールである（GATT23条）。通常は，法律に違反すれば罰せられるが，このルールはWTO法に違反していない政策であっても，貿易相手国が期待する輸出量を減らしてしまうものであれば罰せられる可能性があるという興味深いものである。

　このルールが導入された理由は，GATT/WTOの条文が各国により締結された契約と考えた時に，将来いかなる状況のいかなる政策もすべて網羅できる契約を作ることはできないからと理解される。何が起きてもすべて契約に書かれている契約を完備契約と呼ぶと，不十分な契約は不完備契約と呼ばれる。各国が貿易自由化により確保された市場アクセス・輸出額は，GATT/WTOが想定していない政策により阻害される可能性がある。例えば新しい環境政策などで国内の規制が行われた結果，貿易相手国からの輸出額が減少するかもしれない。そういった新しい国内の環境政策などをあらかじめGATT/WTOの条文に含めることは不可能である。GATT/WTOがそういった不完備契約であっても，円滑な貿易を確保するために無効化もしくは侵害というルールが含まれている。

　実際にオーストラリアがチリからの肥料（硝酸ナトリウム）に関税を全く課していない状態で硝酸ナトリウムに対する消費補助金を廃止した際に，チリのオーストラリアへの肥料の輸出が減少した。オーストラリアの消費補助金の廃止

はGATTルールに違反していないが，この政策の変更がチリの輸出額の下落を引き起こしたため，オーストラリアはチリの利益を侵害したとGATTで認定されたことがある。

　よって，輸出国が例えば現状の通常の関税の下では100億円の輸出が確保されたとする。ところが，輸入国が経済安全保障上の例外として輸入関税を課して貿易制限を行い，輸出額が100億円から50億円に減少したとする。この場合，安全保障上の例外で輸入関税を課したので，WTOルール上は認められている。しかし，無効化もしくは侵害の考え方では，WTOルール上認められた政策でもWTOの下で確保されているはずの輸出国の利益が失われたならば，そういった政策の変更などを求めることができるのである。

　経済安全保障の例外に基づいて実質的には産業政策を実施した場合，相手国の対抗措置の可能性がWTOルール上も存在する。したがって，そういった産業政策を行うコストが高くなり，むやみに産業政策を取りづらくなると考えられる。安全保障という困難な問題についても，WTOにおいて国際的な規律を達成することは可能なのである。

第 11 章

# 貿易均衡とは何か？
[世界のつながりを意識する]

キーワード：ワルラス法則　貿易均衡

---

　貿易均衡は世界で貿易がバランスする状態を言う。様々な方向の影響がバランスする状態を一般均衡と呼んだが，その考え方の延長である。均衡分析は，経済における様々な方向に働く力が，バランスした状態にあることを明らかにする分析方法である。その均衡分析の考え方は，最も基本的には，第1章や第3章でみたように，需要と供給のバランスで捉えられる。

　第1章では世界規模で均衡する状態を考えると述べた。そこで，需要と供給のバランスを世界規模で考えてみよう。単純な2財（1と2），自国と外国の二国が存在する世界を考える。需要量をxであらわし，供給量をyで表すとする。また，供給量は各国に一定量が存在（賦存）しており，代表的な消費者がそれを保有していると考える。ケイブズ・ジョーンズ（1987）を参考に貿易均衡を以下で考える。

　需要と供給を考える前に，まずこの経済での制約を考える。この経済での制約は，予算制約である。すなわち，支出額が所得額と等しいという制約がある。供給量は一定量が存在しているという環境であり，それを消費者が保有しているならば，生産額は所得額と等しくなる。よって生産額は，財1の価格を$p_1$，財2の価格を$p_2$とすると，$p_1 y_1 + p_2 y_2$であり，これが所得となる。この所得が支出額と等しいという予算制約を自国と外国両方で考えると

$$p_1 x_1 + p_2 x_2 = p_1 y_1 + p_2 y_2$$
$$p_1^* x_1^* + p_2^* x_2^* = p_1^* y_1^* + p_2^* y_2^*$$

となる。

　そして，貿易を行っている場合，需要と供給が世界でバランスする必要があるので，第1財の自国の需要と外国の需要の合計が，第1財の自国の供給と外国の供給と等しくなる。第2財も同様である。

$$x_1 + x_1^* = y_1 + y_1^*$$
$$x_2 + x_2^* = y_2 + y_2^*$$

仮に自国が第1財を輸入して，第2財を輸出しているとする。そして自由貿易を行っているとして，自国の価格と外国の価格両方とも世界価格と等しくなる

$$p_1 = p_1^*, \quad p_2 = p_2^*$$

とする。したがって，需給均衡は第1財の需給均衡と第2財の需給均衡の式2本で記述され，それらから第1財の価格 $p_1$ と第二財の価格 $p_2$ が決定される。

ここで注意する点は，「予算制約が満たされているならば，第1財が均衡していれば第2財は自動的に満たされている」というワルラス法則である。すなわち，予算制約より

$$p_1(x_1 - y_1) = p_2(y_2 - x_2)$$
$$p_2(x_2^* - y_2^*) = p_1(y_1^* - x_1^*)$$

であるが，第1財が均衡しているならば

$$x_1 - y_1 = y_1^* - x_1^*$$

であるから，これを予算制約と同時に満たすとすると $p_1(x_1 - y_1)$ が $p_1(y_1^* - x_1^*)$ となり，結果，$p_2(x_2^* - y_2^*) = p_2(y_2 - x_2)$ となり，第二財も自動的に均衡していることになる。

つまり，第1財と第2財の2本の需要と供給の均衡式で $p_1$ と $p_2$ の2個の価格の未知数が決定されるのではない。どちらかの式が成立すればもう一方は自動的に成立するので，どちらか一本の均衡式から一個の未知数が決定されることになる。よって $p_1$ と $p_2$ が両方決まるのではなく，例えば $p_2 = 1$ と基準化して，

$$\frac{p_1}{p_2} = p$$

という相対価格1個が決定されることになる。

そして，先ほど第1財が均衡している時に予算制約をつかって第2財が均衡していることを示した途中で，

$$p_1(x_1 - y_1) = p_2(x_2^* - y_2^*)$$

という関係が導かれた。これは第1財が均衡していることから導かれたように，第1財の均衡と同じ意味をもっているのである。そしてこの式は，

応 用 編

自国の輸入額 ＝ 外国の輸入額

という貿易均衡の状態をも表している。

　すなわち，各国の予算制約が満たされているならば，貿易均衡は

　　第1財が均衡している

　　第2財が均衡している

　　自国の輸入額が外国の輸入額と等しい

といった3通りの表し方で表現できるのである。ケイブズ・ジョーンズ (1987) も述べているが，同じことについて3通りも表し方があるとむしろ混乱するかもしれない。

　この貿易均衡の条件は2ヵ国から国の数が拡大しても同様の考え方になる。多数の国が多数の産業を有している世界の貿易均衡を考えるとする。その場合，これまでと同様に

　1) 国jの予算制約：所得＝支出　　$Y_j = \Sigma_i P_{ij} C_{ij}$

　　を考える。そして，ここでは単純に考えるために第8章で見たような差別化財を考える。各国で別々の差別化財を別々の市場ごとに供給すると考えて，

　2) 各財の需要＝供給　　$X_{ij} = C_{ij}$

　　が成立するとする。そして貿易均衡として，

　3) 各国の輸入＝輸出

　　が成立する。この輸出額と輸入額が等しくなるという関係は，外国への生産と外国への需要のみを考えているが，輸出額に自国向けの産出額，輸入額に自国の財に対する需要も含めると

　3') 輸入＋自国向け需要＝輸出＋自国向け産出　⇔　支出＝産出

　　という関係で考えられる。例えば消費者が通常の需要関数を持ち，ケイブズ・ジョーンズ (1987) と同様に産出は一定で存在しているとすると，供給量は一定なのでその供給量を満たすような需要量になるように価格が決定される。よって，個別の財の市場は均衡する。そして，貿易均衡については各国の支出＝産出で表すことが可能になる（Anderson and van Wincoop 2003）。

　3') 　　$Y_i = \Sigma_j P_{ij} C_{ij}$

これは，国iの総支出額は国iの世界への産出額（国i自身の財に対する産出も含む）の合計に等しいということを表している。

条件1）と条件3')は同じものに見えるが，誰が誰から輸入しているかという点が異なるので注意が必要である。条件1）の予算制約の右辺は，ある輸入国jが世界から輸入（$C_{ij}$）した財に対する支出の合計である。これに対し貿易均衡の条件3')の右辺は輸出国iの財に対して世界各国が支出した額の合計を表している。

産出が一定ではなく，生産要素は消費者が保有する労働のみで生産が行われるという単純化のケースも多く想定される。この時も均衡は同じように

1）国jの予算制約：所得＝支出　$Y_j = \Sigma_i P_{ij} C_{ij}$
2）各財の需要＝供給：$X_{ij} = C_{ij}$
3）貿易均衡：輸出＝輸入に自国向けの産出・需要も含め支出＝産出

$$Y_i = \Sigma_j P_{ij} C_{ij}$$

に加えて，

4）生産要素市場の均衡：労働の需要＝供給

$$L_i^d = L_i$$

で表されることになる。

この場合は，生産要素の市場も経済に追加され，労働の需要＝供給から生産要素の価格である賃金が決定される。総支出額も決定される必要があるが，単純な完全競争や自由参入の独占的競争の場合はすべての利潤は労働に分配されるため，総支出＝総所得と各財の需要＝供給が決定される。よって，労働市場を考える代わりに貿易均衡からでも賃金の決定が考えられる（Krugman 1980）。考え方としては，ケイブズ・ジョーンズ（1987）と同様で，世界が自国と外国の2ヵ国であれば，自国の労働市場均衡と外国の労働市場均衡と貿易均衡という3種類どの方法でも均衡を表すことができる。賃金は相対賃金（自国賃金／外国賃金）が決定されることになる。

このように，国際経済においては，どういった状態に落ち着いているのかを表す均衡が，貿易均衡という国からの出し入れがバランスするという形で表されることが多い。均衡が達成されるために必要な条件が何なのか，どういった形で表されているのか注意する必要がある。より複雑な経済現象を考えるため

応用編

に複雑な経済の構造を考えることがある（第8章でみた独占的競争の自由参入の時は企業の利潤＝0という条件の追加など）が，基本的な均衡の考え方は同じである。

　我々の世界は1つであり貿易の様々な影響は必ずつながっているので，そのつながりまで考慮することが国際貿易の問題を考える上では重要である。例えば海外援助の影響を考える時に，「援助を行うことで外国の厚生は改善する」と直接的な影響は考えやすい。しかしその影響は自国や外国の消費パターンに依存し，交易条件を変化させ，最終的には外国の厚生は悪化するというフィードバックを引き起こすかもしれない。つながりをすべて網羅した世界を「閉じている世界」と言い換えるならば，閉じている世界という我々が存在する国際経済の性格を表すこの一般均衡・貿易均衡の考え方は，単純な等式たちであるが非常に重要なものである。

# 参考文献

ヨシュア・アングリスト,ヨーン・シュテファン・ピスケ　大森義明,小原美紀,田中隆一,野口晴子訳(2013)『「ほとんど無害」な計量経済学 応用経済学のための実証分析ガイド』NTT 出版

石井孝(1945)『幕末貿易史の研究』日本評論社

R. E. ケイブズ,R. W. ジョーンズ　小田正雄ほか訳(1995)『国際経済学入門　国際貿易編』多賀出版

田島一郎(1981)『解析入門』岩波全書

戸堂康之,中島賢太郎,Petr MATOUS (2013)「絆が災害に対して強靱な企業をつくる――東日本大震災からの教訓」RIETI Policy Discussion Paper Series 13-P-006

冨浦英一,伊藤萬里,椋寛,若杉隆平,桑波田浩之(2013)「貿易政策に関する選好と個人特性――一万人の調査結果」RIETI Discussion Paper Series 12-J-049

中西訓嗣(2013)『国際経済学　国際貿易編』ミネルヴァ書房

縄田和満(2020)『Excel による統計入門』朝倉書店

西村和雄,室田武(1990)『ミクロ経済学・入門』JICC 出版局

椋寛(2020)『自由貿易はなぜ必要なのか』有斐閣

山本拓(2022)『計量経済学』新世社

デヴィッド・リカード (David Ricardo) (2016)『経済学および課税の諸原理 (Principles of Political Economy and Taxation 1817)』ゴマブックス

Abmanm, R. Lundberg, C. 2020. Does Free Trade Increase Deforestation? The Effects of Regional Trade Agreements, Journal of the Association of Environmental and Resource Economists 7, 35-72.

Anderson, J. E., van Wincoop, E., 2003. Gravity with gravitas: a solution to the border puzzle, American Economic Review 93, 170-192.

Angrist, J. D., Krueger, A. B. 2001. Instrumental variables and the search for identification: from supply and demand to natural experiments, Journal of Economic Perspectives 15, 69-85.

Antras, P., Chor, D., 2013. Organizing the global value chain, Econometrica 81, 2127-2204.

Antweiler, W. Copeland, B. R., Taylor, M. S. 2001. Is free trade good for the environment? American Economic Review 91, 877-908.

Autor, D. H., Dorn, D., Hanson, G. H. 2013. The China syndrome: local labor market effects of import competition in the United States, American Economic Review 103, 2121-2168.

Baldwin, Richard. 2016. The Great Convergence: Information Technology and the New Globalization, Harvard University Press

Bernheim, B. D., Whinston, M. D. 1986. Menu auctions, resource allocation, and economic influence. Quarterly Journal of Economics, 101, 1-32.

Bernhofen, D. M., Brown, J. C. 2004. A direct test of the theory of comparative advantage: the case of Japan, Journal of Political Economy 112, 48-67.

Bernhofen, D. M., Brown, J. C. 2005. An empirical assessment of the comparative advantage gains from trade: evidence from Japan, American Economic Review 95, 208-225.

Bernstein, S., Diamond, R., Jiranaphawiboon, A., McQuade, T., Pousada, B. 2022. The Contribution of High-Skilled Immigrants to Innovation in the United States, NBER working paper 30797.

Bolhuis, M. A., J. Chen, and B. R. Kett. 2023. "Fragmentation in Global Trade: Accounting for Commodities." IMF Working Paper 2023/073, International Monetary Fund, Washington, DC.

Brander, J. A., Spencer, B. J. 1981. Tariffs and the extraction of foreign monopoly rents under potential entry, Canadian Journal of Economics 14, 371-89.

Brander, J. A., Spencer, B. J. 1985. Export subsidies and international market share rivalry, Journal of International Economics 18, 83-100.

Broecke, S. 2024. Offshoring, Reshoring, and the Evolving Geography of Jobs: A Scoping Paper" OECD SOCIAL, EMPLOYMENT AND MIGRATION WORKING PAPERS No. 308.

Chaudhuri, S., Goldberg, P. K., Jia, P. 2006. Estimating the effects of global patent protection in pharmaceuticals: a case study of quinolones in India, American Economic Review 96, 1477-1514.

Chen, S., Lin, F., Yao, X., & Zhang, P. 2020. WTO accession, trade expansion, and air pollution: Evidence from China's county-level panel data, Review of International Economics, 28(4), 1020-1045.

Costinot, A. 2009. An elementary theory of comparative advantage, Econometrica 77, 1165-1192.

Costinot, A., Donaldson, D. 2012. Ricardo's theory of comparative advantage: old idea, new evidence, American Economic Review 102, 453-458.

Do, Q. T., Levchenko, A. A., & Raddatz, C. 2016. Comparative advantage, international trade, and fertility, Journal of Development Economics, 119, 48-66.

Doi N., Ohashi, H. 2017. Empirical analysis of the national treatment obligation under the WTO: the case of Japanese shochu, Journal of the Japanese and International Economies 46, 43-52.

Egger, P. H., Von Ehrlich, M., & Nelson, D. R. 2012. Migration and trade, The world economy, 35(2), 216-241.

Eichengreen, B., Irwin, D. A. 2010. The slide to protectionism in the Great Depression: who succumbed and why? Journal of Economic History 70, 871-897.

Feyrer, J. 2021. Distance, trade, and income – The 1967 to 1975 closing of the Suez canal as a natural experiment, Journal of Development Economics 153, 101708.

Frankel, J. A., Romer, D. 1999. Does trade cause growth? American Economic Review 89, 379-399.

Freund, C., A. Mattoo, A. Mulabdic, and M. Rutals. 2023. US Trade Policy Reshaping Global Supply Chains? Policy Research Working Paper, World Bank.

Friedman, M. 1953. Essays in Positive Economics, Chicago: Chicago University Press

Ginarte, J. C., Park, W. G. 1997. Determinants of patent rights: a cross-national study, Research Policy 26, 283-301.

Gopinath, G., Gourinchas, P-O., Hsieh, C-T., Li, N. 2011. International prices, costs, and markup differences, American Economic Review 101, 2450-2486.

Grossman, G. M., Helpman, E. 1994. Protection for sale. American Economic Review, 84, 833-850.

Grossman, G. M., Helpman, E. 2021. Identity politics and trade policy, Review of Economic Studies 88, 1101-1126.

Hafner-Burton, E. M. 200. Trading human rights: how preferential trade agreements influence government repression, International Organization 59, 593-629.

Head, K. Ries, J. 1998. Immigration and Trade Creation: Econometric Evidence from Canada, Canadian Journal of Economics, 1998, vol. 31, issue 1, 47-62

Heller, M. A., Eisenberg, R. S. 1998. Can patents deter innovation? The anticommons in biomedical research, Science 280, 698-701.

Higuchi, Y., Higashida, K., Hossain, M. M., Sujauddin, M., Takahashi, R., Tanaka, K. 2024. From hospitality to hostility: Impact of the Rohingya refugee influx on the sentiments of host communities. Economic Development and Cultural Change, Forthcoming.

Hsieh, C-T., Li, N., Ossa, R., Yang, M-J. 2020. Accounting for the new gains from trade liberalization, Journal of International Economics 127, 103370.

Huber, J. R. 1971. Effect on prices of Japan's entry into world commerce after 1858, Journal of Political Economy 79, 614-628.

Hummels, D. 2007. Transportation costs and international trade in the second era of globalization, Journal of Economic Perspectives 21, 131-154.

Hummels, D., Jørgensen, R., Munch, J., Xiang, C. 2014. The wage effects of offshoring: Evidence from Danish matched worker-firm data. American Economic Review, 104(6), 1597-1629.

Isserlis, L. 1938. Tramp shipping cargoes and freights, Journal of Royal Statistical Society 101, 304-417.

Ivus, O. 2010. Do stronger patent rights raise high-tech exports to the developing world? Journal of International Economics 81, 38-47.

Jinji N., Sakamoto, H. 2015. Does Exporting Improve Firms' $CO_2$ Emissions Intensity and Energy Intensity? Evidence from Japanese manufacturing, RIETI Discussion paper 2015 15-E-130.

Johnstone, N., Haščič, I., Popp, D. 2010. Renewable energy policies and technological innovation: evidence based on patent counts. Environmental and Resource Economics, 45, 133-155.

Kellenberg, D. 2012. Trading wastes. Journal of Environmental Economics and Management, 64(1), 68-87.

Krugman, P. 1980. Scale economies, product differentiation, and the pattern of trade, American Economic Review 70, 950-959.

Lee, D. S., Lemieux, T. 2010. Regression discontinuity designs in economics, Journal of Economic Literature 48, 281-355.

Lenzen M. D. Moran, K. Kanemoto, B. Foran, L. Lobefaro, Geschke, A. 2012. International trade drives biodiversity threats in developing nations, Nature 486, pages 109-112

Liadze, I., Macchiarelli, C., Mortimer-Lee, P., Sanchez Juanino, P. 2023. Economic costs of the Russia-Ukraine war. The World Economy, 46(4), 874-886.

Lipsey, R. 1960. The theory of custom unions: a general survey, Economic Journal 70, 496-513.

Managi, S., Hibiki, A., & Tsurumi, T. 2009. Does trade openness improve environmental quality? Journal of environmental economics and management, 58(3), 346-363.

Maruyama, S. 2014. Estimation of task content of trade by gender 日本国際経済学会第13回春季大会報告論文

Okubo, T., Watabe, Y., Furuyama, K. 2016. Export of recyclable materials: Evidence from Japan. Asian Economic Papers, 15(1), 134-148.

Pankratz, N. M., Schiller, C. M. 2024. Climate change and adaptation in global supply-chain networks. The Review of Financial Studies, 37(6), 1729-1777.

Pascali, L., 2017. The wind of change: maritime technology, trade, and economic development, American Economic Review 107, 2821-2854.

Pinchis-Paulsen, M. 2020 Trade multilateralism and U. S. national security: the making of the GATT security exceptions, Michigan Journal of International Law 109.

Porter, M. E. 1991. America's Green Strategy. Scientific American 264, 168.

Porter, M. E., & Linde, C. V. D. 1995. Toward a new conception of the environment-competitiveness relationship. Journal of Economic Perspectives 9, 97-118.

Rungi, A., Del Prete, D. 2018. The smile curve at the firm level: where value is added along supply chains, Economics Letters 164, 38-42.

Scotchmer, S. 1991. Standing on the shoulders of giants: cumulative research and the patent law, Journal of Economic Perspectives 5, 29-41.

Sun, M. 2019. The effect of border controls on waste imports: Evidence from China's Green Fence campaign. China Economic Review, 54, 457-472.

Sun, C. Tao, Z., Yuan, H., Zhang, H. 2019. The Impact of the US-China Trade War on Japanese Multinational Corporations RIETI Discussion Paper 19-E-050 2019年7月

Tomiura, E., Wakasugi, R., Zhu, L. 2014. Task content of trade: A disaggregated measurement of Japanese changes. The Japanese Economic Review, 65, 238-251.

Trade Talks Podcast https://tradetalkspodcast.com/

Trefler D. 1993. Trade liberalization and the theory of endogenous protection: an econometric study of U. S. import policy, Journal of Political Economy 101, 138-160.

UN Audiovisual Library of International Law https://legal.un.org/avl/ls/intleconomiclaw.html

Yasuba, Y. 1996. Did Japan ever suffer from a shortage of natural resources before World War II?, Journal of Economic History 56, 543-560.

## 読書案内

　本テキストと同様に国際貿易について初学者が学ぶのに適したテキストとして，以下がある。
　　石川城太・椋寛・菊池徹『国際経済学をつかむ』[第2版] 有斐閣

　また，本テキストは国際貿易論の様々なトピックを扱っているが，国際貿易論という分野は歴史があり，国際貿易論の問題は多岐にわたるため，カバーしていない所もある。以下は本テキストでカバーしていないヘクシャー・オリーンモデルを始めとしてやや進んだトピックまで扱っている。
　　阿部顕三・遠藤正寛『国際経済論』有斐閣
　　古沢泰治『国際経済学入門』新世社

　独特の切り口から国際貿易論の問題を解き明かすテキストとして，以下は特徴的である。
　　ジョン・マクラレン著　柳瀬明彦訳『国際貿易──グローバル化と政策の経済分析』文眞堂

本書からより国際貿易論について理論的に学びたい場合は，以下がグラフも駆使して詳細な分析が行われており最適である。
　　中西訓嗣『国際経済学　国際貿易編』ミネルヴァ書房

　本テキストはデータを用いた分析の重要性と注意点を強調しているが，データを用いた国際貿易のコンパクトなテキストには以下がある。
　　木村福成・小浜裕久『実証　国際経済入門』日本評論社

　データ分析そのものについては，このテキストではデータをエクセルにまとめてそれを図にし，共分散や回帰分析の意味を理解することに重点を当てた。エクセルを使った分析については以下がある。
　　縄田和満『Excelによる統計入門』朝倉書店
回帰分析などの基本的な計量経済学については，初学者向きの下記がある。
　　山本拓『計量経済学』[第2版] 新世社

　また，世界貿易機関や国際協定については，以下を本書では利用・参考にしており，英語の勉強も兼ねてアクセスしてもらいたい。

読書案内

国連オーディオビジュアルライブラリー
https://legal.un.org/avl/intro/welcome_avl.html
Trade Talks Podcast
https://tradetalkspodcast.com/

## 索　引　＊は人名

### あ行

アイデンティティ政治　248
アウトソーシング　107, 120, 223, 224
＊アブマン（Abman, R.）　140, 141
安全保障の例外　172, 257-261
アンチダンピング　171, 253-256
＊アントラス（Antras, P.）　118
＊アントワイラー（Antweiler, W.）　128
アンバンドリング　236, 237
一般均衡　178, 262
移民　144, 145, 149-151
因果関係　ii, 2-6, 12, 13, 47, 48, 57, 99, 193, 198
後ろ向き帰納法　82, 83
オフショアリング　107, 223, 224, 228, 229
温暖化ガス　123-125, 127

### か行

外延　71
回帰不連続　194, 198
回帰分析　7, 11, 12, 49, 50, 101
外国独占　208
外生的要因　6
外部性　139, 222
寡占　73
環境規制　127, 128, 132, 219, 222
環境と貿易　122
関税　155, 158-171, 189, 192-194, 208, 210, 211, 231, 232, 234, 235, 239-244, 246, 247, 249, 251, 253, 261
　——収入　45, 46, 89, 92, 159, 211, 231
　——戦争　162, 166
関税と貿易に関する一般協定（GATT）　21, 162, 168
技術効果　126, 127, 129, 130
規模効果　126, 129-131
共同エージェンシー問題　244
共分散　7, 8, 11, 12, 49, 50, 101
均衡　3, 26, 30, 36, 40, 145, 157, 158, 165, 178, 184, 186, 262-266
近隣窮乏化政策　155, 160, 162
屈折需要曲線　208
グラビティモデル　56, 57, 188, 189, 219, 226
＊クルグマン（Krugman, P.）　265
グローバルバリューチェーン　107, 113, 116, 117-121
＊グロスマン（Grossman, G.）　243, 247, 248
経済安全保障　259-261
経済成長　2-4, 6, 95, 97-102, 106, 107, 123
ゲーム理論　73, 163, 211
＊ケレンバーグ（Kellenberg, D.）　219
限界効用　22-24, 26, 62, 67
限界収入　61-63, 66
限界生産性　95-98
限界費用　25, 26, 62, 63, 138, 209, 210
交易条件　19, 20, 160, 266
構造効果　126, 127, 129-131
＊コープランド（Copeland, B. R.）　267
国内総生産　2, 95, 112
国民所得勘定の恒等式　98, 99
＊コスティノット（Costinot, A.）　39, 40
コモンプールリソース　137, 140

## さ 行

サービス産業　223
最恵国待遇　21, 170
再生産能力　134, 135
最適反応　76-80, 82-84, 164-166, 244
鎖国　14-16, 37, 194
サプライチェーン　107, 230-234, 236-238
差別化財　68, 264
産業連関表　114-117
散布図　7, 8, 101, 190, 191
死荷重損失　46, 47, 159, 212, 247, 248
識別　3, 6, 15, 56, 92, 99, 193, 195, 198
自給自足　27, 31, 35, 37, 43, 124, 127, 149, 155-157, 186, 187
自然実験　5, 16, 102, 194, 198
自然対数　189
資源制約　179, 184
資源の枯渇　140
自己判断的な文言　258, 259
市場拡大効果　203, 206
市場支配力　203, 206
実質賃金　145, 187
社会的余剰　26-28, 64, 86, 89, 90, 159, 164
囚人のジレンマ　166
自由貿易　20-21, 28, 37, 44-47, 80, 86, 87, 124, 158, 159, 163-166, 171, 194, 211-213, 257
　——協定　86-93, 108, 171, 197, 198, 232, 239
従価型　44, 45, 53
従量型　44, 53
酒税　172-174
上級委員会　173, 251-253, 255, 256
小国　27, 156, 160
少子化　152, 153

消費者余剰　26-29, 31, 159, 231
情報集合　81-84, 212
除外変数　193, 194, 204
処置群　5, 130, 198, 204, 220, 232
＊神事直人　131
　垂直的直接投資　103, 105-107, 223
　水平的直接投資　103-105
　すべての比較可能な取引　254, 255
＊スペンサー（Spencer, B. J.）　211
＊スン（Sun, C.）　232
＊スン（Sun, M.）　220, 221
　生産可能性フロンティア　179, 180, 182-185
　生産関数　95, 96, 98
　生産者余剰　27-29, 31, 44, 45, 64, 66, 86, 89, 159, 160
　セーフガード　171
　世界貿易機関　21, 108, 130, 162, 166, 168, 169, 171, 172, 204, 206, 251
　絶対優位　39, 186, 187
　ゼロイング　253-256
　線形　31, 65
　線形の需要関数　65, 66
　戦略的貿易政策　80, 84, 85, 211
　操作変数法　48-50, 99-101
　相対供給曲線　185

## た 行

大国　155-157, 159, 160
対照群　5, 198, 204, 220, 232
対数スーパーモジュラー関数　40
代替の弾力性　173-175
地政学的要因　230, 231, 234
知的財産権　197, 200, 202-206
知的所有権の貿易関連の側面に関する協定　204

275

中位者投票定理　241, 249
＊チョー（Chor, D.）　118
逓減　22, 23, 67, 95
＊テイラー（Taylor, M. S.）　267
デカップリング　234, 235
展開形ゲーム　243, 244
天然資源　172, 217
同時決定　47, 50, 57, 92, 93, 101, 193, 194, 204, 205
投入係数　36, 41, 115-118, 179-181
独占　64, 65
独占的競争　68, 265, 266
特化　35, 38
特許　151, 197, 198, 200-206
特恵貿易協定　86
＊ドナルドソン（Donaldson, D.）　40
＊冨浦英一　28
＊トレフラー（Trefler, D）　46

## な 行

内延　71
内国民待遇　170, 172-174
内生変数　6
＊中西訓嗣　244
ナッシュ均衡　78-80, 83, 84, 166, 213, 244-246, 249
　サブゲーム完全――　83, 84
二国間投資協定　108, 109, 258
二次資源　217

## は 行

廃棄物貿易　220
パネル　172, 251, 252, 259
バラエティ　67, 69-71
比較優位　34-41, 91, 105, 127-129, 142, 143, 148, 151-153, 183, 217

氷山型コスト　51
標準形ゲーム　76, 164
付加価値　112-114, 116-120, 125
部分均衡分析　178
＊ブランダー（Brander, J.）　211
＊ブレッケ（Broecke）　223, 225
分散　11
紛争処理　251, 252, 256
平均費用曲線　68
＊ヘッド（Head, K.）　149, 150, 226, 227
＊ヘルプマン（Helpman, E.）　243, 247, 248
貿易均衡　262, 264, 265
貿易創出効果　87, 89, 90
貿易転換効果　87-90, 92, 93, 235, 238
貿易費用　51, 54-57, 102
＊ポーター（Porter, M. E.）　132
＊ボールドウィン（Baldwin, R）　236
補助金相殺関税　171

## ま 行

＊椋寛　29
無効化もしくは侵害　260, 261

## や 行

輸出供給　158
輸入需要　157, 158, 247

## ら 行

ランダム化比較試験　5
＊リース（Ries, J.）　149, 150
＊リカード（Ricardo, D.）　39, 115
リサイクル　215, 222
留保価格　69
ルールと裁量　208
＊レンゼン（Lenzen, M. D.）　137
レント移転　211

労働市場　145-147, 152, 265
ロビー活動　46, 243

## わ　行

ワルラス法則　263

《著者紹介》担当章

武智一貴（たけち　かずたか）基本編1～6, 11～13, 17～19, 応用編1～3, 9～11
 2005年 Ph. D. University of British Columbia
 現　在 法政大学経済学部教授
 著　書 How Are the Precedents of Trade Policy Rules Made under the World Trade Organization? Economics and Politics, 35, 806-821, 2023.
    Quality Sorting, Alchian-Allen Effect, and Distance, Economics Letters, 222, 110924, 2023.
    Exaggerated Death of Distance: Revisiting Distance Effects on Regional Price Dispersions (with Kano and Kano), Journal of International Economics, 403-413, 90, 2013

東田啓作（ひがしだ　けいさく）基本編14～16, 応用編5～7
 1998年 一橋大学大学院経済学研究科博士後期課程単位取得退学
 2003年 博士（経済学, 一橋大学大学）
 現　在 関西学院大学経済学部教授
 著　書 Higashida, K., Ishikawa, J., Tarui, N. Carrying Carbon? Negative and Positive Carbon Leakage with International Transport. Journal of Economics & Management Strategy, Wiley, Forthcoming, 2025.
    Higuchi, Y., Higashida, K., Hossain, M. M., Sujauddin, M., Takahashi, R., Tanaka, K. From hospitality to hostility: Impact of the Rohingya refugee influx on the sentiments of host communities. Economic Development and Cultural Change, University of Chicago Press, Forthcoming, 2024.
    Higashida, K., Managi, S.. Determinants of trade in recyclable wastes: Evidence from commodity-based trade of waste and scrap. Environment and Development Economics, 19(2), 250-270, Cambridge University Press, 2014.

黒田知宏（くろだ　ともひろ）基本編7～10, 応用編4, 8
 2004年 一橋大学大学院経済学研究科博士後期課程単位取得退学
 現　在 名古屋学院大学経済学部准教授
 著　書 Local content protection reconsidered: the case of domestic monopsonist, Economics Bulletin, 6, 1-9, 2004
    How effective are emission taxes in an open economy? Review of Development Economics, 11, 359-368, 2007. (with Jota Ishikawa)
    Export subsidies versus export quotas with incompletely informed policy makers, Japanese Economic Review, 58, 118-126, 2007. (with Jota Ishikawa)

トピックで読み解く　国際貿易論

2025年4月30日　初版第1刷発行　　　　　　　〈検印省略〉

定価はカバーに
表示しています

|  | 武 智 一 貴 |
|---|---|
| 著　者 | 東 田 啓 作 |
|  | 黒 田 知 宏 |
| 発行者 | 杉 田 啓 三 |
| 印刷者 | 江 戸 孝 典 |

発行所　株式会社　ミネルヴァ書房
607-8494 京都市山科区日ノ岡堤谷町1
電話代表（075）581-5191
振替口座　01020-0-8076

© 武智ほか，2025　　共同印刷工業・吉田三誠堂製本

ISBN978-4-623-09910-8
Printed in Japan

友原章典 著
理論と実証から学ぶ 新しい国際経済学
A5・208頁
本体2,500円

室山義正 シリーズ監修　中西訓嗣 著
国際経済学 国際貿易編（Minerva ベイシック・エコノミクス）
A5・392頁
本体3,500円

室山義正 シリーズ監修　岩本武和 著
国際経済学 国際金融編（Minerva ベイシック・エコノミクス）
A5・304頁
本体3,000円

山本和人／鳥谷一生 編著
世界経済論［第2版］
A5・392頁
本体3,000円

石黒　馨 著
国際経済学を学ぶ
A5・296頁
本体3,000円

A・H・ストゥデムント 著　高橋青天 監訳
計量経済学の使い方 上［基礎編］
A5・264頁
本体2,800円

A・H・ストゥデムント 著　高橋青天 監訳
計量経済学の使い方 下［応用編］
A5・312頁
本体3,500円

浅田義久／山鹿久木 著
入門都市経済学
A5・248頁
本体2,800円

馬奈木俊介 編著
AIは社会を豊かにするのか
A5・416頁
本体4,500円

長尾伸一／梅澤直樹ほか 編著
現代経済学史の射程
A5・352頁
本体3,800円

――― ミネルヴァ書房 ―――
https://www.minervashobo.co.jp/